朝鮮是個謎(The Mystery of North Korea)

by 江迅 Jiang Xun

Copyright 2012 © 江迅 Jiang Xun

All rights reserved.

Korean copyright © 2015 by Geulhangari Publishers

Korean language edition arranged with Ming Pao Publications Limited.

through Eric Yang Agency Inc.

북한 전문 저널리스트의 15년 탐방기

북한이라는 수수께끼

장쉰 지음 | 구성철 옮김

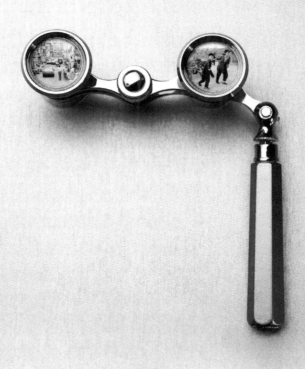

에쎄

일러두기

1. 이 책은 홍콩에서 2012년 출간된 『朝鮮是個謎』(명보출판사明報出版社)를 우리말로 옮긴 것이다. 일부 사실에 맞지 않은 내용은 삭제된 부분도 있다.
2. 본문의 각주는 옮긴이가 붙인 것이다.
3. 중국 고유명사의 경우 인명은 국립국어원의 외래어 표기법에 따라 신해혁명(1911)을 기준으로 이전에는 우리말 한자음으로 적고 이후는 현지음에 따랐다.
4. 북한 인명 표기는 두음법칙을 무시했다.

북한은 하나의 수수께끼다.

전 세계가 이 수수께끼에 함축되어 있는 암호를 해독하기를 원하고 있다. 암호의 배후에 있는 빛과 그늘이 더욱 호기심을 갖고 연구하게 한다. 외부세계는 색다른 시선으로 북한이라는 이 베일에 싸인 지역을 바라보고 있다.

미국의 언론매체는 조선민주주의인민공화국이 테러리즘을 지원하는 악의 축이라 생각한다. 홍콩 언론은 북한이 세계에서 가장 폐쇄적인 국가라고 여긴다. 북한 언론은 북한을 국민이 가장 행복한 국가라고 말한다. 중국 언론에는 여러 시각이 혼재한다. 가난하고 낙후된 곳, 남달리 강성한 곳, 현재 세계에서 얼마 남지 않은 철의 장막이라는 표현도 있다.

북한의 공식 명칭은 조선민주주의인민공화국이다. 지금이 어떤 시대인가. 민주적이지도 공화적이지도 않으며 인민을 가장 무시하는 북한이 민주주의인민공화국이라 불린다는 사실이 기이할 따름이다. 김정일은 살아 있을 때 심지어 민의民意를 날조해 자신의 권력을 강화했다. 어떤 국가의 지도 자가 민주와 민의가 필요하지 않다고 말하겠는가?

바깥세상은 북한을 왜곡했고, 북한도 바깥세상을 왜곡했다. 중국의 정치와 군부가 투명하지 못한 것을 두고 외부세계가 늘 색안경을 낀 채 중국을 바라보는 것처럼 말이다. 중국보다 더 폐쇄적인 북한에 대한 외부의 갖가지 유언비어를 사람들은 진실이라고 믿는다.

북한에서 도망쳐 귀순한 공작원을 일본 기자가 매수하여 날조한 사건을 살펴보자.

일본의 많은 언론이 북한 뉴스를 다룰 때 자주 실수를 저지른다. 2006년 10월, 후지신문은 북한이 대기근 이후 붕괴될 것이라고 예측했다. 이에 일본 매체는 '북한 군대의 변절' '북한에 반反김정일 책자가 유행한다'는 허위 보도를 내보낸 바 있다.

원래 일본인은 근거에 치중하고 원칙을 중시하는 민족이다. 일본에서 나는 중학교 교과서의 보충교재인 통계서 일부를 본 적이 있는데, 세계 각국의 여러 통계를 담고 있었다. 중국의 가축 수를 "말 1019만 필, 돼지 4만 6806마리, 닭 60억 마리"라고 적고 있었는데, 출처는 모르겠지만 이 통계는 중국인이 집계할 생각도 하지 못했던 것이다. 아울러 교과서의 부본에 일본인은 정보와 자료를 중시한다고 적시해놓은 것을 볼 수 있다. 하지만 북한을 다루는 일본 언론에서는 대체로 날조행위가 빈번하다. 한국으로 귀순한 전前 북한 스파이 안명진을 두고 연합해 거짓 보도를 연출한 것이 대표적 사례다.*

---

* 1993년에 귀순한 안명진은 일본에서 납치된 것으로 알려진 요코다 메구미에 대한 증언을 통해 한국보다 일본에서 더 많이 알려진 사람이다. 그는 수많은 일본 매체에 출연하면서 북한에 있을 적에 요코다 메구미를 비롯한 15명의 일본인 납북자들을 직접 봤다고 증언하면서 일약 스타가 되

북한이라는 수수께끼

북한 문제는 일본 텔레비전 시청자들이 가장 관심을 갖는 국제 뉴스다. 안명진은 일본 시청자에게 낯설지 않은 존재다. 그는 일본 텔레비전에 얼굴을 자주 내비치며 북한에서 경험한 특별한 일들을 이야기하고는 했는데, 1980년대 후반 북한의 어느 간첩학교에서 훈련받을 때 한 일본 여성이 일본어를 가르쳤다고 말했다. 그의 증언에 따르면 이 여성은 10대 때 일본 니가타 해안에서 납북되었다. 안명진의 이야기와 일본 언론의 추정에 따르면 이 여성은 바로 십 몇 년 전 실종되었던 요코다 메구미黄田 惠다.

일본은 안명진을 초청하여 의회 청문회에 참석시켰다. 이어진 그의 증언은 더욱 충격적이었다. "저는 1989년부터 1991년까지 요코다 메구미를 포함해 열다섯 명의 납치된 일본인 인질을 본 적이 있습니다." 일본 언론은 안명진의 이런 이야기를 납북 일본인의 확증인 양 대서특필했다. 하지만 오래되지 않아 안명진은 마약 판매 혐의로 한국 경찰에 체포되었다. 그는 납북된 일본인 인질에 관한 자신의 증언이 완전히 허구임을 자백했다. 일본 기자들이 인터뷰할 때마다 정보비를 줬기 때문에 그는 끊임없이 거짓을 늘어놓으면서 돈을 벌었던 것이다. 대가를 받았기 때문에 일을 해줘야 한 셈이다.

일본 언론은 북한 관련 뉴스를 다루면서 가공하는 것을 좋아하는데, 주로 경제적 이익 때문이다. 일본 신문이나 잡지 표지에 김정일 사진만 게재하면 판매량이 현저하게 늘어난다. 루머 싣는 것을 좋아하는 후지신문, 닛칸 겐다이 등 매체는 자주 북한 정국과 관련된 뉴스를 쏟아낸다. 이런 뉴

었다. 이 사건으로 당시 의혹 수준이었던 북한에 의한 일본인 납치사건이 정치적 쟁점화가 되었다. 이로 인해 6자회담 차원에서 논의 테이블이 마련된 북일 관계 정상화가 현재까지 진전되지 못하고 있다. 이후 2006년 후지TV에서 거짓으로 증언한 안명진은 더 이상 일본TV에 출연하지 못하게 되었다. 2007년에는 히로뽕을 밀반입해 국내에 유통시키려 한 혐의로 체포·구속되면서, 당시 일본 내부에서도 그의 증언이 갖는 신빙성에 의문을 제기하는 목소리가 커졌다.

스는 사실 확인을 거치지 않은 것이 대부분이다. '비화'를 좋아하는 일본인의 습성 역시 매체의 거짓 풍조를 조장한다. 일본인은 특히 일본과 관련 있는 북한의 속사정을 듣기를 좋아한다.

　부인할 수 없는 것은 거짓된 내용을 보도하는 뉴스 출처의 문제다. 북한과의 교류 단절로 북한과 관련된 1차 자료를 얻기 어렵기 때문에 일본 언론은 주로 두 개의 채널을 통해 뉴스를 만들어낸다. 하나는 한국이고, 다른 하나는 중국과 북한의 접경 지역이다. 몇 가지 단서를 얻어낸 일본 언론은 검증을 할 방법이 없어 상상과 추론으로 '이야기'를 엮어낸다. 일본 언론은 북한 정보와 관련해 숱한 오보를 거듭했다. 산케이신문 등의 언론은 단지 북한에 대한 부정적인 정보만을 믿는다. 이렇게 북한에 대한 편견에 가까운 내용만 보도하니 편향되지 않을 수 없다.

　북한이 추악한 모습으로 묘사되는 것은 일본뿐만 아니라 중국에서도 마찬가지다. 다음은 현재 인터넷 상에서 퍼지고 있는 어느 글의 일부다.

북한의 법정공휴일을 보면 아주 놀랍기 그지없다. 2011년의 공휴일은 23일이다. 그중 5일만이 김씨 일가와 관련이 없다. 예컨대 인민군창건기념일, 국경일, 광복절 등이다. 이밖에 18일은 김씨 3대의 생일 혹은 기일과 관련이 있다. 23일의 공휴일은 다음과 같다.

2월 16일 김정일 탄생일(1942. 2. 16)

4월 13일 김일성 원수칭호 수여 기념일(1992. 4. 13)

4월 15일 김일성 탄생일(1912. 4. 15)

4월 20일 김정일 국방위원장 피선 기념일(1992. 4. 20)

4월 21일 김정일의 할머니인 강반석 탄생일(1892. 4. 21)

4월 25일 조선인민군 창건기념일(1932. 4. 25)

　　　　　　　　　　　　　　　　　　　　　　　　북한이라는 수수께끼

5월 5일 김일성 조국광복회 창건기념일(1936. 5. 5)

6월 5일 김정일의 할아버지 김형직 서거기념일(1926. 6. 5)

6월 19일 김정일 조선노동당 중앙위원회 업무 개시 기념일(1964. 6. 19)

7월 8일 김일성 서거기념일(1994. 7. 8)

7월 10일 김정일의 할아버지 김형직 탄생일(1894. 7. 10)

7월 27일 조선조국해방전쟁 승리기념일(1953. 7. 27)

7월 31일 김정일의 할머니 강반석 서거기념일(1932. 7. 31)

8월 15일 조선광복절(1945. 8. 15)

8월 25일 김정일 선군혁명영도 개시기념일(1960. 8. 25)

9월 9일 조선국경일(1948. 9. 9)

9월 22일 김정일의 모친 김정숙 서거기념일(1949. 9. 22)

10월 8일 김정일 조선노동당총서기 당선기념일(1997. 10. 8)

10월 10일 김일성 조선노동당총서기 당선기념일(1945. 10. 10)

10월 17일 김일성 타도제국주의동맹 결성기념일(1926. 10. 17)

12월 24일 김정일 조선인민군최고사령관 당선기념일(1991. 12. 24)

12월 24일 김정일 모친 김정숙 탄신일(1917. 12. 24)

12월 27일 조선민주주의인민공화국 헌법절

천주펀陳祖芬*이라는 누리꾼은 개탄하며 말했다. "한 가족의 생일, 기일을 국가의 기념일과 명절로 삼았다. 게다가 어떠한 역사적 문화적 명사의 기념일도 없다. 이는 인류 역사에서 전무후무한 일이다. 공화국이란 호칭을

● 1943년 상하이에서 출생해 상하이희극학원을 졸업하고 현재 베이징작가협회에 소속된 작가로 활동하고 있다. 베이징시문학예술계연합회 부주석이자 전국정협위원이기도 하다.

사용하는 북한이 김정일의 모친, 할머니의 생일, 기일도 법정공휴일에 포함시켰다. 이 부끄러움도 모르는 정권이 대내적으로 인민을 우민화하고, 극단적인 폭력과 나쁜 일을 저지르는 데 온갖 극악무도한 수단을 다 동원하는 것은 당연한 일이다. 이렇게 한 정권의 존재는 현대 문명사회 전체에 있어 거대한 풍자이고, 국제적 도의와 세계의 보편적 가치를 비꼬는 행위다." 이 글은 인터넷 도처에 스크랩되었다. 이 누리꾼이 베이징의 그 유명한 여성 작가가 아니길 바랄 뿐이다.

나는 앞의 글을 보자마자 이상한 점을 발견했다. 북한 인민이 가장 중시하는 신정이나, 추석, 단오는 어디로 간 것일까? 내가 알기로 북한의 법정공휴일은 다음과 같다.

1월 1일 설날

1월 8일 김정은 생일

2월 16일 김정일 생일

음력 정월 초하루, 음력설

음력 정월 십오일, 정월 대보름

4월 15일 김일성 생일, 태양절

4월 25일 인민군창건일

5월 1일 노동절

음력 5월 5일 단오

7월 27일 조국해방전쟁 승리기념일

8월 15일 조국해방기념일

9월 9일 정권창건일

음력 8월 15일 추석

북한이라는 수수께끼

10월 10일 조선노동당창건기념일

12월 27일 헌법절

국가가 정한 법정공휴일 15일 가운데 김씨 3대와 관련된 것은 3일이고, 관련 없는 것이 12일이다. 앞의 글에서는 표준적인 법정공휴일이 누락됐을 뿐만 아니라 음력 공휴일 4일이 아예 없고 잘못된 것들도 적지 않게 추가됐다. 일부 기념일이 법정공휴일과 뒤섞이면서 사람들에게 김씨 일가와 관련된 날도 법정공휴일이라는 인상을 주었다. 별다른 생각 없이 그 내용을 믿은 네티즌들이 그 글이 여기저기 퍼나르면서 북한을 추악하게 만드는 일에 일조했다. 북한에도 "백문이 불여일견百聞不如一見"이라는 속담이 있다.

반도에 자리한 이 국가를 사람들은 '아득히 먼 북한'이라고 부른다. 과연 북한이 아득히 먼 곳일까? 지구본을 보면 중국과 이웃한 15개 국가의 수도 가운데 북한의 평양이 베이징에서 가장 가깝다. 중국인에게 익숙한 노랫말인 "위풍당당하고 힘차게 압록강을 건너간다"는 '원조援朝'(한국전쟁)에 참전한 중국군 10만 명을 떠올리게 한다. 중국에서 50대 이상의 세대에게 북한은 지리적으로나 심리적으로 가장 가까운 국가다. 30년 전 중국인은 북한 영화를 보면서 감동하곤 했다. 영화 속 이야기와 음악은 중국을 감동시켰고 눈물로 옷자락을 젖게 하면서 옛일을 떠오르게 했다.

북한 영화와 노래는 지금도 중국인의 마음을 움직인다. 그들은 세월의 거꾸로 선 그림자에서, 옛 노래의 기억에서 자신을 찾는다. 북중 수교 60주년 기념일인 2009년 9월 4일과 5일, 베이징 스지극장世紀劇場에서 북한 영화악단의 공연이 있었는데, 북한 영화와 노래의 감동을 찾아온 사람들로 발 디딜 틈조차 없었다. 중국 민중에게 익숙한 영화 「꽃이 만발한 마을鮮花盛開的村莊」 「사과를 딸 무렵摘蘋果的時候」 「금희와 은희의 운명金姬和銀姬的運命」

「남강촌의 부녀南江村的婦女」「한 간호사의 이야기一個護士的故事」「꽃 파는 처녀賣花姑娘」 등이 연출하는 감동적인 장면은 극장을 메운 관객의 마음을 울렸다.

이 공연에서 북한 영화악단은 29곡을 연주하고 불렀다. 객석에서는 의례적인 박수 외에도 익숙한 영화와 노래 박자에 맞춰 흥에 겨운 박수를 쳤다. 북한 배우가 첫 곡의 첫 소절을 부를 때 열렬한 갈채가 터져나왔고, 특히 「꽃 파는 처녀」의 오프닝과 클로징은 수십 차례의 뜨거운 박수와 환호성을 받았다.

"어린 처녀가 이른 아침에 일어나, 꽃바구니를 들고 시장에 가네. 큰 거리와 작은 골목을 지나다니며 '꽃을 사세요' 하고 노래 부르네." 30여 년 전 북한 영화 「꽃 파는 처녀」는 중국 전역에서 열광적인 반향을 불러일으켰다. 「꽃 파는 처녀」의 선율이 다시금 터져나오자 중노년의 관객뿐만 아니라, 1980~1990년대에 출생한 젊은 사람들도 영화의 생생한 이야기에 심취했다.

1960년대, 중소 관계가 악화되면서 소련 문화가 중국인에게서 점차 멀어지고, 북한과 알바니아 등 사회주의 국가의 문화예술이 중국에 소개됐다. 당시 중국의 문예는 침체기였고 현실은 참담했다. 사회적으로 이런 말이 널리 유행했다.

베트남 영화는 '전쟁영화'
북한 영화는 '감동영화'
알바니아 영화는 '알쏭달쏭한 영화'
루마니아 영화는 '멜로영화'
중국 영화는 '지루한 영화'

북한이라는 수수께끼

북한 영화는 중국의 수많은 하방된 지식청년, 노동자, 농민, 전사의 청춘 및 감성과 함께했다. 당시 많은 지식청년이나 청년 농민들이 삼삼오오 인근 생산대대의 곡식을 말리는 마당이나 샹전鄕鎭˙의 강당에서 이 영화들을 감상하곤 했다. 영화는 그들의 청춘과 눈물의 흔적을 기록했다. 주인공의 경험과 영화의 시대적 배경은 중국 관객들의 희로애락, 현실과 미래에 대한 아름다운 갈망을 불러일으켰다.

예술은 흔히 지나간 시절을 붙들고자 하는 몸부림이지만 정해진 운명 앞에서 헛되이 힘만 들이는 것이기 일쑤다. 추억은 남지만 지나간 세월은 잡을 수 없고, 강은 우리의 손가락 사이를 빠져 계속 흘러간다. 사람들이 잡은 것은 영원히 자신의 그림자일 뿐, 무엇을 놓쳤고 또 무엇을 잡아두었던가? 이러한 시도 자체가 그 대상보다 더욱 가치 있을 터. 이는 한 사람이 생명에 대한 자기 자신에 대한 태도를 그대로 노정하는 것이다.

1970년대 영화로 말할 것 같으면 북한 영화는 중국 인민에게 가장 중요한 기억이다. 그때 중국이 들여온 대작들은 모두 사회주의 국가에서 온 것으로, 그중 북한 영화의 규모가 가장 방대했는데 모두 30여 편이었다. 「꽃 파는 처녀」에서 꽃 파는 처녀로 분한 홍영희는 이렇게 말했다. "북한 인민과 중국 인민에게는 공동의 역사 경험과 정서가 있어 꽃 파는 처녀의 내면 세계와 대사가 양국 인민의 눈물과 공감을 얻어냈다." 깊이 새길 만한 말이다. 이는 북한의 영화와 가곡이 오늘날까지 중국인의 마음을 여전히 감동

˙ 중국의 행정구역은 다음과 같다. 전국 현급縣級 이상의 행정구역으로는 23개 성省, 4개 직할시直轄市, 2개의 특별행정구特別行政區, 50개 지구地區(주州, 맹盟), 661개 시市(직할시 4개, 지급시地級市 283개, 현급시縣級市 374개), 1634개 현(자치현自治縣, 기旗, 자치기自治旗, 특구特區와 임구林區)이 있다. 이밖에 11개의 구공소區公所, 1만9522개의 진鎭, 1만4677개의 향鄕, 181개의 소목蘇木, 1092개의 민족향民族鄕, 1개의 민족소목民族蘇木, 6152개의 가도街道가 있다. 구공소부터 가도까지를 향진급으로 보는데 이 향진급 행정구역의 합계는 4만1636개이다. 향진의 중국어 발음이 곧 '샹전'으로, 여기에서 샹전의 강당은 우리나라의 '마을회관' 정도로 생각하면 된다.

시키는 본질이다.

「꽃 파는 처녀」 속 홍영희의 사진은 북한의 지폐로 두 차례 유통된 바 있다. 첫 번째는 1976년판 1원짜리 지폐의 도안 뒷면에, 두 번째는 1992년 판 1원 지폐의 도안 앞면에 나왔다. 꽃 파는 처녀는 전 세계 최초로 화폐에 인쇄된 여성 연예인이 된 셈이다. 2009년 10월 4일, 원자바오溫家寶 중국 국무원총리가 북한에 방문했다. 평양 순안국제공항에서 홍영희는 녹색 한복을 입고 원자바오에게 꽃을 건넸다. 북한 당국이 특별히 홍영희를 불러 원자바오에게 꽃을 선사했는데, 그녀는 중국과 북한의 모든 사람이 아는 북중 우의의 상징이기 때문이다.

2009년 9월 11일, 북한 영화제가 베이징 바이라오후이 신쓰지百老匯新世紀 영화관에서 열렸다. 최고 수준을 자랑하는, 각각 다른 시대의 영화 「꽃 파는 처녀」 「도라지꽃」 「열두 시간」 「여자의 일기」 「내가 본 국가」 등 다섯 편이 상영됐다. 개막식에서 관객들은 대형 스크린을 통해 여러 세대에 걸친 명작 「꽃 파는 처녀」의 감동을 다시 한 번 느꼈다.

반갑고 놀라운 것은 홍영희가 현장에 모습을 드러내 영화를 찍으면서 겪은 에피소드를 공개했던 일이다. 당시 그녀는 18세 대학생이었다고 한다. 121분 길이의 「꽃 파는 처녀」는 김일성 항일전쟁 시기를 각색하여 만든 가극이다.

영화 「꽃 파는 처녀」의 주제가를 불렀던 최삼숙은 어느덧 예순이 넘었다. 40년 전 그녀는 평양방직공장의 여공이었으나 영화음악 가수가 되어 「꽃 파는 처녀」의 노래를 불렀다. 한 시대를 풍미했던 '꽃 파는 처녀'는 40년이 지난 뒤 들어도 그때와 똑같았다. 리허설을 할 때 이 공연단의 최고 스타임에도 불구하고 최삼숙은 직접 무대에 나와 노래를 불렀는데, 한 치의 빈틈도 없었다고 한다.

북한이라는 수수께끼

베이징의 이 공연은 모든 곡이 음미할 만했지만, 그날 밤 현장에서 가장 감동스러운 장면은 홍영희와 최삼숙의 재회였다. 그 둘은 영화 속에서 꽃 파는 처녀의 불행과 운명에 맞선 투쟁을 관객들에게 선보인 바 있다. 40년에 가까운 세월이 지나도 「꽃 파는 처녀」의 감동은 사라지지 않았다. 홍영희의 아름다움과 최삼숙의 목소리는 여전했다. 두 사람의 눈에서 기쁨에 찬 눈물이 반짝이며 흐를 때 그 광경을 바라보던 중국인은 감동하지 않을 수 없었다.

어떤 모습이든 지나간 세월을 추억하는 것은 소중한 일이다. 오늘이라는 침대 위에 누워 지나간 나날을 돌아보는 것은 새로울 것 없는 일이지만, 그 과정에서 마주하는 낡고 부패하고 더러운 것들 역시 흘러가는 구름이나 이슬처럼 생명의 일부다. 눈앞의 성공이나 이익에 급급해 내리는 평가는 필요치 않다. 과거의 즐거운 일, 슬픈 일 모두 시간이 지나보면 별일이 아니다. 세월이 우리에게 남겨준 것은 우리 스스로 느끼는 것보다 더 많다. 세월은 사람의 이러한 체험 능력을 부단히 향상시킨다.

2009년 9월 북한 영화악단은 중국 10개 도시를 순회 공연했다. 51년 동안 나라 밖을 나가본 적이 없었던 북한의 영화악단이 이때 중국을 방문하여 공연하기까지 우여곡절이 많았다. 2005년이 중국 영화 탄생 100주년이었던 터라 행사 기획자가 이 기회를 빌려 영화 배경음악을 상당수 보유한 북한 영화악단을 초청하여 중국에서 공연한 것이다.

평양을 가로지르는 대동강에 위치한 양각도에 북한 영화악단이 세워진 지 51년이 되었다. 북한에서 영화악단의 지명도는 아주 높다. 악단에는 고작 14명의 합창배우가 있지만 50명의 합창단에 맞먹는 효과를 낸다. 사중주, 오중주의 화음이 어찌나 정확한지 중국의 내로라하는 음악가들도 혀를 내두른다. 국가 최고의 예술상인 '김일성상'을 수차례 받은 인민 예술가가 있어서만이 아니라, 영화와 드라마, 다큐멘터리의 배경음악을 40만 곡이나 만들어낸 저력 덕이다. 인민이 여가와 문화생활에 손쉽게 참여하게끔, 영화악단의 공연은 일반적으로 오후 5시에 시작한다. 공연은 매회 거의 만석이고, 영리를 목적으로 하지 않기 때문에 티켓 가격도 매우 저렴하다.

언젠가 장명일 북한 영화악단 단장은 내게 말했다.

"우리는 따뜻하고, 아름답고 섬세한 선율을 함께 녹여내 우리 민족 특유의 낭만을 갖추는 것을 좋아합니다. 북한 음악의 특색은 철두철미한 민족성에서 사회주의적 내용을 해석하는 데 있습니다."

2005년 중국은 먼저 북한의 예술교육협회와 연락을 시도했다. 이곳은 북한에서 몇 안 되는 대외 공연 자격을 보유한 관영기관이다. 협회의 회신은 실망스러웠다. "우리는 준비가 되지 않았습니다." 이후 북중 관계의 긴장과 이완이 반복되면서 중국 초청 공연은 보류되고 말았다.

2008년 베이징올림픽 성화가 21개 도시에 전달되던 중 보이콧을 몇 번 겪었는데, 유독 북한에서는 전 과정이 원활하게 진행되었다. 성화가 봉송되는 길옆에서 10만여 명에 달하는 북한 사람들은 전통의상을 입은 채 손에는 꽃을 받쳐들고 춤과 노래로 환영했다. 그날 저녁 류샤오밍劉曉明 주 북한 중국대사는 북한에 있는 중국인들을 초청해 만찬을 열었다. 그는 건배사에서 북한은 중국이 신뢰할 만한 벗이라고 공언했다.

2008년 시진핑習近平 국가부주석이 북한을 방문하면서 2009년을 북중 우호의 해로 선포했다. 북중 수교 60년을 맞은 2009년 내내 '우호의 해'는 공연 개최를 위한 강력한 정치적 배경이 되었다. 2008년 9월 중국은 북한 영화수출입공사에 재차 공연을 제안했다. 이 제안은 북한 국가영화위원회로 넘어갔다. 이 기구는 2009년에야 설립되었는데, "우리는 100편의 영화를 제작해야 한다"는 김정일의 지시 아래 생긴 것이다. 북한 국가영화위

북한이라는 수수께끼

원회는 영화와 관련된 일체의 업무를 전문적으로 책임진다. 중국 측의 제 안은 이 새 기구의 첫 번째 해외 프로젝트로서 그 즉시 공연이 허가되었다. 2009년 3월 북중 간 공연 계약을 정식으로 서명할 무렵, 북한은 국제적으로 정치외교 방면에 있어 많은 뉴스를 만들어내고 있었고, 중국의 공연 시장에도 변화가 있어 중국 방문 공연은 시종 변수로 가득했다. 비로소 공연이 실현된 것은 9월에 이르러서였다.

오늘날 중국인이 북한을 이해하는 데 상하이세계박람회 이야기를 빼놓을 수 없다. 북한이 최초로 참가한 세계박람회이기 때문이다. 2010년 10월 31일 상하이세계박람회가 개막했다. 이성운 북한관 관장은 184일의 박람회 기간 동안 약 650만 명의 관광객이 북한관을 참관했고 관람객이 가장 많았던 날은 10월 16일로 7만 명에 달했다고 말했다.

상하이세계박람회장에 중국의 후원으로 건립된 북한관은 별다른 특색이 없는 독립전시관이었다. 멀리서 보면 푸른 하늘과 흰 구름을 배경으로 한 천리마 동상이 그려져 있는 바깥 담장의 도안과 한쪽에 걸려 있는 매우 큰 북한 국기를 제외하고는 특별히 사람들의 주목을 끌 만한 것은 없었다. 하지만 가까이서 보면 관사 건축은 민족의 색채와 현대적 미감이 한데 응집되어 있다. 특히 세부적으로 보자면, 전시관의 두공과 구름 기둥, 청기와와 갈색 격자무늬살 출입문은 북한의 전통건축 양식을 구체적으로 표현했다. 일부 인기 있는 전시관은 관람객들이 몇 시간씩 줄을 서야 했는데 반해 북한관은 줄을 설 필요가 없는 전시관 가운데 하나였다. 관람객들은 옛 시절을 추억하려는 나이가 지긋한 사람이 대부분이었고, 중국인을 제외하고는 대체로 한국인과 일본인이었다.

어느 젊은이가 말했다. "북한관은 보지 않아도 된다. 어쨌든 중국의 지원으로 적당히 만든 것에 불과하다. 사람들이 세계박람회장에 오는 것은 여가를 즐기기 위해서인데 누가 북한관에 가서 말도 안 되는 설교를 들으려고 하겠는가."

북한관의 테마는 '번영하는 평양은 대동강 문화 기초 위에 건립됐다'였다. 가장 특징적인 것은 평양의 랜드마크인 4.5미터 높이의 주체사상탑 모형이었다. 그 뒤로는 거대한 평양 시내 사진이 걸려 있었다. 다섯 대의 텔레비전에서는 1950년 이래 북한의 건설 분야 성과를 반복적으로 방영하고 있었다. 전시관 안 홀에는 한 줄기 굽이치는 하천이 바닥을 장식하고 있었는데, 대동강을 상징한 것이었다. 강을 건너가는 돌다리는 작고 정치했다. 관람객들은 흥미를 자아내는 주체사상탑 모형 앞에서 사진을 찍었다. 가난한 북한으로서는 북한관의 내부와 외부를 소박하게 만들 수밖에 없어 사치스러운 구석이나 고도의 기술력은 찾아볼 수 없었다. 마치 30년 전의 중국관을 보는 듯했다. 북한관 홀의 입구에는 기념품 센터가 세워져 있었는데 북한의 어학 CD와 풍경화집, 엽서와 우표를 판매했다. 많은 관람객이 우표 한 세트를 골라 기념했다. 각종 북한 우표는 북중 양국 교류사의 축소판이다.

북한의 우정 부서에서는 상하이세계박람회와 관련된 소형 우표 한 장을 발행하여 상하이세계박람회의 개최를 기념했다. 이 소형 우표의 정면에는 평양과 상하이를 배경으로 '2010년 중국 상하이세계박람회 기념'이란 문구가 한국어, 중국어, 영어로 표기되어 있었다. 북한은 189개 참가국 가운데 상하이세계박람회를 기념하는 우표를 발행한 몇 안 되는 국가 가운데 하나였다.

북한관 카운터에는 한 중년 남성이 상주하고 있었는데, 관람객들에게 북한관의 기념 도장을 찍어주기 바빴다. 그는 관람객이 몰려들어도 짜증 한 번 내지 않았다. 북한말을 기념으로 써달라는 요청에 흔쾌히 응하고는

북한이라는 수수께끼

했다. 그가 바로 이성운 관장이다. 관장이 직접 관람객을 위해 서비스하는 것은 다른 전시관에서는 거의 볼 수 없는 일로 아마도 북한관의 특징일 것이다.

전시관 출입구에 대형광고를 부착한 것 또한 북한관의 특징이다. '상해 평양고려관' 광고였는데, 상하이 민항취閔行區 황화루黃樺路에 본점이 있고, 푸동신취浦東新區 송린루松林路에 분점이 있다면서 주소와 전화번호를 기재해놓았다. 또 상해 평양고려관에서는 특별 초빙한 요리사와 종업원이 고객을 위해 최상의 서비스를 제공할 것이라고 명기해두었다. 이러한 광고는 박람회의 다른 전시관에서는 거의 찾아볼 수 없었는데, 이렇게 버젓이 광고를 붙여놓으니 웃지 못할 헤프닝이 벌어진 셈이었다.

한국의 여수는 2012년에 세계박람회를 개최하는 도시다. 한국은 북한을 여수박람회에 초청할까? 오현섭 여수시장은 내게 말했다. "제가 알기로는 중앙조직위원회에서 북한을 초청할 계획이 있습니다. 이 기회를 통해 남북경색의 국면을 완화하고 활발한 경제 문화 교류가 펼쳐지길 기대합니다."

북한은 결코 멀리 있지 않다. 북한의 옛 모습을 그리워하는 중국인들이 있다. 추억은 중년에게는 사치요, 노년에게는 보상이다. 그러나 지금의 중국 젊은이들이 그 지나간 세월을 상상하기란 힘든 일이다. 수많은 변화로 인해 대다수의 중국인에게 오늘의 북한은 매우 낯설기만 하다.

현재 북한의 일거수일투족은 세계적으로 화제다. 이 국가에 대한 중국인의 궁금증이 다시 높아지고 있다. 북한에 대한 사람들의 인상은 김일성광장을 가득 채운 지도자의 권위, 사열식에서의 획일적인 걸음걸이, 거리를 걸어가는 인민들의 통일된 색조와 깔끔한 스타일의 옷차림새, 가슴의 지도자 배지 등 자질구레한 것뿐이다. 세계는 하루에도 몇 차례나 숨가쁘게 변하고 있는데, 진달래가 활짝 핀 이 국가는 천천히 그 신비로운 베일을 벗고 있다.

북한은 수수께끼로 둘러싸여 있고, 그것을 해제할 암호 해독은 쉽지 않다. 북한의 비밀번호는 '너는 알고 나는 모르는 것'이 아니라 거꾸로 '나는 알고 너는 모르는 것'이고, '네가 알면 나도 아는 것'이 아니라, '너도 나도 모르는 것'이다. 그들은 어쩌면 이미 비밀이 아닌 비밀이 되었을지도 모르고, 자신이 나타내는 함의를 잃어버렸는지도 모른다. 그도 아니면 영원히 해석될 수 없을지도 모르며, 일단 해석되면 국제정치적인 문제를 야기할지도 모른다.

최근 30년간 중국은 비약적으로 발전하면서 북한과는 멀어졌다. 북한과 관련된 각종 소식은 중국에서 갈수록 사라지고 있다. 한국과 수교한 지 20년이 지나는 동안 중국인의 눈에 삼성전자, 대한항공, 태권도, 한국요리, 한류로 인한 한국드라마 열풍 등이 더 자주 눈에 띄게 된 것은 생각하지 못했던 일이다. 이제 북한에 대한 관심보다 한국에 대한 관심이 더 많아졌다. 그러나 북한은 멀리 있지 않다.

약 15년 동안 나는 여섯 번 북한에 갔다. 첫 번째는 1996년 7월, 두 번째는 2001년 8월, 세 번째는 2002년 9월의 일이었다. 당시에는 기자 신분이 아니라 헤이룽장黑龍江, 랴오닝遼寧 투자시찰과 단체관광의 형태로 입국했다. 네 번째는 2005년 4월이고, 이후 몇 년 사이에 한 번 더 갔다. 마지막 방문은 2009년 10월로 원자바오 국무원총리 북한 방문 기간이었다.

네 번째 입국은 북한 정부가 초청한 것으로, 홍콩 기자의 신분으로는 처음으로 세상과 동떨어진 22만 제곱킬로미터의 비밀스러운 땅에 간 것이다. 북한 당국 관계자에 의하면 언론으로 초청받는 것은 매우 드문 일로 홍콩, 타이완 언론에서는 선례가 없었다고 한다. 초청을 담당한 관계자에 따르면 베이징, 상하이, 홍콩의 여러 기관을 통해 기자의 행적에 대한 많은

북한이라는 수수께끼

조사와 엄격한 심사를 거쳐 마지막에는 내각이 비준해야만 가능한 일이라고 한다.

이 책은 여섯 차례의 북한 탐방을 정리한 것으로, 독자들에게 그 동안 알려지지 않았던 북한을 공개하려 한다.

제1장

단둥 출국

　　　　　　아득히 멀기만 했던 북한과의 심리적
거리는 좁혀지기 시작했다. 사실 거리를 좁힌다는 것이 마냥 좋은 일만은
아니다. 나는 짬이 날 때 가만히 하늘 올려다보기를 좋아한다. 하늘은 항
상 번잡하지 않고 그윽하다. 나는 이런 하늘을 보면서 스스로 마음의 평화
를 찾곤 한다. 때에 따라 멀어졌다가 가까워지는 사물일수록 누추하고 흉
측해지는 양상이 더욱더 뚜렷하다. 하늘은 거리두기의 아름다움을 느끼게
해준다.

　　2008년 9월, 북한은 중국인이 패키지관광을 할 수 있는 곳이 되었다.
이에 따라 중국인들의 북한 여행에 대한 관심도 꽤 커졌다. 사실 중국인들
의 북한 여행은 예전부터 있어왔지만 북한과 인접한 변경도시에 제한됐었
다. 구체적으로 보면 랴오닝성遼寧省 단둥시에서 신의주로 출발하는 1일 코
스와 북한으로 들어가는 3박 4일, 4박 5일, 6박 7일 코스가 있다. 또 평양,
판문점, 묘향산으로 가는 3박 4일 코스도 있다. 여행비용은 보통 4000위안

내외다. 4~5일간의 여정에 4000~5000위안(한화 72~90만 원)의 가격은 다른 여행에 드는 비용에 비해 결코 비싸다고 할 수 없다.

단둥국제종합업무센터의 책임자인 저우위周宇는 이미 여러 차례 여행객을 데리고 북한에 다녀온 바 있다. 그의 설명으로는 북한 여행은 계절에 따른 성수기와 비수기의 구분이 없다고 한다. 오로지 북한 측의 허가만 있으면 될 정도로 모든 것이 북한 정부의 대외적인 태도에 달려 있다. 북한을 여행하는 여행객의 대부분은 중노년층이고, 그네들 대부분은 북한에 대한 모종의 감정을 지니고 있다. 하지만 다른 해외여행에 비해 북한의 관광명소는 비교적 적은 편이고 숙박 여건도 대체적으로 떨어지는 편이다. 지정 상점과 투숙 호텔에서는 인민폐로 물건 구입이 가능하다.

베이징과 선양瀋陽에서 비행기를 타고 평양까지 갈 수 있는데, 나는 대부분 랴오닝성 단둥에서 출발하여 압록강을 거쳐 신의주로 입국했다. 이렇게 가는 것이 평양 이외 지역의 진짜 모습을 더 가까이에서 쉽게 볼 수 있는 방법이다.

단둥은 북한 최대의 대중국 무역 창구다. 북중 무역 교역량의 70퍼센트 이상이 단둥세관을 거친다. 단둥세관은 중국과 북한을 연결하는 최대의 육로세관이다. 또한 중국에서 유일하게 제3국적자 대북통행이 가능한 세관이다. 그간 30여 국가에 이르는 정상들이 이곳을 통해 국경을 넘었다. 단둥에서 맞은편 신의주까지 육로운송세관의 유일한 통로는 철도와 도로가 모두 있는 압록강대교다.

중국이 북한에서 주로 수입하는 것은 무연탄과 철강재료다. 단둥 다둥강大東港세관에 따르면, 2009년 상반기 북한과 중국의 무역량은 71만 8000톤, 무역액은 9617만6000달러다. 각각 2008년 동기대비 481.9퍼센트, 268.4퍼센트 증가했다. 중국이 북한에서 수입한 화물은 70만1000톤,

무역액은 6716만 달러로, 전년 동기대비 478퍼센트, 306.1퍼센트 증가했다. 중국의 대북 수출화물은 1만7000톤, 무역액은 2901만6000달러로 각기 550퍼센트, 206퍼센트 증가했다. 지린吉林세관 통계에 따르면 훈춘琿春 각 세관의 대북 무역액은 9023만 달러였다. 그중 수입은 1684만 달러, 수출은 7339만 달러로 전년 동기대비 55.2퍼센트, 48.2퍼센트와 56.8퍼센트 늘었다. 국제적으로 고립된 북한과 중국 간의 무역이 늘어나고 있음을 알 수 있는 대목이다.

하지만 단둥세관에는 검사를 기다리면서 쉴 수 있는 곳이 없다. 덥거나 추운 날씨에도 사람들은 옥외에서 검사를 기다린다. 또한 화장실도 없다. 1950년대부터 계속 써오던 길이 50미터, 폭 8미터의 통로를 그대로 쓰고 있기에 차와 사람들로 매우 혼잡하다. 매일 500~600대의 변경무역 차량이 대교를 왕복하는데 개찰 대기하는 곳 없이 마구잡이로 강가 인근 대로에 정차해 있다. 단둥시 인민대표가 여러 차례 세관 재건축을 건의했지만, 몇 년 사이에 동북아 형세가 복잡해지면서 당국이 공사를 허가하지 않았다. 그러나 내가 단둥세관에 가지 못한 지난 몇 년 사이에 출입국 관리시설이 새로 들어섰다.

변경의 조그마한 소도시 단둥 한쪽에는 푸른 나무와 잔디밭, 화단으로 꾸며진 압록강변이 자리잡고 있다. 단둥 쪽으로는 도회지 풍경이 펼쳐지지만 맞은편은 황량한 들판이다. 그곳이 바로 북한이다.

이렇듯 강 하나를 사이에 두고 두 개의 세계가 펼쳐진다. 순식간에 한 시절의 터널을 지나가는 것 같다. 석양이 지는 북한 쪽의 산비탈은 벌거벗었다. 간간이 비탈 위의 크지 않은 보리밭이 보이고 기울고 초라한 농가가 드문드문 눈에 띄기도 하는데, 그 황량함이 조금은 적막하다. 반면 단둥에는 시멘트 건물이 우뚝 솟았고, 채색 깃발이 강을 낀 광장에서 펄럭인다.

북한이라는 수수께끼

단둥의 강변에서는 인민폐 2위안에 망원경으로 건너편을 구경할 수 있다. 10위안이면 여객선을 타고 맞은편 가까이 갈 수 있다. 북한 농민이 농사를 짓는 모습, 총을 든 군인이 순찰을 도는 모습, 여가시간에 배구를 하는 모습, 엉덩이를 드러낸 아이가 물속에서 노는 모습, 부녀자가 빨래하는 모습, 남자들이 흙더미에 앉아 담배를 피우며 무연히 강 맞은편을 바라보는 모습 등이 한눈에 들어온다. 강 맞은편의 집, 땅, 옷차림 등 건너편 사람들의 생활은 명암이 뚜렷하다.

강 이쪽과 저쪽의 차이는 단둥 주민들에게는 이상할 것 없는 일이다. 그들은 차분한 어투로 관광객들에게 이런저런 이야기를 들려준다. '핵실험' '미사일' '기근' '밀입국' 등의 단어로 도배되는 이야기들을. 바깥세계는 갈수록 중국 변경지역에서 이와 같은 소식을 많이 얻는다. 동북아 국제정세가 혼란스러운 때에도 이곳 주민들의 생활은 여전히 평온하기만 하다.

한번은 압록강에서 유람선을 탔는데 관광가이드가 손으로 북한 쪽을 가리키며 말했다. "저 곳의 상황은 1960~1970년대의 중국과 같아요. 개혁개방에 대해 불만을 가진 사람들은 북한에 가서 좀 둘러봐야 해요."

단둥에서 맞은편 신의주까지 육로세관의 유일한 통로는 압록강철교다. 압록강은 중국 인민해방군의 피눈물이 가득한 곳이다. 당시 두 지역은 하나의 육로 다리(하교下橋, 오늘날 단교斷橋 혹은 단교端橋라고도 불린다. 1909년 착공하여 1911년 완공)와 하나의 철교(상교上橋, 오늘날 조중우의교라 불린다. 1943년 완공)로 연결되어 있었다. 60년 전 10월에 인민해방군은 조금의 주저함도 없이 두 개의 대교를 넘어갔다. 10월 19일 해질 무렵, 평더화이彭德懷 장군은 어느 다리를 건너갔을까?

북중 양국의 경계는 상교上橋, 즉 조중우의교의 대교 중간에 있다. 대교는 12연連으로 전체 길이 946미터, 중국 쪽 다리 길이는 570미터다. 북한 쪽

압록강 위의 북한 난파선.

압록강 위의 북한 선박.

6연은 팽팽한 줄로 연속된 교량이다. 중국 쪽 6연은 추를 매단 수직형 연속 교량식 복선형 철교다. 대교의 중국 쪽 교량 본체는 검은 빛이고 북한 쪽은 낡은 석회토다. 이 12연의 철교에는 60년 전 전쟁이 남긴 총알 구멍이 여기 저기 흩어져 있다.

이 상교는 1937년 4월 일본이 안평安奉에 복선형 철도를 부설할 때, 당시의 일본자동차주식회사와 일본건설주식회사가 합작으로 하교의 상류 100미터 되는 곳에 300년 정도 안전하게 사용할 수 있게끔 설계되어 건설되었고, 1943년 4월에 개통했다. 철교 개통 뒤 일본이 중국의 자원을 약탈하는 주요 통로가 되었고, 종전 이후에는 소련의 붉은 군대가 접수했다. 1947년 6월, 소련이 북한에서 철수할 때 강과 다리는 북한과 중국 양국 정부가 공동 관리하도록 인계했다. 철교는 원래 복선 철교여서 동시에 상하행 열차가 통행할 수 있었다. 옆의 하교인 육로 다리는 미군 비행기의 폭격 뒤 1951년 1월 복선 철도가 단선으로 바뀌었고, 철거된 철로 일부에 도로가 건설되어 양용 다리가 되었다. 한쪽은 철로 다리, 한쪽은 도로다리다. 상교는 당시 도로다리 바닥에 목판을 깔았고, 1977년에는 시멘트가 깔렸다.

조중우의교로는 적재한도 5톤 이하의 차량이 통행한다. 도로의 폭이 단지 3미터에 불과해 일방통행만 가능하다. 매일 오전과 오후에 각기 한 시간씩 통행을 허가하는데, 중국 측이 한 시간, 북한 측이 한 시간 통행한다. 기차가 통과할 때는 양방향에서 자동차가 정차하지만 자동차가 다리 아래로 떨어지는 사고가 여러 차례 발생했다.

하교, 즉 육로 다리는 원래 다리 길이가 942미터에 12연이었는데 1943년 철교가 육로용 다리로 바뀌었다. 다리 가운데는 큰 찻길이고 양쪽은 보행로다. 한국전쟁 기간 미군은 인민해방군의 병력과 물자의 후방 지원을 끊기 위해, 상공에서 폭격하여 봉쇄를 시도했다. 1950년 11월 8일부터

21일까지 미군에서 출동한 600여 대의 폭격기가 융단폭격을 펼쳤다. 압록강 연안은 불바다가 되었다. 하교의 허리가 절단되면서 북한 측의 8연은 모두 물에 잠겼고, 헐벗은 몇 개의 교각만 남았다. 전쟁이 끝난 뒤 북한은 철교의 잔해를 철거하고 몇 개 교각을 강 위에 남겼다. 중국에서는 손도 대지 않고 이 4연의 불완전한 다리를 그대로 두었다. 1993년 6월 단교는 원상복구된 뒤 일반인들에게 개방되면서 관광명소가 되었다. 교량 본체에는 옅은 남색을 칠했는데, 전쟁의 참혹함을 되새기며 평화를 기원하는 의미다.

60년의 세월은 흐르지 않고 있다. 이 철교는 중국 쪽 부분이 온전히 보전되어 있는데 여기엔 역사적 배경이 있다. 한국전쟁 때 북한에 들어온 맥아더 총사령관은 미국에서 유명한 필승의 장군이었다. 그는 전쟁 초기 거둔 승리에 의기양양해져 추수감사절 전에 압록강변까지 전선을 밀어붙이겠다며 호언했다. 중국 정부가 항의와 경고를 거듭하는 와중에, 미국 정부는 계속된 공습으로 중국이 이 전쟁에 개입할까 염려했다. 그렇기 때문에 북중 경계선을 확실히 장악하기 위한 압록강철교 폭격 때 미국 공군은 부득이 북한 쪽만 폭격했을 뿐 중국 쪽 폭격은 감행하지 못했다. 압록강 단교의 존재는 당시 신중국이 국제적으로 중요한 위치에 있었음을 알려준다.

1990년 10월 25일, 북중 양국 정부는 상교를 '조중우의교'라 명명했다. 다리 위에서는 바오산쉬안홍寶山懸虹, 비수이위셰碧水玉樹, 야장판잉鴨江帆影, 철교 탄공 등의 명소가 훤히 보인다. 2000년 10월 '항미원조 투쟁(한국전쟁)' 50주년을 기념하면서 중국공산당 중앙정치국 위원이자 중앙군사위 부주석 겸 국방부장인 츠하오톈遲浩田이 하교에 '압록강 단교'라는 현판을 내렸다.

단둥은 중국 최대의 변경도시다. 은행나무가 그늘을 드리우고 두견새가 가득해 흔히 "북국北國의 강남"이라고 불린다. 북한과 중국 양국을 연결

압록강 단교.

압록강 하고, 즉 단교.

단교 다리 어귀의 조각품.

단교에 진열된 미군 폭탄.

단둥 두 개의 다리.

변경지역 공고문 중 첫 번째.

변경지역 공고문 중 두 번째.

하는 압록강철교는 양국의 화물무역과 인력 교류를 책임지며 현재 중국에서 북한으로 통하는 가장 번화한 육로다. 세월이 많이 흐르면서 철교는 점차 노후하여 양국 무역거래의 수요에 부응하기 어려워졌다. 화물차가 늘 대교에 들어서기 전 줄지어 기다렸다가 북한에 들어가고는 한다. 건설중인 북중 간 신압록강대교*는 단둥과 북한을 연결함으로써 대북한 육로와 항구지역 일체화의 중추공정을 실현할 국가 대외원조 프로젝트의 중대한 전략적 요충지다.

강바람이 솔솔 불어오는 단둥 싱단興丹대로 북단에서 앞을 보면 청록색 물빛의 압록강이 눈앞을 가로지른다. 조용한 강 위에 건설중인 잔교는 마치 강물 위에 떠 있는 무지개 같고 하루하루 대교 공사는 맞은편을 향해 나아간다. 이 임시 교량식 시설에는 교각, 다리받침, 강철 대들보, 두 대의 큰 기중기가 운행중이다. 바로 신압록강대교 공사현장이다.

2009년은 북중 수교 60주년과 북중 우호의 해였다. 원자바오 총리가 북한에 방문한 10월 4일, 양측은 신압록강대교를 새로 건설하기로 합의하고, 정식으로 대교 건설과 관련된 업무를 개시하기로 결정했다. 이 뉴스는 바로 국내외 여러 언론이 1면 톱기사로 다룸과 동시에 단둥 사람들을 흥분케 했다. 2010년 2월 25일, 북중 양국 정부 대표는 '중국과 북한의 공동건설 관리와 신압록강대교 유지보호에 관한 협정'에 서명하고, 신압록강대교를 건축하기로 확정했다.

신압록강대교는 중국에서 북한으로 연결되는 주요 통로이면서, 도쿄-서울-평양-베이징-모스크바-런던의 유라시아를 연결하는 주요 거점이기

• 2009년 10월 4일, 원자바오 총리가 북한을 공식 방문했을 때 북한과 체결한 경제기술 합작 협정서에서 신설하기로 했던 대교다. 압록강철교의 노후는 북중 간 인적 교류와 물류의 걸림돌이 됐는데, 신압록강대교의 건설로 이런 문제점을 해결할 수 있을 것으로 보인다.

도 하다. 이 프로젝트는 단둥-다롄大連고속도로 입체교차로에서 시작해 지셴공업원구集賢工業園區, 캉츠링康齒靈치약공장을 거쳐 싱단대로를 따라 중국 측 세관에 진입하고 싱단대로 북측의 압록강대로를 건너 북한에 도착해 마무리된다. 종착점은 북한 삼교천三橋川 북쪽의 장서長西다. 전체 거리는 13킬로미터에 가깝다. 그 가운데 신압록강대교의 길이는 약 3030미터다. 발전계획도를 보면 대교는 사장교斜張橋 형식을 취한 현대적 설계로 그 위용이 대단하다.

대교는 4차선 1급도로표준을 채택했고 주 교량은 트윈타워와 양면 강철박스의 사장교로 636미터다. 단둥시 교통국이 설계한 이 프로젝트의 총투자액은 약 22억 위안으로 중국이 전액 부담하고 공사에 필요한 북한 측 자재도 전부 단둥에서 조달한다. 대교는 중자오 제2항해업무공정국中交第二航務工程局에서 시공하고 공사 기간은 3년이다.

압록강은 중국과 북한의 경계에 있다. 백두산에서 발원하여 지린吉林성 창바이長白 현, 바이산白山과 지안集安 시, 랴오닝 성의 콴뎬寬甸 현, 단둥 시, 둥강東港 시를 거쳐 황해로 흘러들어간다. 압록강의 전체 길이는 795킬로미터다. 『한서漢書』 「지리지地理誌」의 기록에 따르면 압록강의 옛 명칭은 마자수馬訾水, 익주강益州江, 허강盧江, 목애강目愛江, 애강崖江 등이다. 『신당서新唐書』 및 『통전通典』의 기록에 따르면 당시 강가에 거주하던 사람들이 압록강에 물오리가 무리지어 노는 모습을 봤는데 강물은 녹색 강물과 같고 오리 머리처럼 곱다 하여 이로부터 압록강이라 이름 짓고 지금까지 계속되고 있는 것이다.

압록강은 섬세한 강이다. 위안양다오鴛鴦島, 웨량다오月亮島, 전주다오珍珠島, 장다오獐島 등 하나하나의 작은 섬은 은이 강에 뿌려진 것처럼 아름답다. 웨량다오에서는 썰물이 진 모래사장에 어느 순간 모여든 무수한 작은

북한이라는 수수께끼

단둥 골목의 주민들은
친척과 친구가 모두 북한에 있다.

단둥 강변도로.

왼쪽은 우의교로
단교 위에 탄공이 있다.
오른쪽은 단교로
북한 쪽으로 남아 있는
교각을 볼 수 있다.

탈북자가 압록강 단둥 쪽에서 북한 신의주를 바라보고 있다.

단둥의 청류관, 특수정보요원의 집결지.

단둥의 북한식당 청류관 종업원,
대부분 정보수집원의 역할을 하고 있다.

새를 볼 수 있다. 어떤 새들은 비틀비틀 걷고 어떤 새들은 여기저기 두리번 거린다. 압록강 하구의 임해 습지는 매년 적어도 30여 종 50만 쌍의 철새가 뉴질랜드, 오스트레일리아 등지에서 시베리아로 날아가면서 마지막으로 쉬는 곳이다.

압록강은 경계가 되는 곳이지만 명확한 중앙경계선이 없다. 여름이 되면 단둥의 많은 젊은이가 강에서 수영을 하는데 반대편 기슭까지만 가지 않으면 경계를 넘지 않는 걸로 여긴다. 하루는 단둥의 유람선을 탔는데, 북한의 낡고 작은 철선鐵船이 우리 배 뒤에서 단둥 연안 중간 지점을 스쳐지나갔다. 배 위의 북한 사람들이 우리를 향해 손을 흔들었다. 우리 유람선의 여행객 역시 그들에게 환호성을 지르면서 함께 어울렸는데 누구도 경계를 넘었다고 여기지 않았다.

북한이 감기에 걸리면 단둥은 재채기를 한다. 단둥의 도시개발과 경제 발전에 북한 정세가 끼치는 영향이 매우 크다. 최근 몇 년간 복잡해진 동북아 형세로 인해 정부는 이곳에 대규모 투자를 꺼렸고, 외국인이나 국내 투자자 역시 건설에 참여하지 않았다. 하지만 이런 모습은 현재 변화하고 있다.

단둥의 고층빌딩에서는 북한의 위화도를 직접 바라볼 수 있다. 위화도는 압록강을 사이에 끼고 단둥과 마주보고 있다. 단둥 수광루曙光路와도 마주보고 있는데, 면적은 30여 제곱킬로미터로 압록강에서 가장 큰 섬이다. 섬에 사는 소수의 거주민은 대개 농사일로 살아간다. 단둥에서 자동차로 30분 정도 가면, 압록강 하구에서 황금평을 볼 수 있는데, 식생植生이 무성하고 토지는 비옥하며 주민은 별로 없다.

황금평은 16제곱킬로미터로 압록강에서 두 번째로 큰 섬이다. 단둥 랑터우진浪頭鎭에 인접해 있고, 토지가 비옥하여 신의주 지역의 대표적인 곡창지대다. 황금평은 엄격히 말하면 반도로 단둥 안민진安民鎭과 연결되어 있고, 중간에 철조망으로 막혀 있다. 압록강 하류의 위화도와 황금평은 북한 땅에 속하지만, 단둥 사람이 압록강변에 서서 눈으로 또렷이 조망할 수 있다. 단둥 현지인의 말을 인용하자면, "서서 소변을 보면 건너편에 닿을 정도"라고 한다.

2011년 6월 8일, 잘 알려져 있지 않았던 위화도와 황금평에 전 세계의 이목이 집중됐다. 북한과 중국의 고위층이 황금평에서 거행한 행사에서 북한은 황금평을 중국에 50년간 임대해(50년 연장 가능) 중국이 북중 경제특구를 세우는 데 협력했다. 몇 년간 소문이 무성했던 북한의 '섬 임대 외교'가 마침내 현실이 된 것이다. 이곳에 고층빌딩 숲이 조성되고 유동 인구가 늘어날 것이다. 현재 황금평의 삼통일평三通一平*이 시작되었고, 중국의 선행 투자금액은 1000만 위안으로 랴오닝성 재정에서 부담한다.

위화도, 황금평은 중국에 자유무역특구의 형태로 임대되면서 근본적으로 북중 변경의 개방도가 높아지고, 북한은 이를 계속 발전시킬 예정이다. 2010년 12월 북한 합영투자위원회와 중국 상무부는 베이징에서 '황금평 협력발전의 양해각서MOU'를 체결하고, 북중 간 황금평 프로젝트를 확정했다. 양해각서에서 북한은 중국에게 황금평을 임대하고 개발권을 양도한다고 밝히고 있다. 2011년 5월 28일에서 29일까지 김정일의 매제 장성택 노동당 행정부장이 단둥에 방문하여 '50년 연장'의 임대협정에 서명했다.

그러나 사업 착공식이 자꾸 연기되었는데, 북한 최고인민회의 상임위원회의 비준을 받지 못해서였다. 6월 6일에 북한 최고인민회의는 상임위원회 회의를 개최해 '황금평과 위화도 경제지역 개발계획'을 비준했다. 6월

●   기본 건설 항목으로 상하수도, 전기, 도로를 공급하고 공공용지를 정비하는 시공의 전제조건을 말한다.

                                                  북한이라는 수수께끼

골목의 커피숍은 북한·일본·
한국의 정보가 넘쳐나는 곳이다.

압록강 맞은편 북한 여군.

압록강 하구 습지의 철새.

8일에, 북중 간 '황금평, 위화도경제지대(특구) 북중 공동개발공동관리사업' 착공식이 차분한 분위기에서 치러졌다. 작은 행사였지만, 세계적 관심을 받았다.

북한 외무성에서 얻은 정보에 따르면, 북한은 이 두 섬에 자유무역특구를 세워 무역, 유통, 경공업단지, 관광, 금융 등이 일체화된 경제특구로 발전시킬 생각이라고 한다. 북한은 먼저 북중 간 양자무역을 확대하여 현재의 식량 문제를 해결하고, 이후 국제교류와 국제무역을 개척할 의도도 있다. 현재 황금평, 위화도의 협력개발은 단둥변경경제협력구(단둥임항산업원구)의 체계적인 관리를 받고, 협력구는 또 두 섬의 개발사무실을 단독 설립하여 협력개발에 관한 구체적인 책임을 지게 했다.

북한과의 협력이 순조롭지만은 않았다. 황금평, 위화도사업의 미래도 순탄치만은 않을 것이다. 한 국가의 발전은 종종 지지부진하기도 하고 더 많은 어려움과 도전에 직면하기도 한다. 북한의 발전은 이제 시작에 불과하다.

북한이라는 수수께끼

제 2 장

신의주 입국

　　　　　　　　　　　　　　　　　　로마에 가면 로마법을 따라야 한다. 북한을 찾은 외국인 여행자는 마음대로 정치를 논하거나 북한의 지도자에 대해 이러쿵저러쿵 얘기해서도 안 된다. 양국 간 우의에 불리한 언행을 해서도 안 된다. 북한을 여행하다보면 특수한 규정에 맞닥뜨리게 된다. 예컨대 마음대로 사진을 찍어서는 안 된다. 차창 밖으로 사진을 찍어서도 안 되고, 참관할 때도 지정된 방향으로만 카메라를 들 수 있다. 또한 인민을 찍어서도 안 되고, 지도자 동상을 찍을 때는 하반신만을 배경으로 촬영할 수도 없다.

　　다수의 북한 사람은 외국 여행객에게 자신의 가장 좋은 모습만 보여주고 싶어 한다. 자신감과 자존감이 결여된 탓이다. 자신감과 자존감이 있는 사람이 비로소 다른 사람의 존중을 받을 수 있다. 누군가가 비참하다는 것은 결함이 있어서가 아니라 자신의 결함을 모르기 때문이다. 한 민족이 비참한 것은 바깥 세상과 다른 점이 있어서가 아니라 다른 점이

　　　　　　　　　　　　　　　　　　　　　　　　북한이라는 수수께끼

있다는 사실을 몰라서다. 지나치게 타인의 평가를 중시하는 것은 일종의 종속이다.

단둥세관 출입국검사처에는 이런 팻말이 걸려 있다. "통신기능이 있는 컴퓨터, 휴대폰, 단파라디오 등의 전자제품을 휴대하고 입국하는 것을 엄금한다." 처음 두 번 북한에 들어갔을 때를 떠올려보면, 출발 전 북한과 중국의 관계자들이 비디오카메라와 휴대폰을 들고 북한에 들어갈 수 없고, 외국 인쇄물 특히 북한 지도자와 정부, 사회와 관련된 인쇄물도 가지고 갈 수 없으며, 미국 상표가 선명한 물품을 입거나 휴대할 수도 없다고 수차례 고지한다. 예를 들면 'USA'가 프린트된 옷을 입어서는 안 되고, 한국의 껌을 가지고 가서도 안 된다. 그들은 '현지인이 이런 물건에 매우 반감을 가진다' '북한 여행을 하려면 반드시 현지의 풍습과 관습을 존중해야 하고, 북한 지도자와 정치, 경제, 사회 상황에 대해 마음대로 의견을 표해서도 안 된다'고 했다.

북한에서는 개인의 독자적인 활동이 허락되지 않고, 아울러 개인적으로 북한 사람과 이야기하고 물품을 몰래 받는 것도 허가되지 않는다. 오로지 지정된 장소만 참관할 수 있고, 밤에는 외출할 수 없다. 반드시 지정 호텔에서만 묵어야 하는 등 북한 여행과 관련된 규정은 헤아릴 수 없이 많다.

북한 사람은 반미 정서가 강할 것이라 섣불리 생각하면 안 된다. 그들은 오히려 달러(당시는 유로화 등장 전이다)에 관심이 많다. 일반 상점에서는 북한화폐로만 물건을 구입할 수 있고, 외화상점에서는 오직 달러로만 지불이 가능하다. 단지 소수의 외국상품만이 인민폐로 결제가 가능하다. 6000위안을 초과하는 인민폐를 소지하고 북한에 입국할 수는 없다.

북한에 들어가 여행하려면 북한인 관광가이드, 기사와 의사를 동반해야만 한다. 이 가이드와 의사는 일반적으로 국가안전보위부 사람들이

거나 국가안전보위 업무를 겸하고 있는 사람들이다. 의사는 대체로 중국어, 영어, 러시아어를 알아들을 수 있지만, 조용히 있는 편이라 온화하고 신비로워 보인다. 종종 다른 곳을 보는 척하면서 실제로는 여행객의 이야기를 듣기도 한다. 관광객이 중국어로 떠들 때 의사가 옆에서 무의식적으로 미소를 짓는 것을 보면 알아듣는 것이 분명하다. 매번 시찰단이나 단체 여행의 일정이 끝나면 가이드는 관광객의 정보와 관련된 종합보고서를 써야 한다.

북한관광업에는 팁 문화가 없다. 무슨 고급스러운 기념품을 선물할 필요도 없다. 북한 사람이 받으려 하지도 않는다. 만약 관광객이 최소한의 성의를 표시하려면 북한 사람과 둘이서만 있을 때 외국 펜이나, 손수건, 담배 한 갑 같은 것을 선물하면 된다. 두 사람 이상과 같이 있을 때는 절대로 선물해서는 안 된다.

하지만 내가 훗날 몇 차례 북한에 갔을 적에는 이미 그런 금기들은 사라지고 없었다. 북한 측 국경요원이 가져간 컴퓨터를 꺼내보라고 하지도 않고, 저장된 파일의 내용을 검사하지도 않았다. 압록강이나 단둥에서 가까운 곳에서는 대부분 차이나텔레콤의 신호를 받을 수 있다.

신의주는 랴오닝성 단둥과 압록강을 사이에 두고 멀리 떨어져 있다. 시내에서 강 입구까지의 거리는 40킬로미터다. 서북 변경도시 신의주에 진입하는 노선에는 두 가지가 있다. 하나는 평양을 거치는 평의선 노선을 통해 자동차를 타고 들어가는 것이다. 다른 하나는 랴오닝성 단둥에서 압록강대교를 건너 들어가는 것이다. 중국 사람이 신의주로 가려면 당연히 전자의 노선을 선택할 필요는 없다.

중국 사람, 특히 홍콩 사람에게는 신의주가 사실 낯선 곳이 아니다. 홍콩의 상장회사였던 어우야歐亞그룹을 이끌던 양빈楊斌이 신의주특구 행

북한이라는 수수께끼

정장관에 내정될 뻔했는데 벌써 2002년의 일이다.

신의주는 남과 북으로 나뉜다. 특구가 세워진 다음 정부기관이 먼저 옮겨간 북신의주는 구시가지로 새 특구의 주요 지역이다. 그곳에 있던 평안북도인민위원회(도청)는 남신의주로 옮겨갔다. 그 다음에는 신의주인민위원회(시청), 평안북도인민보안성(지방경찰청), 신의주인민보안성(시경찰청) 등의 기관도 이전했다. 신의주의 인구는 남북 신의주와 다른 지역을 포함해 모두 60만 명이다. 20여 만 명이 북신의주(특구)에 남았는데, 그들은 대체로 출신성분이 좋은 사람들이다. 그중 대부분은 현지 경공업의 노동자로 특구개발에 필요한 기초적인 인력이 되었다. 정치적 오점이 있는 사람과 노약자는 전부 남신의주로 옮겨갔다. 북한 사람들은 공개된 장소에서 외국인에게 정부에 대한 불만을 토로하지 않을 것이다. 하지만 당시 나와 함께했던 신의주 사람의 표정과 말을 통해 주민들이 이주에 대해 우려하고 있음을 어설프게 느낄 수 있었다.

10여 년 전, 처음 북한 영토에 발을 디뎠을 때 신의주로 입국했던 것으로 기억한다. 세관을 나오자 흰색의 커다란 표어판이 정면에 세워져 있었다. 위에는 붉은색의 북한말이 크게 적혀 있다. 당시 나는 같이 있던 통역에게 물어봤다. "이 표어는 '북한은 당신을 환영합니다'라는 말입니까?" 그러자 통역은 근엄하게 말했다. "아닙니다. 위에 쓰여 있는 것은 '주체사상 만세'입니다." 나는 잠시 멍하게 있다가 깨달았다. 북한에서는 1960년대 중국인의 사고방식으로 생각해야 한다는 것을 말이다. 기존의 사고방식이 우리의 사상과 시선을 가로막아 사물을 이해할 수 없게 만들 때가 있다. 눈앞의 사물을 당연한 것이라 여기지 말고 다른 방식으로 봐야 할 필요가 있다.

신의주에 들어가면 마치 세월이란 비행기를 타고 40년 전의 중국으로

왼쪽이 단둥, 오른쪽은 신의주.

돌아간 듯하다. 어떤 중국 관광객은 북한에 도착하면 중국에 뚱뚱한 사람, 식당, PC방, 슈퍼, 상품, 심지어 개까지 더 많다는 것을 비로소 알게 된다고 말했다. 나는 예전에 한 홍콩 감독에게서 이런 말을 들은 적이 있다. "북한이란 땅은 추억을 소재로 촬영하는 영화인이 이해하기에 몹시 어려운 곳이에요." 그는 또 말했다. "북한은 현대화에 유린되었던 경험이 없어서, 역사적인 원형이 무척 많습니다. 1960년대의 중국을 촬영하고 싶다면 북한 전역 어디에서나 적당한 곳을 찾아낼 수 있고, 1970년대 냉전첩보물을 촬영한다 해도 북한은 러시아를 완전히 대체할 수 있는 모델이에요."

하지만 여러 조짐이 북한이 현재 변하고 있다는 것을 증명한다. 북한의 새로운 경제발전계획은 인민의 실생활을 개선하고 있다. 식량을 판매하는 자유시장이 나타나기 시작해서 농민이 자신의 경작지에서 생산한 작물을 시장에 내다 판매한다. 외부인이 알 수 없는 변화가 발생하고 있는 것이다.

북한이라는 수수께끼

북한 사람들은 김일성 배지를 달고 다닌다. 자세히 관찰해보면 이 배지가 획일적이지 않다는 것을 알 수 있다. 모양이 직사각형, 사각형, 원형으로 다양하다. 배지 착용을 아주 중시해서 노동당원은 직사각형, 김일성사회주의청년동맹(500만 청년과 300만 소년단원)은 사각형, 일반 민중은 원형의 배지를 부착한다고 한다. 북한의 한 관계자가 했던 말로 기억하는데, 사실 여부는 확인하지 못했다. 다시 북한을 방문했을 때 다른 관계자는 이렇게 말했다. "지도자 배지는 세 종류가 있습니다. 첫 번째는 노동당원이 착용하는 것으로 당기黨旗가 들어간 김일성 배지, 두 번째는 일반 북한 인민이 착용하는 김일성 배지, 세 번째는 외국인 여행자도 착용할 수 있는 북한 국기 배지입니다." 어쨌든 여러 설이 존재하는데 역시 사실 확인은 하지 못했다.

현재 북한에는 여전히 통상적인 의미의 유행가란 표현이 없다. 유행하는 것은 북한 노동당과 그들의 지도자인 김일성, 김정일, 김정은을 찬양하는 노래다. 라디오나 텔레비전에 나오는 것은 거의 모두 이런 노래들이다. 예를 들어 '조국 보위의 노래' '김정일 장군의 노래' '정일봉正日峰의 우레소리' 등이다. 물론 '도시처녀 시집와요' '휘파람' 등의 일부 리듬이 경쾌한 곡들도 있지만 많지는 않다.

북한 사회에서 가장 유행했던 노래로는 '돌파하라 최첨단을'을 꼽을 수 있다. 이 노래는 당시 김정일의 지령에 의해 만들어진 것이다. 가사는 다음과 같다. "무엇이나 마음만 먹으면 (…) 선군시대 기계공업의 자랑 우리식의 CNC기술……" CNC는 무슨 말이지? 제삼자가 들으면 순간 멍했다가 결국 얼굴에 당혹스러움이 가득해진다. CNC는 북한의 유행어로 본래 '컴퓨터수치제어computer numerical control'를 뜻한다. 이 단어는 오늘날 북한 하이테크의 대명사다. 북한 전역의 공장기업은 모두 CNC화 실현을 목표로 한다. 2009년부터 천리마제강연합기업소, 김책제철연합기업소, 성진成津제강연합기업소 등 대형중점기업에서 시작했다. 1950~1960년대의 중국에서 이런 운동은 심심치 않게 볼 수 있었다. 대동강 과수농장, 평양 춘계 국가상품전시회에서도 CNC기술의 실용화를 볼 수 있다.

김정일은 살아 있던 마지막 몇 년간 CNC기술을 상당히 중시했다. 북한 『노동신문』에서는 '장군과 CNC'라는 장문의 기사를 연재해 김정일이 다년간 다른 장소에서 행한 CNC에 관한 담화를 기술했다. 한번은 북한 국립도서관에 갔는데(즉 인민대학 서쪽 학당), 중국어 단기 연수반에서 각기 다른 업종에서 온 500여 명의 학우들이 중국어를 공부하고 있는 모습을 봤다. 그들은 각자의 직업이 있었다. 어떤 사람은 가정주부였는데 5개월의 단기학습을 거쳐 이미 혼자 힘으로 중문 자료를 번역할 수 있었고, 초급 수준의 중국어 회화를 구사했다. 옆의 학당에서는 원격교육과 네트워크 강의와 관련 있는 과학기술 강좌가 열리고 있었는데, 이미 강연했던 주제로는 '정보화시대 첨단과학기술의 발전 추세' '제4세대 이동통신의 발전 전망' '대규모 수력발전댐 건설의 발전 추세' 등이 있었다. 북한에서 접촉했던 젊은이들은 모두 외부세계의 과학기술에 대한 관심이 왕성했다. 평양에서 북한 관원을 만나면 당신에게 이렇게 물을 것이다. "CNC 노래를 들어 본 적이 있나요?" "CNC 노래를 부를 줄 압니까?"

CNC를 찬양하는 '비약의 속도, CNC의 바람'이라는 제목의 노래가 있다. "선군의 천리마가 나는 이 땅 위에 날마다 들려오는 첨단돌파 새 소식"은 이 노래 가사의 일부다. 대규모 매스게임을 구경하면 CNC는 '주체공업의 위력'이란 문구를 볼 수 있는데 심지어 유아원의 어린이까지 노래를 부르며 "나는 CNC를 사랑해"라고 한다.

유행어는 일종의 기호다. 사회적인 메시지가 함축된 시대의 현상으

김일성 배지.

로, 유행어를 통해 한 사회의 내밀한 문화를 엿볼 수 있다. 즉 유행어의 이면에는 사회 구성원이 공유하는 사고의 똬리가 숨어 있다. 1950~1960년대의 북한은 과학기술과 국력에 있어서 중국에게 밀리지 않았다. 유감스럽게도 폐쇄적인 길로 간 북한은 세계와의 격차가 갈수록 벌어졌다.

최근 몇 년간 북한에서는 청년들이 베이징올림픽 주제가인 '나와 너'를 부르는 것이 유행이었다. 북한 사람들이 좋아하는 중국 남자가수는 저우화젠周華健이다. 북한 사람들은 대륙, 타이완의 가수를 잘 구분하지 못하고 저우화젠이 중국 사람이라고 생각한다. 비록 그가 철 지난 가수이긴 하지만 그의 노래 '친구朋友'는 여전히 북한 사람들이 즐겨부르는 노래 가운데 하나다. 북한 사람들이 중국인으로 알고 있지만 사실 타이완 출신 여가수인 덩리쥔鄧麗君 또한 북한에서 인기가 있다. '달빛은 내 마음을 대신해요月亮代表我的心'가 잘 알려져 있다.

중국에는 기녀의 행적을 비석에 새기거나 전기로 써서 칭송한 「소삼蘇三」「두십낭杜十娘」과 「샤오펑셴小鳳仙」이란 작품이 있다. 북한에도 「춘향전」이 있는데 조선 중엽 남원의 예기였던 월매의 딸 춘향과 이몽룡의 사랑이야기다. 두 나라의 차이점은 중국의 주선율*이 적나라하고 직접적으로 기녀를 찬양하는 것이라면, 북한의 작품은 '비파를 안고 얼굴을 반쯤 가린' 형태**에 가깝다는 것이다.(즉 좀 더 간접적인 방식이다.)

얼마 전 조선중앙TV는 새로 제작한 연속극「계월향桂月香」을 방송했다. 이 드라마의 복식과 무대장치는 아주 훌륭했고 화면 효과도 꽤 빼어났다. 제작 측면에서는 한국의 동일한 시대극에 비해서도 전혀 손색이 없었다. 아울러 이 드라마는 북한에서 기녀를 주인공으로 한 첫 번째 예술작품이기도 하다.

「계월향」은 평양 명기 계월향의 이야기다. 조선시대 소설인『임진록』에 등장하는, 임진왜란 때 왜장에 항거했던 논개로부터 영감을 얻은 것이다. 1592년 일본군이 평양을 점령하자 계월향은 일본 부장을 죽이고 자결했다. 그녀의 미모를 탐낸 적군의 수장이 그녀를 곁에 두려고 했고, 계월향은 거짓으로 시중을 드는 척했다. 연회에서 적장을 잔뜩 취하게 만든 뒤, 사람을 보내 평안도방어사인 김응서 장군에게 연락을 취했다. 김응서는 군대를 이끌고 와서 왜군 수장의 목을 베었다. 이 과정에서 계월향이 희생되었다.

『임진록』은 1592년부터 1598년까지 이어진 임진왜란을 소재로 한 작자 미상의 고전소설이다. 약 17세기 초반에 창작되었고, 전후로 나타난 대량의『창의록倡義錄』과 민간전설을 기초로 쓰였다. 애국주의를 선양하는 이 소설은 조선시대 문학사에서 중요한 지위를 차지한다. 일제강점기에

●   중국 특유의 영화 장르 중 하나로 중국공산당의 이데올로기를 선전하고 교육시키기 위한 목적으로 만들어진 영화.

●●   중국 당대唐代 백거이白居易의「비파행琵琶行」(819)에 나오는 시구다. 비파행은 백거이가 양쯔강 심양강두潯陽江頭에서 손님을 보낼 때 영락표박零落漂泊하는 기녀의 얘기를 듣고, 그가 타는 비파에 감동하여 읊은 시다.

                                                        북한이라는 수수께끼

북한의 또 다른 면을 보여주는 패션.

북한의 어린이들.

많은 사람이 몰래 읽어 일본 당국에 의해 금서로 지정된 바 있다. 북한 당국은 계월향을 칭송하기 위해 현재 평양 모란봉 구역에 위치한 계월향의 고향을 월향동이라 하고 모란봉 구역의 식료품 상점을 월향동식료품점으로 명명했다. 드라마 「계월향」은 김정일 생전에 방영되었는데, 시청률이 매우 높았다. 북한 사람이라면 남녀노소 가릴 것 없이 방송시간이 되면 텔레비전 앞에 모여 드라마가 시작되기만을 기다렸다.

북한 역사에는 또 한 명의 명기가 있는데 바로 황진이黃眞伊다. 한국 영화 「황진이」는 북한 작가 홍석중의 동명 소설을 각색한 것이다. 이 소설은 2002년 만해문학상을 수상했는데, 북한 작가의 작품으로는 처음 있는 일이었다. 95억 원을 투자하여 촬영한 이 영화는 장윤현 감독이 연출했고, 송혜교, 유지태, 류승룡 등이 출연했다. 영화는 북한의 금강산을 무대로 했다. 2007년 5월 28일, 장윤현 감독과 송혜교 등의 주연배우가 영화필름을 가지고 육로로 군사분계선을 넘어 금강산의 문화회관에서 시사회를 가졌다. 당시 촬영하는 데 도움을 주었던 현지 사람들을 위한 이벤트였다. 한국 영화가 북한에서 시사회를 개최한 것은 「아리랑」「안중근」 이후로 세 번째라서 당시 남북한의 핫이슈가 되기도 했다.

근래 북한은 적지 않은 중국의 '주선율'과 명작드라마를 들여왔는데 「시유지西遊記」「거비무친戈壁母親」「런창샤任長霞」 등이다. 2010년 10월 막 평양에서 하얼빈으로 돌아온 친구의 얘기를 들은 적이 있는데, 중국의 「첸푸潛伏」가 당시 북한에서 가장 인기 있던 TV 연속극이었다고 한다. 중국 인민지원군의 참전 60주년을 기념하기 위해 평소에는 외국 드라마를 방영하지 않던 조선중앙TV는 매일 두 편의 「첸푸」를 방영했다. 이전에 이러한 수입 드라마는 국제채널인 만수대에서만 방영할 수 있었다. 그런데 북한이 방영한 「첸푸」의 결말은 중국에서 방영했던 것과는 달랐다. 북한판 「첸푸」에는 남자주인공이 조직의 요구에 따라 '완추晩秋'와 결혼하는 내용이 없었다. 현재의 북한 사람이 중국을 이해하는 통로는 대부분 조선중앙TV에서 방송하는 중국 영화와 드라마를 통해서다. 저장浙江의 작가 마이자麥家의 드라마 「안쏸暗算」 역시 북한에서 절찬리에 방영되었는데 북한 친구의 말로는 「안쏸」이 방영되고 중국 드라마 「커왕渴望」이 방영되었는데 평양 등의 도시에서 센세이션을 일으켰다고 한다.

북한 사람들은 스릴러물 혹은 서스펜스물에 각별한 애정이 있는 듯하다. 그해 중국은 북한의 「무명영웅無名英雄」을 수입했는데, 매주 한 편을 방송할 때마다 베이징, 상하이, 난징, 광저우 등지에서 역시 센세이션을 일으켰다.

신의주 군사 통제구역 부근의 식당에서 밥을 먹을 때 통역을 통해 종업원 아가씨와 대화를 나눴다. 북한의 노래와 춤 관련해서 그녀는 김정일의 어록 두 가지를 말해줬다. 하나는 "젊은이의 작업장에는 가무가 있어야 하고, 가무가 있는 작업장에 비로소 혁신이 있다"이고, 다른 하나는 "가무를 떠난 생활과 청춘은 향기가 없는 꽃과 매한가지다"이다.

북한에서 무대와 텔레비전에 늘 등장하는 가수인 김광숙과 리분희는 유명한 스타로 인민들의 많은 사랑을 받는데, 특히 젊은층에게 인기가 많다. 하지만 정작 오빠부대나 아이돌, 스타가수 등의 표현은 없다.

'북한 최고 미녀 병사'로 명성을 얻은 김옥희는 인터넷에서 유명인사다. 2010년 19살이었던 그녀는 황해남도 사람이다. 인민군예술단의 무용 배우로 계급은 중위였다. 군예술학교를 졸업한 재원으로, 섹시하고 패션 감각이 뛰어난 이였다. 북한 군대의 꽃으로 타고난 재주를 보여주면서 아시아의 인터넷을 뜨겁게 달궜다. 북한 사람은 모두 춤을 잘 추고 노래도 잘 부른다. 김정일 역시 문학과 예술을 매우 좋아했다. 인민군예술단은 북한의 많은 예술단 가운데 보배다. 이 보배 안에는 또 하나의 상아탑이 있는데, 아주 출중한 미녀와 재원들로 넘쳐난다. 그러나 그녀들은 외부세계와 완전히 격리되어 있는 그녀들의 주요 임무는 고급관료들을 위한 공연이다.

북한 인민이 공인한 또 한 사람의 미녀 대학생이 있는데 바로 정미향이다. 북한에서 성대한 경축행사가 있을 때 가무를 하는 사람들 또는 중요한 체육대회의 응원단에서 그녀는 항상 군중을 리드하는 위치에 있다. 듣기로는 김정일이 생전에 싫증나지 않는 외모라고 칭찬했다고 한다. 그녀는 늘 치명적인 미소를 머금고 있다.

북한의 미녀응원단은 국제경기장을 누비며 세계의 주목을 받았다. 2003년 한국이 개최한 제22회 하계 유니버시아드에 300여 명의 꽃다운 미녀로 구성된 북한응원단이 등장했다. 한국 사람들은 경기가 아니라 그들의 모습을 보기 위해 긴 줄도 마다하지 않고 입장권을 사는 것처럼 보였다. 당시 스물한 살의 응원단장 서희소는 다음과 같이 말했다. "저도 남쪽 사람들과 이야기를 나누고 싶어요. 우리들의 생활을 말해주고 싶어요. 사실 우리의 꿈은 그들과 같거든요." 그녀는 이어서 "그들은 항상 우리를 이해하지 못하는데, 사리에 맞지 않는 것 같아요. 이런 오해는 남북의 통일을 실현하기 어렵게 만들어요." 응원단은 베이징올림픽에도 모습을 드러냈다. 역도, 레슬링, 사격과 축구 등이 열리는 경기장에서 모두 166명의 응원단원들이 붉은색의 옷을 입고 야구모자를 쓴 채 손에 든 작은 북한 국기를 흔들었다.

북한에는 '4대 국보급 미녀'가 있다. 김옥희, 정미향, 리정란, 조명애가 그들이다.

리정란은 북한판 가극 「홍루몽」에서 임대옥의 배역을 맡은 배우다.

이 피바다가극단의 배우는 북한에서 큰 명예를 누렸다. 금릉십이차金陵十二釵(「홍루몽」 속의 열두 미녀) 공개선발대회에서 최종 선발된 것이다. 전체 리허설 과정을 구체적으로 지도한 김정일이 리정란을 특별히 치하한 적이 있다고 한다. 조명애는 평양음악무용대학을 졸업한 북한 만수대무용단의 무용배우다. 그녀는 출중한 미모로 김정일에게 남북한 '통일의 꽃'이라는 칭호를 받아 주목을 끌었다. 이 북한예술제의 스타는 한국에서 공연한 적이 있다. 이 때문에 김정일은 조명애가 삼성 휴대폰의 광고모델로 기용된 것을 특별히 허가했는데, 이는 북한 배우가 처음으로 한국제품의 광고에 나온 것이다.

최근 의류 및 액세서리 분야에서 중국 상인들의 북한 투자가 증가함에 따라, 중국의 선진적인 의류생산 작업라인, 새로운 유행의 디자인과 발달한 염색기술이 북한 사람들의 옷차림에 변화를 가져왔다. 패션 스타일이 점점 유행을 쫓아가고 있고 원단도 점차 중시되고 있다. 선글라스나 정장 혹은 재킷은 북한 젊은 남성들이 옷을 고를 때 첫 번째로 고려하는 품목이다. 여성들은 화장하고 하이힐 신는 것을 좋아하고 치마를 즐겨 입는다. 하지만 초미니스커트는 아직까지 금지되고 있다. 예전에 가라오케, DDR, 전자오락이 세계 전역에서 유행할 때에도 북한에서는 오락실을 찾아보기가 상당히 힘들었다. 그저 외국인 관광객이 묵는 호텔에만 있을 뿐이었다. 골프장과 카지노는 평양에 각각 한 곳씩 있었다. 물론 현지 사람들은 이용할 기회가 없다. 이 모든 상황이 어쩌면 머지않아 바뀔지도 모른다.

헤어스타일에도 규정이 있다. 하지만 한류의 유입에 따라 유행을 쫓는 청소년들은 금기를 두려워하지 않는다. 귀를 덮을 정도의 장발을 한 남성이 있는가 하면, 단발머리를 하거나 묶지 않고 길게 늘어뜨린 머리를 한

리정란의 모습들.

조명애의 아름다운 자태.

여성도 있다. 평양에서 돈 있는 사람들이 찾는 창광거리 혹은 낙원백화점에서는 늘 이렇게 한껏 꾸민 젊은 남녀를 볼 수 있다. 송혜교의 헤어스타일은 북한 여성들에게 큰 사랑을 받았지만 당국이 단정하지 못하다고 여겨 금지명령을 내렸다. 북한 당국에 의한 금기 스타일에는 송혜교식 헤어스타일뿐만 아니라 중성적인 형태의 섹시한 단발머리도 포함된다.

북한 노동당 기관지인 『노동신문』이 발표한 사설에 따르면 남성은 짧은 머리를, 여성은 머리를 길게 해서 묶어야 한다. 머리를 말끔하면서도 화려하지 않게 유지하는 것이 건강한 생활방식을 정착시켜 정신을 건전하게 하는 매우 중요한 일이라는 것이다. 김정일은 몇 가지 헤어스타일을 사회주의의 말끔함과 안정을 파괴하는 외국 헤어스타일이라고 규정하고, 북한의 당 중앙, 즉 청년동맹중앙위원회에 정신오염을 없애는 운동을 지시했다.

북한 청년동맹중앙위원회의 한 관료에 따르면, 한번은 김정일이 한 여자 판매원의 외국 헤어스타일을 보고는 주위의 수행원에게 이렇게 물었다고 한다. "저 여성은 정말로 우리 사회주의 조선의 부녀자가 맞는가? 왜 우리 자신의 전통미를 포기하고 외국 자본주의의 나쁜 습관을 배웠는가?"

북한에 스며든 자본주의와 한류가 아직 전국적으로 확대된 것은 아니다. 그저 평양, 남포, 평성, 원산 등 대도시에 국한된 현상이며, 단지 일부 고급간부 자제와 돈 있는 사람들이 향유할 뿐이다. 어쨌든 당국은 한류 및 적대적인 서구세력의 정신오염에 대항하려는 의지가 확고해 몇 차례 단속활동을 벌였다. 옷이나 머리 모양이 규율에 맞지 않는 사람에게 북한 돈 1000원의 벌금을 부과했다. 문제는 단속에 걸린 대부분이 권력과 돈이 있는 계층의 자제라서 경찰이 법 집행을 하는 데 애로사항이 많다는 점이다. 이 때문에 단속의 실제 효과는 미미했다.

5년 전 조선중앙TV는 스스로 두발을 정리하는 것이 사회주의 생활양식에 부합한다는 주제로 5부작 특집 프로그램을 방영했다. 정부 당국이 민중에게 스포츠형, 상고머리형, 까까머리형, 가르마형 등 북한 사회주의가 추천하는 헤어스타일을 제시하는 내용이었다. 머리 길이는 1~5센티미터만 허용된다. 정부 홍보물은 짧은 머리를 '위생과 건강'을 위한 방편이라고 말한다. 반면 장발은 영양을 많이 소모시켜 에너지를 빼앗아갈 뿐만 아니라 지능에도 좋지 않은 영향을 미친다고 강조했다.

예전에 읽은 『노동신문』의 한 글을 요약하면 이렇다. "김정일의 슈트는 그 위대함 때문에 세계적으로 유행한다. 널리 홍보하지도 않았던 슈트가 사람들의 상상력을 붙잡으면서 하나의 글로벌 유행이 되었다. 아울러 김정일의 정장이 세계적으로 유행하게 된 원인은 그의 위풍당당한 이미지가 세계 인민들에게 깊은 인상을 남겼기 때문이다. 마지막으로 김정일이 일할 때 즐겨입는 겸손하면서 과장되지 않은 복장은 위대한 사람으로서의 이미지가 매우 두드러진다." 이 글은 또 프랑스 패션계 전문가의 말을 인용하기도 했다. "전 세계 유행은 김정일의 풍격을 따라가고 있다. 김정일의 패션스타일은 세계적으로 유행하고 있는데, 그 전례를 찾아볼 수 없다." 김정일의 슈트는 허리가 잘록하고 지퍼가 달려 있는 점퍼에 잘 어울리는 바지를 포함하는데 보통 남회색과 카키색이다. 그런데 김정일의 복장이 어떻게 글로벌 최신 유행이 되었는지, 무슨 근거로 세계적으로 유행한다고 하는지는 이해하지 못하겠다.

신의주의 어느 유아원에서 있었던 일이다.

출발하기 전에 영접하는 측에서 사탕이나 케이크, 과자 혹은 펜, 지우개 등의 문구류와 같은 선물을 준비해서 유아원의 아이들에게 선물해야

응원단을 리드하는
정미향.

베이징올림픽에 참가한
북한 미녀응원단.

베이징올림픽의 북한 여자축구 응원단.

베이징올림픽의 북한 미녀응원단.

한 청순한 북한 응원단원.

북한 미녀응원단 특집기사 중 첫 번째 사진.

한다고 미리 내게 알려줬다. 3살에서 6살 정도 된 50~60명의 아이들이 춤과 노래, 타악기 연주, 독창과 합창으로 한 시간짜리 공연을 선보였다. 아이들의 공연은 매우 진지했고 춤과 노래의 수준 역시 썩 좋았다. 공연 중 사진 촬영은 자유롭게 가능했다. 공연이 끝나자 아이들은 외국 손님들이 가지고 온 사탕이나 과자와 문구용품을 받아들었는데, 만면에 웃음이 가득한 것이 매우 만족해 하는 눈치였다. 하지만 손님들은 이때만큼은 사진을 찍을 수 없다고 주의를 받는다. 내가 생각하기에 아이들이 외국인에게 사탕이나 과자를 받는 모습 때문에 세상의 오해를 사는 것을 북한 사람들이 원치 않아서인 것 같다.

아이들이 작은 선물을 받고 기뻐하는 모습을 봤을 때 나는 생각했다. '북한의 교육은 무상교육이다. 이 아이들은 이런 저가의 펜과 같은 문구를 받아 매우 흡족해하는 것 같다. 연필조차 부족한 현실을 보면 그들의 무상교육은 허울에 불과한 것으로 보인다.'

나는 평양의 청소년궁에서 소년선봉대원의 문예 공연을 본 적이 있는데 그 수준이 매우 뛰어났다. 그 아이들은 노래에서부터 연주까지 모두 정통했다. 아주 뛰어난 재주를 가진 것 같았다. 아이들은 사랑스럽고 영리하며 상당히 귀여웠다. 통역에 따르면 운이 좋아야 이런 공연단체에 들어갈 수 있다고 한다. 아이들 가정환경에 대한 정치검열이 상당히 엄격해 모두 국가에서 양성한다. 정부가 더 가난해져도 여기에 대한 투자는 절대 감축되지 않는다. 이 아이들이 자라나면 북한을 대표하는 가수나 무용가가 된다.

유아원을 떠날 때 수십 명의 아이가 유아원 입구에 서서 공손하지만 형식적인 작별인사를 하며 부자연스러운 미소를 보였다. 그리고 7~8명의 아이가 선생님을 따라 버스 문 앞까지 와서 우리를 환송했다.

차창 유리를 통해 천진난만한 작은 얼굴들을 응시하면서 나는 압록강 강변의 하늘색 국화를 떠올렸다. 빽빽하게 자라면서 수줍게 바람에 흔들거리던, 순진하고 투명해 마치 공기와 같던 그 국화를. 세월이 지난 뒤 아이들은 부모세대의 삶을 어떻게 평가할까?

제3장

유명무실한 경제특구

북한의 대기근은 지난 세기의 일이다. 만약 2005년부터 큰 자연재해가 없었다면 북한은 자국의 식량생산으로 자급자족이 가능했을 것이다. 2006년 북한 1인당 연평균 식량 소비량은 250킬로그램이다. 이 자료의 정확성을 문제삼는 사람이 있을지도 모르겠다. 그러나 국제연합식량농업기구FAO의 보고서라면 신뢰할 만하지 않겠는가.

평양 주변에는 7개의 대형 농장이 분포되어 있다. 계절채소를 제외하고 2002년부터 채소의 비닐하우스 재배를 시작하면서 제철이 아닌 채소도 평양 시민의 식탁에 오르게 되었다. 하지만 화학비료가 몇 해 동안 부족했던 탓에 각종 채소가 일반적으로 같은 종류의 중국산보다 크기가 작아 영양이 부족해 보인다.

북한 사람들은 불고기를 즐겨먹는다. 장쩌민江澤民 전 중국공산당 총서기는 2001년 북한에 방문하면서 타조 양식장을 참관했는데 현재 그곳에서 생산되는 타조 고기는 평양 대형식당의 인기메뉴가 되었다. 북한의 수산물

　　　　　　　　　　　　　　　　　　　　　　　북한이라는 수수께끼

은 풍부하지만 적지 않은 중고급 품질의 수산물을 국외로 수출하여 외화 벌이로 사용한다. 평소 시장에서 판매되는 것은 주로 명태, 오징어, 바다새우 및 각종 민물고기와 조개류 등이다. 북한의 수산물은 오염되지 않아 맛도 상당히 좋다.

몇 년간의 식량 부족을 거친 북한에 2005년 마침내 풍년이 들면서 식량 부족이 어느 정도 해결됐다. 2005년 초, 북한 정부는 농업을 주력 분야로 삼아 전국의 모든 역량을 식량문제를 해결하는 데 동원했다. 봄갈이와 추수기에 정부는 '전 인민 모내기 총동원'과 '전 인민 수확 총동원'을 제창했는데 수백만 비농업 노동력과 백만 군인이 농촌에 내려가 농업을 지원했다. 2005년 북한의 식량생산은 500만 톤에 근접했고, 2400만 명의 기초적 식량문제 해결을 기대할 수 있게 되었다.

2005년 8월 북한 정부는 2006년 1월 1일부터 세계식량계획WFP 등 국제원조기구의 식량지원을 받지 않기로 한다고 공표했다. 2005년 10월 1일에는 식량배급제도를 전면적으로 회복했고, 새롭게 전국 식량에 대해 일괄 수매와 일괄 판매를 시행했다. 농민을 지원하기 위해 식량 수매가격을 대폭 올렸다. 2005년의 사례는 북한이 자력으로 먹고사는 문제를 해결할 힘이 있다는 것을 보여준다. 유감인 것은 최근 거의 해마다 자연재해가 발생했으며, 국민경제가 상당히 취약해 소규모의 자연재해도 감당할 수 없었다는 것이다. 풍작은 2005년에 잠깐 있었을 뿐 이듬해 심각한 재해를 입으면서 여전히 식량 결핍을 벗어나지 못하고 있다.

2009년 여름, 베이징에서 세계식량계획 주駐 북한대표 토르벤 두에Torben Due를 만난 적이 있다. 그는 북한이 현재 새로운 식량 부족 상황에 처해 있다고 말했다. 세계식량계획의 2008년 연구보고서에 따르면 북한 인구 약 870만 명에게 식량 원조가 필요하다고 추산된다. 이는 총인구의 3분의 1

이상이다. 토르벤 두에는 현재 상황이 매우 좋지 않아서 많은 사람이 굶주리고 있다고 말했다. 그는 "원조자금이 거의 고갈되었기 때문에, 북한이 세계식량계획에 대해 새로운 제한조치를 취했다. 따라서 세계식량계획의 북한 원조가 줄어들 것이다"라고 했다. 원래 목표는 620만 명에게 식량을 원조하는 것이었으나 현재로서는 227만 명으로 낮출 수밖에 없는 실정이다.

토르벤 두에는 2009년 5월 강행한 제2차 지하 핵실험 이후 북한이 어떠한 원조도 다시 받지 못했다고 말했다. 당초 계획에 의하면 세계식량계획은 각 원조국으로부터 5억 달러의 지원금을 받을 것으로 예측했으나 실제로 받은 원조금은 예상의 15퍼센트에 불과하다.

2008년부터 2009년 1월까지 비정부기구를 통해 북한에 16만9000톤의 식량을 제공한 미국은 2009년 3월 중순 지원을 잠정 중단했다. 미국은 북한이 6자회담에 복귀하지 않는 한 연료를 포함한 경제원조는 없다고 못박았다. 하지만 8월 중순 4명의 북한 정부 관료가 비밀리에 미국을 방문했다. 내가 알기로는 이것이 북한 핵실험 이후 오바마 정부가 처음으로 북한 정부 당국 인사의 미국 방문을 허가한 것이다. 이 몇몇 북한 인사는 북미민간교류협회KAPES 대표단의 이름으로 5일간 방미했고 양측은 북한 식량 원조 재개 문제 등에 대해 토론했다.

2005년 나는 또 한 차례 신의주에 갔다. 평안북도 신의주는 북한 6대 도시 가운데 하나지만, 눈에 보이는 것이라고는 온통 적막함과 빈곤뿐이다. 시의 중심 지역을 제외한 신의주의 도로는 대부분 아스팔트로 포장되어 있지 않다. 밤이 되면 큰길은 지난 두 차례 북한에 방문했을 때와 마찬가지로 거의 모두 칠흑같이 어두운 세상으로 변한다.

비록 신의주는 이미 특구를 선포했지만 아직 별다른 큰 변화는 없다. 신의주 특구의 수장이었던 양빈은 2003년 중국에서 18년형을 선고받았는

도로변 농민 주택.

데, 당시 이미 3년을 복역한 상황이었다. 그러나 특구는 여전히 존재했다. 신의주 김일성기념관에서 중국어를 할 줄 아는 리소연 안내원은 나에게 말했다. "정부가 경제를 개선하겠다는 결심에 대해 인민들은 이미 느끼고 있습니다. 우리들의 생활은 현재 변화 중이며 사회는 지금 진보하고 있습니다."

나는 물었다. "당신들은 이곳이 경제특구로 지정된 사실을 알고 있습니까?"

그녀는 대답했다. "신의주 사람이라면 당연히 모두 알고 있지요. 모두들 빨리 개방되기를 바라고 있어요."

"특구가 어떻게 되고 있는지 말해줄 수 있나요?"

그녀는 미소를 띠며 고개를 저었다.

"특구 행정장관은 누구인가요?"

그녀는 또 수줍게 고개를 가로저었다.

신의주에서는 거의 모든 사람이 이 도시가 특구로 지정된 사실을 알고 있었지만, 그 누구도 도대체 어떻게 진행되고 있는지에 대해서는 정확히 말하지 못했다.

신의주 시정부의 홍보를 책임지는 홍길남은 내게 이렇게 말했다. "우리는 어떤 국가와도 협력할 수 있습니다. 신의주는 미국 기업가를 포함한 외국인의 투자를 환영합니다."

신의주는 북한 사람뿐만 아니라 외부인도 주시하고 있는 중요지역이다. 신의주는 특구가 되면서 순식간에 세인의 주목을 받았다. 이전에는 신의주가 어디에 붙어 있는지 정확하게 말할 수 있는 외국인은 거의 없었다.

신의주는 인구 약 50만 명의 도시로, 북한 서북부의 압록강변에 위치해 있다. 중국 랴오닝성 단둥과 강을 사이에 두고 바라보고 있는 북한 최대의 변경 무역도시다. 2002년 9월, 북한은 신의주 특별행정구를 설립하기로 결정하고, 신의주특별행정구기본법을 통과시켰다. 이 법률에 근거해 신의주 특별행정구를 국제적인 금융, 무역, 상업, 공업, 첨단과학, 여가와 관광기능을 한데 모은 곳으로 조성하려는 취지다. 장기적으로는 국가가 부여한 입법권, 행정권, 사법권 등의 정치제도와 시장경제제도가 혼합된 특구가 될 것이다.

당시 신의주 특구 초대 행정장관은 네덜란드 국적의 화교인 양빈이었다. 그는 어우야농업 총재 역임 중 편취와 뇌물수수 혐의로 중국 당국에 체포되었다. 신의주 특별행정구의 계획은 좌초되었다가 2011년에 이르러서야 신의주 황금평 경제구 프로젝트가 재개됐다.

당시 양빈이 특구 행정장관으로서 선포한 첫 번째 행정명령은 유효한 증명서를 소지한 외국인은 2002년 9월 30일부터 무사증으로 특구에 출입

북한이라는 수수께끼

할 수 있다는 것이었다. 이 조치는 북한이 장기적으로 외국인과 현지인의 접촉을 엄격히 제한해온 것에 대한 일대 전환으로 받아들여졌다. 그런데 단둥 변경수비공안국의 책임자가 당시 나에게 이렇게 말했다. "랴오닝에서 신의주에 들어가려면 반드시 단둥에서 압록강을 건너야 합니다. 우리는 여태껏 상부의 어떠한 새로운 통지도 받지 못했습니다. 모든 것이 여전히 원래의 규정대로 진행되고 있습니다. 단둥에서 출국하려면 여전히 비자가 필요합니다." 당시 이 문제로 홍콩의 『아주주간亞洲週刊』에 기사를 썼다. 나중에 증명된 것처럼 특구 행정장관이던 양빈이 그야말로 마음대로 일 처리를 한 것이었다.

북한 경제특구는 20년이나 끌어온 과제다.

북한은 잇따라 4대 경제특구를 지정했다. 대부분 한국인이 투자한 곳이다. 가장 잘 알려진 곳은 '금삼각金三角'이라 불리던 나선특구다. 지난 20년 동안 당초 제2의 싱가포르라며 허풍을 떨던 항구도 건설하지 못했다. 북한이 중국의 경험을 본보기로 삼아 첫 번째 경제특구를 세운 것은 1992년이었다. 중국, 북한, 러시아 변경의 나진-선봉지구는 '나진-선봉자유경제무역지대'라 불리는 경제특구로, 얼마 전 중국과 북한 간 30억 달러의 협력계획에 의해 투자된 곳이다.

나선특급시는 북한 동북단 나진만, 조산만 연안에 위치해 두만강 하류 지역에 속한다. 나선지구는 746제곱킬로미터로 인구는 20만이 채 되지 않는다. 나진시와 인접한 선봉시 등 두 개의 현급시가 합쳐져 만들어졌다. 원래는 함경북도에 속했는데, 2000년 8월 나선직할시로 승격시켜(2004년에 특급시로 승격) 중앙이 직접 관할하면서 '북한의 선전深圳(중국의 신흥 산업도시)'이라고 불렀다.

한번은 나진항에 갔는데 버스가 한 화력발전소와 인접한 선봉항을 거쳐갔다. 버스 안에서 발전소 전체 모습을 볼 수 있었는데, 산비탈에 자리잡고 있었고 규모는 작지 않았지만 조금 오래된 느낌이었다. 선봉항은 삼면이 산으로 둘러싸여 있고 나머지 한 면은 바다를 향해 있었는데 천연의 부동항이다. 오래되지 않아 버스는 나선시에 진입했다. 나진항의 총면적은 38만 제곱미터로 3개의 부두와 10개의 버스berth*가 있다. 화물의 연 물동량은 300만 톤이고 2만 톤급의 선박이 정박할 수 있다. 물 밑바닥 정리와 설비 개조를 거친 다음 최대 정박은 5만 톤에 달한다. 건설 예정인 4호 부두는 연 물동량이 300만 톤 이상으로 설계되었다. 나진항의 철로와 도로는 북한 내지와 연결된다. 항구의 광궤철도는 러시아 하싼 지역과 직통으로 연결되고 단선철도는 중국 투먼시圖們市와 연결된다. 도로는 중국 훈춘의 취안허圈河세관, 샤퉈즈沙坨子세관과 통한다. 나진항은 중국 둥베이東北 지역에서 차항출해借港出海가 가능한 훌륭한 무역항이다. 이 일대에는 1년 내내 얼지 않는 나진항 외에도 선봉항과 웅상항이 있다. 이 세 항구는 북한 정부가 비준한 경제무역항에 속한다.

이 지역은 북한이 식량배급제도를 없애고 임금을 올려 자유시장을 합법화하는 시험 지역이다. 북한 당국의 최초 계획에 의하면 나선특구 건설 목표는 천연의 부동항과 유리한 위치를 활용하여 싱가포르와 같은 현대화된 종합적인 국제교류 중심도시 조성 그리고 2010년까지 항구 물동능력을 1억 톤 이상으로 확대하고, 100만 명에 달하는 인구로 제영역 서비스의 고도화와 현대화를 실현하는 것이었다.

하지만 초기자금 유입이 그런대로 순조로웠던 것을 제외하고 몇 개의

●   보통 선박 1척 분의 접안 계류 수역을 1버스라고 한다. 버스의 수심, 길이는 대상 선박의 크기에 따라 다른데 예컨대 1만 톤급의 선박을 대상으로 한 계류 수역을 1만 톤 버스라 한다.

                                         북한이라는 수수께끼

금강산 용봉사.

고급호텔을 세우고 나서 나선특구 건설은 곧 중단되었다. 특히 2004년 중국이 현지 카지노에서 내국민의 도박을 불허한 데다 북한 핵실험 소식이 빈번히 전해지면서 특구 발전은 사실상 정체되었다.

2000년 6월 김정일과 한국의 김대중 대통령이 평양에서 만났다. 남북한은 협력협정에 서명한 뒤 새로운 특구를 개발했다. 명승지인 금강산 관광은 1998년 한국에서 유람선 한 척이 출항하면서 시작되었다. 2002년 11월 북한은 '금강산관광지구'를 설립하고 한국 관광객을 유치했다. 북한은 호텔, 골프장, 스케이트장, 스키장 등의 시설 건설 외에도 한국 측의 육로 관광도 계획했다. 그리고 2010년 이전에는 평양, 백두산, 묘향산 등지로 여행 지역의 범위를 북으로 확대했다. 금강산관광은 10년 가까이 지속되었고 관광객 수는 총 200만 명을 돌파하려는 시점이었다. 2008년, 한 한국 여성 관광객이 군사금지구역에 잘못 들어가는 바람에 북한 초병이 쏜 총에 맞고 사망했다. 한국 정부는 이에 금강산관광을 중단했다.

개성시는 북한과 한국의 군사분계선에서 20킬로미터 북쪽에 위치해 있고, 인구는 30만 명인 유서 깊은 도시다. 1998년 작고한 정주영 현대그룹 회장이 북한과 접촉하면서 개성 지역에서 서해안 공업단지를 건설하기를 희망했다. 김정일과 김대중이 만난 뒤 개성공단은 신속하게 추진되었다. 2002년 11월, 북한은 '개성공업지구'를 설립하기로 결정하고, '개성공업지구법'을 통과시켰다. 주요 내용은 신의주 특구와 유사하고, 경제정책 상의 특혜는 50년 동안 불변할 것임을 보장했다.

개성공단에는 북한의 주권이 행사되며, 북한과 한국이 공동 관리한다. 양측의 합작은 공동으로 이를 위해 서명한 일련의 협의를 따르기로 되어 있다. 중장기적인 목표는 개성지구를 하이테크, 금융업, 무역, 관광산업과 국제도시서비스 기능을 한데 묶는 종합적인 경제특구를 조성하는 것이다. 북한 당국이 공포한 계획에 따르면 개성공단은 첫해 입주 기업 300여 개, 고용 인원 2만6000명, 연 생산액 20억 달러가 목표였다. 7년차 목표는 입주 기업 2000여 개, 고용 인원 14만9000명, 연 생산액 145억 달러 달성이었다.

그러나 일이 바라는 대로 되지 않듯 남북관계의 변화에 따라 개성공단은 그 운명을 알 수 없게 되었다. 2003년 개발이 시작되어 2004년 하반기에는 15개의 한국 기업이 입주했는데, 12월에 한국의 리빙아트가 가장 먼저 조업에 들어갔다. 현대아산과 한국토지공사가 주요한 개발사이고 북한이 제정한 관련 특수정책 개발을 공유한다. 공단의 1단계 개발계획은 2004년에서 2006년까지 실시되었고, 개발 면적은 3.4제곱킬로미터로 한국기업

북한이라는 수수께끼

300개의 공장을 설립하는 것이었다. 그러나 2005년 정식으로 단지가 설립된 첫해에 생산액은 1491만 달러에 그쳤고, 2010년에야 비로소 3억2300만 달러를 달성했다. 단지가 생기고 지금까지 총 생산액은 당초 계획했던 첫해의 생산액에 미치지 못하고, 고용 인원 총수도 5만 명 정도에 그쳤다. 더 참담한 것은 남북관계가 다시 악화되면서 한국 기업들이 연달아 철수한 것이었다.

한국에서 중소 섬유, 방직과 의류기업은 높은 임금과 토지사용비 그리고 고용난 등의 문제로 기업을 경영하는 데 드는 비용이 많다. 개성의 각종 비용은 한국보다 저렴했고, 심지어 중국보다도 더 저렴했다. 중국의 톈진天津과 개성을 비교하자면, 톈진 노동자 월평균 임금은 180달러로 개성 노동자 월평균 임금의 4배다. 개성에서 한국까지의 물류 비용은 톈진에서 한국까지의 비용의 절반이다. 톈진에서 생산해 한국으로 되파는 제품은 한국에서 13퍼센트의 관세를 징수하지만, 개성에서 들어온 한국의 제품은 관세가 면제된다. 전체적으로 평가하자면 개성 제품에 투여되는 총 비용은 톈진 제품의 40퍼센트 정도다. 하지만 개성공단에서 생산한 제품은 오직 한국으로만 판매가 가능하고 북한 내에서는 판매할 수 없다. 예컨대 한국이 다시 수출하려면 회전되는 비용 역시 대폭 상승하게 된다.

전체적으로 북한이 세운 이런 경제특구는 성공적이라 할 수 없고, 어떤 것은 일찌감치 좌초하여 북한 경제를 촉진하는 역할은 극히 제한적이다. 최신 자료에서 보듯 북한은 1인당 평균소득 수준이 한국의 5퍼센트 정도에 불과하여 현재 세계에서 가장 낙후된 국가로 분류된다.

중국이 세운 경제특구의 목적은 개혁개방을 위해 쌓은 경험을 전국으로 확대하는 것이었다. 따라서 원래의 특구 역시 점차 본래의 의미를 잃어버렸다. 그러나 북한에서 설립한 경제특구의 목적은 개혁개방이 아니다. 탈

북한 황장엽은 일찍이 김정일에게 나선특구에 관심을 가질 것을 건의했다. 하지만 김정일은 "그곳이 언제쯤에나 실효를 거둘 수 있겠는가, 그저 외화벌이를 좀 하는 정도면 된다"고 답했다고 한다. 황장엽은 개성공단을 세운 목적도 개혁개방이 아니라 달러를 벌기 위한 것이고, 이를 통해 군사적인 목적을 달성하기 위한 것이라고 봤다. 그렇기 때문에 북한은 달러는 벌면서 황색풍조(자본주의)의 유입은 막으려고 이른바 '모기장식 개방' 모델을 줄곧 추진한 것이다. 이른바 경제특구는 실상 모기장이었을 뿐이었던 것이다.

북한은 한때 개혁의 싹을 틔우는 양상을 보인 적이 있었다. 1990년대 중후반 '고난의 행군'을 거치면서 북한 당국은 변화의 중요성을 인식하고 2002년 7.1조치(7.1 경제관리개선조치)를 시달하면서 경제변혁을 추진했다. 7.1조치의 주요 내용은 임금 및 물가의 현실화, 환율 상승, 단계에 따른 분배제도의 감소, 정부가 책임지는 모든 사회보장의 점진적 감축, 기업가 주권의 확대, 인센티브 도입 등의 시장경제 요소를 포함한다. 7.1조치 시행 3년 동안 북한 경제의 개선과 인민 생활수준의 향상이 두드러지면서 체제 안에서 일정한 규모의 개혁세력이 형성되었다. 하지만 체제가 불안정해지고 외부 환경이 악화되면서 2006년부터는 다시 보수정책으로 회귀하여 개혁이 중단됐다. 심지어 계획경제로 다시 복귀하는 현상까지 벌어졌다.

신의주로 돌아가면서 길에서 가장 눈에 띄었던 사람은 군인이었다. 그들은 혼자 길을 가는 중이라도 허리를 곧추세우며 걸었다. 북한 백무무역회사의 관계자에 따르면 북한에는 군인이 적어도 100만 명 이상으로, 20명당 1명 꼴이라고 했다. 군인의 사회적 위치는 매우 높아서 젊은 남성이면 누구나 군대에 가려 하며, 군인이 신랑감 1순위라고 한다. 북한 정부는 한계에 부닥친 상황임에도 불구하고, 군인에게는 여전히 가장 좋은 대우를 해주며 최고의 명예를 부여하고 있다. 군인이 되면 식량 공급, 교통, 숙박,

제대 후 취업, 이발, 외식, 영화관 티켓 구매 등 생활상의 특별한 편의를 모두 제공받는다.

30세의 이매향은 길거리에서 행상을 한다. 아이스크림 차 앞에 줄이 늘어서면 그녀는 희색을 감추지 못하고 이렇게 말한다. "사람들 수중에 돈이 많으면 나는 파는 게 더 많아지고요. 그러면 벌이도 더 좋아져요." 비록 한 행상의 말이긴 하지만, 여기에는 내포하는 바가 있다. 이 국가는 지극히 보수적이고 폐쇄적인 경제에서 시장경제로 전환하면서 일정한 변화를 가져왔고, 그에 따라 이제는 일을 많이 할수록 소득이 늘어날 기회가 생긴 것이다. 최근 도시의 거리에서는 자영업자를 볼 수 있게 되었다. 삼륜차에 간식거리를 파는 좌판을 깔기도 하고 담배나 사탕을 팔기도 한다. 골목 안에는 구두수선을 하거나 농산물을 파는 작은 점포들도 생겼다.

신의주에 자유무역시장이 출현한 것은 이미 오래전 일이다. 야간의 어두컴컴한 골목 안에는 40~50명의 부녀자들이 초를 켜고 바구니에 있는 중국산 담배, 과자와 몇 가지 식료품을 지나가는 사람들에게 판다. 이른 아침, 강변에는 식량과 채소가 놓인 목재로 된 좌판과 손수레가 왁자지껄하게 차려진다. 이전에는 상상하기 어려웠던 광경이다.

단둥에서는 언제라도 변경무역에 관한 소소한 이야기를 들을 수 있다. 1980~1990년에 북한에서 서서히 일군의 '변경부자'가 나타나기 시작했다. 중국과 북한의 변경무역은 주로 물물교환이다. '보따리무역'이 적지 않은데, 대개 격리되고 외진 철조망에서 접선한다. 철조망을 사이에 두고 이편에서 수산물이 든 가방 하나를 너머로 던지면 저편에서 밀가루 가방 하나를 이쪽으로 던진다. 그리고 나서는 모두 오토바이를 타고 쏜살같이 사라진다. 이와 비슷한 거래를 강 위에서도 늘 볼 수 있다. 그들은 중국 둥베이 3성과의 변경무역을 통해 돈을 번다. 광산물과 목재를 중국의 식량, 생활 잡화 등과 교환한 결과로 상당히 부유하게 산다. 북한에서 그들은 부자인 티를 내지 않으려고 조심하며 단둥의 조선족 친척과 친구를 통해 은행에 돈을 예금한다. 북한에는 사유제가 없지만, 비공식적으로는 제2경제가 출현한 셈이다.

확실히 북한에서 먼저 잘살기 시작한 사람들은 대부분 북중 무역에 종사하면서 중국으로 넘어와 돈을 모은 무리다. 단둥에서 무역에 종사하는 북한 상인은 등록된 사람만 400~500명인데, 실제로는 더 많다. 몇 년 사이 단둥의 변경무역 집단은 확대되고 있다. 1995년 단둥에는 2개의 회사만이 북한과의 변경무역에 종사했는데, 지금은 400여 개로 늘어나 있다. 중국에 있는 북한의 무역회사는 일반적으로 '회사'라고 부른다. 이곳을 거점으로 삼아 무역활동에 종사하는데 이런 무역회사는 모두 북한 정부에서 관할한다. 현재 중국에 규모가 큰 북한 회사는 대략 50여 곳 있다. 대체로 베이징, 선양, 단둥, 다롄大連, 웨이하이威海 그리고 상하이에 집중되어 있다. 승리회사는 북한 최대의 무역회사로 중국에 많은 지사가 있다. 북한의 무역상들은 중국 이외에도 마카오, 타이완 등지에서 적극적으로 활동하고 있다.

처음으로 북한 땅을 밟았을 때였을 것이다. 신의주에서 통역이 중국 사람과 북한 사람을 구별하기 힘들지 않느냐고 내게 물었다. 나는 패션스타일을 따지지 않으면 구별하는 것은 그다지 어렵지 않다고 대답했다. 우선 북한 사람은 함부로 말하거나 웃지 않는다. 둘째로는 그들은 가슴 한가운데 김일성 혹은 김정일의 배지를 언제나 달고 있다. 김일성 배지는 조직적으로 교부되며, 모든 북한 성인이 패용함으로써 지도자에 대한 존경을 표현한다. 배지마다 일련번호가 있고, 자신이 받은 것을 다른 사람에게 선물할 수 없다. 지금도 북한 사람들은 여전히 배지를 달고 있다.

북한이라는 수수께끼

처음 신의주에 간 지 15년이 지났다. 신의주에 별다른 변화는 없었다. 2011년 7월, 신의주 변두리의 농지에서 농민으로 보이지 않는 북한 사람들이 바삐 움직이고 있었다. 이때 북한 사람들은 정부의 호소에 호응하여 전국적으로 직업에 상관없이 모두 농촌에서 농사일을 도왔다. 평양 변두리의 길을 지나가노라면 작업복을 입은 일군의 사람들이 농기구를 들고 논밭으로 향하는 모습이 보였다. 멀리 논밭을 바라보면 사람들이 삼삼오오 분주하게 움직이고 있었다. 홍콩, 타이완 사람의 눈으로는 도저히 이해할 수 없는 일이지만 중국 본토 사람이 볼 때는 이상한 일도 아니다. 30년 전 중국 본토에서는 직업을 망라한 도시 주민 모두가 농촌으로 하방되어 농사일을 도왔는데, 이는 당시로서는 지극히 정상적인 일이었다. 지금은 북한 사람에게서 과거와 중국에서 들었던 것과 비슷한 말을 듣는다. "밥을 먹는 사람이라면 모두 농사에 관심을 가져야 한다. 농사는 정부가 동원하는 전체 인민의 큰일이다."

1990년대 후반부터 현재까지 고난의 행군과 선군정치를 거치면서 북한 당국이 직면한 문제는 여전히 2400만 인구의 식량문제를 해결하는 것이다. 김정일은 이렇게 말한 바 있다.

"과거, 수령님(김일성)은 항상 인민에게 쌀밥과 고깃국을 먹이고, 좋은 옷을 입히며 기와집에 살 수 있게 해줘야 한다고 지도했다. 우리는 아직 수령님의 이러한 유훈을 실현하지 못했다. 나는 반드시 수령 동지의 유훈을 관철시킬 것이다. 최단기간 내에 인민생활의 문제를 해결하여 우리나라 인민이 다른 나라 사람들을 부러워하지 않는 날을 보내게 할 것이다."

쌀밥과 고깃국을 먹고, 좋은 옷을 입으며 기와집에서 사는 것은 가장 기본적인 생활 조건인데, 이를 실현하지 못하고 있다고 김정일마저 솔직히 인정한 것이다. 북한 인민이 다른 나라 인민의 생활을 부러워하지 않는 것

북한 농촌.

농업은 여전히 전근대적인 경작을 하고 있다.

이 가능한 일인지 모르겠다.

2010년 여름, 북방 지역의 수해로 인해 북한 전역이 식량난에 허덕였다. 그해 10월 26일 북한은 대한적십자사와 개성에서 회담을 가졌다. 북한은 한국에게 50만 톤의 쌀과 30만 톤의 화학비료 지원을 요청했다. 10월 29일, 5000톤의 쌀을 실은 키리바시 국적의 화물선이 중국 랴오닝 단둥항에 도착했다. 300만 개의 컵라면을 실은 국제정기선 역시 상하이를 거쳐 단둥으로 운송됐다. 군산과 인천에서 출항한 화물선들으로, 대한적십자사가 북한에 보낸 구호물품을 적재하고 있었다. 이 구호식량은 단둥에 잠시 머문 다음 육로세관을 통해 북한으로 운송되었다. 내가 단둥시 당국으로부터 알아낸 바에 의하면, 단둥항 국경수비대와 세관 및 검역검사 등 여러 곳의 '녹색통로'를 열어 식량이 가급적 빨리 북한에 들어갈 수 있도록 했다. 구호물자 중 1만 톤의 시멘트는 29일 운송을 시작했다.

2010년 2월, 북한은 기본적으로 시장통제를 풀고 모든 상품교역을 허가했다. 이 조치는 2009년 12월 실패한 화폐개혁으로 인해 민중이 당국에 대해 가진 불만과 분노를 수습하기 위한 것이었다. 시장통제가 엄격한 양강도와 함경도 등지는 2월 1일부로 시장통제를 완전히 해제했다. 쌀 가격은 한동안 1킬로그램당 400원까지 올랐다. 화폐개혁은 통화팽창을 가속화했고, 식량 가격은 폭등했다. 또 정상적인 임금 수급이 불가능했기 때문에 기아 현상도 심화되었다. 시장이 한동안 완화된 것은 단지 식량 위기를 넘기기 위해 임시적으로 취해진 조치에 불과했다.

1년 뒤 2011년 여름, 북한 내각의 기관지인 『민주조선』에서 목전의 경제건설 상황을 다음과 같이 묘사하는 글을 읽었다. "우리는 현재 사회주의 강성대국 건설 승리를 위해 용기를 내어 앞으로 나아가고 있다. 제국주의는 오히려 우리에게 제재와 봉쇄를 취하고 있다. 최근 이상기후와 심각한 자연재해 때문에 식량 생산량이 세계적으로 감소했다. 일부 서구 국가에서 식량으로 생물연료를 대량생산했기 때문에 식량 위기는 더 심해졌다. 이런 환경에서 우리는 사회주의를 견지하고 강성대국 건설을 강력히 추진하기 위한 방법의 일환으로 농업혁명 방침을 관철시키는 한편, 스스로의 힘으로 식량문제를 원만히 해결하고 농업생산에서 변혁을 불러일으킬 것이다. 고도로 발전된 우리식 사회주의의 우월성을 보여주는 것이야말로 강성대국의 문을 여는 매우 중요한 고리가 될 것이다."

막힘 없는 말이지만 자신의 역량으로 식량문제를 해결하려면 먼저 말이 아닌 행동을 바꿔야 한다.

제4장

은밀하게 문을 연
가장 고립된 경제체

　　김정일이 집권한 이후 중국에 방문할 때마다 그가 남긴 인상은 중국의 발전과 각종 하이테크 기술에 대한 호기심과 개혁개방에 대한 상찬이었다. 그러나 그는 진정으로 개혁개방을 추진해본 적이 없다. 북한 당국은 한동안 시장경제를 시작하는 일부 조치를 취했다. 하지만 김정일의 의지는 개혁이 아닌 개선 정도였다. 주체사상, 선군정치의 전제 아래 개혁개방을 논하는 것은 확실히 불가능했다. 안정을 유지해야 하는 난제와 통치체계는 반드시 뛰어넘어야 할 걸림돌이 되었다.

　　2010년 김정일은 중국을 5월과 8월에 걸쳐 두 차례 방문했다. 그해에 박철수라는 이름의 조선족이 세인의 주목을 받았다. 51세의 박철수는 2010년 3월 10일 평양에서 설립된 북한 국가개발은행의 부이사장 자리를 맡았는데, 이 조선족 기업가는 나날이 악화되는 경제적 곤경에서 벗어나기 위해 북한 금융에 외부원조를 끌어오는 역할을 맡은 것으로 보였다.

　　박철수는 옌볜대학延邊大學을 졸업하고 베이징대외경제무역대학北京對

外經濟貿易大學에서 석사학위를 취득했다. 국가개발은행은 북한 정책과 상업이 서로 결합된 첫 번째 국가은행이다. 2010년 1월 20일 평양에 설립된 조선대풍국제투자그룹은 첫 번째 이사회를 개최했다. 내가 알기로는 이사회 구성원 7명 가운데 상임이사장 겸 총재인 박철수만이 김일성 배지를 착용하지 않았다. 북한에서 내국인인지 외국인인지를 구분하는 것은 매우 쉬운 일이다. 김일성 배지 착용 여부로 알 수 있다.

북한의 조선대풍국제투자그룹은 북한의 융자 창구로 국가개발은행이 끌어온 외자를 책임지는 경제연합체다. 대풍국제투자그룹의 상임이사장이자 총재인 박철수는 2006년 9월 이사장직에 올랐고, 이듬해 대풍은 중국의 탕산철강唐山鋼鐵과 북한 제철소 간의 건설 합작에 조인했다. 대풍은 북한에 중국의 휘발유를 판매했는데, 이 휘발유는 북한 당국의 핵심 부서와 군부에 공급됐다. 비즈니스를 지속하면서 박철수와 평양의 고위층은 점차 가까워졌고 박철수는 북한 고위관료들의 두터운 신임을 받았다. 그는 2008년 2월 뉴욕 필하모닉의 평양 공연을 주선한 바 있고, 2009년 10월 김양건 북한 통일전선부장과 임태희 한국 노동부장관 간의 싱가포르 비밀회담을 성사시키기도 했다. 조선족인 박철수는 한국 정재계와도 두터운 인맥이 있었다. 베이징의 한 한국 외교관의 말에 의하면 2009년 하반기 북한은 시종 한국과의 대화 창구를 찾기 위해 고심하던 중에 박철수가 그 역할을 하기도 했다고 한다.

북한이 박철수에게 중책을 맡기기로 한 것은 박철수가 지닌 중국과 한국 네트워크를 통해 중국과 한국의 자금이 대북 투자로 이어지기를 바랐기 때문이다.

2010년 1월 20일, 조선대풍국제투자그룹 이사회의 첫 회의가 평양 양각도호텔에서 개최됐다. 회의에서 김정일의 '북한 조선대풍국제투자그룹

운영에 관한 명령 및 국방위원회의 국가개발은행과 북한 조선대풍국제투자그룹 협력위원회 설립에 관한 결정'을 전달했다. 그리고 북한 아태평화위원회 위원장이자 북한의 대남 정책을 책임지는 김양건 통일전선부장을 그룹의 이사장으로 선출했다. 이사회는 북한 국방위원회, 내각, 재정부, 북한 아태평화위원회와 조선대풍국제투자그룹에서 선출된 7인의 인사로 구성되었는데, 김양건 외에도 김정일 국방위원장의 매제인 장성택 국방위원 등 여러 명의 실세 인물이 포진했다. 회의에서는 투자그룹의 규정 초안과 2010년 업무계획 및 재정예산안을 심의해 통과시켰다.

본부가 평양에 있는 조선대풍국제투자그룹은 국가재정과 분리되어 '경제기초건설 10년 계획'을 집중 추진, 북한의 대외경제협력기구로서 주로 북한 국가개발은행에 투자와 융자를 제공한다.

북한은 국제 금융거래를 전개하기 위해 국가개발은행을 만들었다. 이 은행은 주주제 은행으로, 북한 정부가 90퍼센트를 출자하고, 조선대풍국제투자그룹이 10퍼센트를 출자했으며, 등록자금은 100억 달러로 2년 내에 기본요건을 맞출 계획이다. 국가개발은행은 유한책임제로 앞으로 20퍼센트의 주식을 매각할 수 있다. 북한은 금융 영역에서 새로운 정책을 계속해서 추진할 예정이다. 2010년 3월 10일에는 양각도호텔에서 국가개발은행의 첫 이사회를 개최했다.

이사회는 국방위원회의 '국가개발은행 설립에 관한 결정'을 공포하고, 전일춘 국방위원회 대표를 이사장으로 임명하는 한편, 박철수를 부이사장으로 선출했다. 69세의 전일춘은 김정일 국방위원장의 남산고등학교 동창이기도 하다. 한국의 한 외교관이 내게 알려준 바에 따르면 전일춘은 얼마 전 노동당 39호실장에 임명되어 김정일 국방위원장의 통치자금 및 개인자금을 책임지고 있다고 한다. 39호실은 산하에 북한의 주요 금융기구와

북한이라는 수수께끼

양각도 전경.

양각도 국제호텔 꼭대기 층에 있는
24시간 영업하는 회전식당.

양각도 국제호텔 내의 카지노.

박철수
국가개발은행
부이사장.

북한이 유일하게 초청한 첸하오민
홍콩 국제발전유한공사 대표이사와 그의 동료들,
평양 당국이 그에게 내린 땅에서.

원저우 상인 쩡창뱌오가 하청받은
제1백화점에서.

한수원 단둥시 대외무역경제협력국 부국장.

100여 개의 기업을 거느리고 있다.

북한 정부 당국자의 말에 따르면 국가개발은행은 국제 금융기구와 국제 상업은행과 거래할 수 있는 현대화된 금융표준과 체계를 갖추고, 국가 정책에 의거, 대규모 사업에 대한 투자업무 및 상업은행 기능을 집행하는 금융기구가 될 것이다. 국가개발은행은 외자를 유치하여 설립한 자본주의식 이사회제도를 갖춘 상업은행이다. 이사회에서는 국가개발은행의 규약, 운영방안을 비롯한 전문가위원회 규약 등을 심의 통과시켰다. 국가개발은행은 국제금융시장에 진출하여 경영상의 완전한 독립과 손익을 스스로 책임지는 형태를 지향할 것이다.

주목할 만한 것은 얼마 전 나선특급시로 승격된 다음 북한 당국이 나진-선봉무역지구법을 개정하면서 투자자의 나선경제특구에서의 활동을 보장했다는 것이다. 이 때문에 이 지역의 대외 완전개방의 가능성은 공식 석상에 오르게 됐다. 새로 개정된 나선지구법에서 가장 눈에 띄는 것은 새로 추가된 제8조항 '해외 조선동포의 경제무역활동'이다. 원래 있던 조항은 이미 외국 투자자의 경제무역활동 보장을 허가했지만, 이번에는 공화국 영토 밖에 거주하고 있는 조선 동포가 경제무역활동을 전개하는 것을 허가한다고 다시금 명확하게 밝혔다. 여기에는 중국 조선족 자본을 비롯해 재일동포 및 한국 자본의 투자가 모두 포함된다. 이는 박철수가 대북 사업과 관련 북한의 경제활동에서 확실한 문서상의 보장을 받았다는 것을 의미한다.

평양 당국이 박철수를 초빙하여 이런 중임을 맡긴 것이 경제체제 개혁을 이루기 위한 중요한 첫걸음인지는 좀 더 두고 볼 필요가 있다. 박철수가 과거 되풀이됐던 국면을 헤쳐나가 소기의 성과를 낼 수 있을지는 현재로서는 미지수다. 그러나 중국과 한국은 표면적으로는 일정 수준에서 박철수를 이해하고 받아들였다.

　박철수가 위원회의 중책을 맡은 것은 2002년 9월 네덜란드 국적의 중국 부호인 양빈이 북한 신의주 특별행정구 최고급 행정장관직을 맡았던 사실을 떠오르게 한다. 신의주 특별행정구, 이른바 새로운 홍콩을 건설하려던 시도는 보름도 지나지 않아 실패했다. 그리고 2005년 1월 첸하오민錢浩民 홍콩 국제산업발전유한공사 이사장이 유일한 북한 투자유치 대표의 위임을 받았던 것도 연상된다. 북한에서 그의 투자유치 과정 역시 더디고 어려웠다.

　2005년 7월 5일, 첸하오민은 압록강을 건너 신의주 부두를 시찰하고, 석탄 부두 건설의 가능성을 타진했다. 앞으로 북한의 석탄은 중국으로 갈 예정이다.

　2005년 1월 14일, 북한과 첸하오민은 '공동생산과 수출입합작에 관한 계약'에 서명했다. 이 계약은 조선민주주의인민공화국이 평안북도 용등, 용문탄광, 평안남도의 영수, 천성, 남덕, 고원탄광, 김책제철소, 무산철광석, 남흥청년화학공장, 해주재생원료가공창을 비롯한 다른 항목의 생산과 수출입권을 홍콩 국제산업발전유한공사와 북한 국제산업개발주식회사라는 합작 쌍방에 공히 부여하는 것을 비준한다고 분명히 밝혔다. 이틀 후 북한 경제를 나누어 관장하는 로두철 부총리가 평양 만수대의사당에서 첸하오민을 접견하고, 정부 명의로 첸하오민을 첫 번째 투자유치 대표로 위임하면서 대외 유치업무 전체를 총괄하게 했다. 이 소식은 세계 각지 언론의 관심을 받았는데, 당시 그는 북한 외의 모든 매체와의 인터뷰를 거절하고 나의 특별인터뷰만 받아들였다.

　첸하오민과 북한 측이 계약서에 공식 서명한 뒤, 3월과 4월 약 30명의 전문가와 기업가가 두 그룹으로 나뉘어 북한을 시찰했다. 홍콩 국제산업

　　　　　　　　　　　　　　　　　　　北한이라는 수수께끼

발전유한공사는 프로젝트 자체의 투자 외에 교통, 운수, 전력, 통신 등 분야에 대한 투자 전환을 점차 확대했다. 김일성 주석의 생일인 4월 15일 태양절에 북한에 대한 첫 번째 투자의 일환으로 첸하오민은 트럭 17대 분량의 밀가루와 24쌍의 소형 무전기, 팩스 시스템 그리고 20만 위안 상당의 바나나와 파인애플을 가지고 방문했다. 대부분의 과일은 북한 각 광산 구역 아이들에게 보내졌다. 북한의 주요 6대 광구에는 3만2000명의 노동자와 8000명의 학생이 있다. 수많은 광구의 아이들은 여태까지 바나나를 본 적이 없는데, 그들이 태어나기 전부터 미국이 북한 경제를 봉쇄했기 때문이다. 첸하오민은 말했다. "태양절은 북한 인민에게 가장 성대한 경축일입니다. 외국인이 북한에 와서 투자하려면 북한 인민의 염원을 존중해야 하고 인민의 선택을 이해해야 합니다."

북한 노동당 조직부와 무역성은 모든 대중 무역상사에 2005년 4월 12일자로 중국으로부터의 과일과 수산물 수입을 중단한다고 통보했다. 왜냐하면 2005년 설날 기간 북한의 모든 무역상사가 중국으로부터 3000여 톤의 과일과 북한에 없는 수산물을 수입한 후 김정일이 무역성에 지령을 하달했기 때문이다. "북한 인민의 생활이 어렵고, 양식도 모두 부족하여 인민이 배불리 먹을 수 없으니 중국에서 이런 비싼 물품을 다시는 수입하지 않을 것이다. 모든 무역상사는 즉시 과일과 수산물의 수입을 중단하고 식량 수입으로 대체해야 한다. 기존에 주문했던 과일도 모두 반품하라."

첸하오민은 말했다. "북한의 사업 기회는 정치에 있지 않고 민생에 있다. 나는 민생을 더 중시하고, 북한 인민은 경제발전을 원한다. 홍콩 국제산업발전유한공사는 먼저 광업을 추진하고, 그 다음 다른 산업의 발전을 이끌어나갈 것인데 가장 중요한 것은 농업이다. 사실 북한의 농업은 기초가 나쁘지 않다. 현재는 국제적 환경 변화의 영향으로 좋은 품종이 없고, 비료와 농약이 부족할 뿐이다."

홍콩 국제산업발전유한공사와 북한 내각 직속의 북한 국제산업개발주식회사는 협력 파트너다. 북한 국제산업개발주식회사 총사장을 역임했던 김광철은 내게 말했다. "현재 북한 경제는 확실히 어려움을 겪고 있습니다. 그러나 제삼자가 상상하는 것처럼 결코 경제가 붕괴하지는 않을 것입니다. 최근 우리는 일련의 경제개혁을 진행하고 있습니다. 많은 외국 친구가 이에 대한 이해 부족으로 투자를 꺼려하는 겁니다." 이 부장급 관료가 왼손을 내밀어 소매를 접고, 손목의 시계를 가리키면서 기자에게 말했다. "이것은 김일성 주석이 1972년에 제게 선물한 것입니다. 30년을 넘게 찼지요. 우리는 수령 동지의 가르침을 따를 것이고, 우리의 이상과 포부를 펼쳐나갈 것입니다."

시계는 계속 돌고 있는데 시계를 찬 사람의 김일성에 대한 마음은 한결같다. 그러나 이 시계가 이렇게 오랜 시간을 거치면서 변화를 겪지 않았을 리도 없다. 이것은 나로 하여금 예전 마오쩌둥毛澤東이 망고를 선물했던 역사의 한 페이지*를 생각나게 했다. 김광철은 내게 김일성에 관한 많은 이야기를 해줬다.

그는 이어서 말했다. "김정일 장군이 친히 이 합작 프로젝트에 대해 물어본 적이 있습니다. 우리는 반드시 착실하게 잘 해나갈 것입니다. 중국인은 천 리 길도 한걸음부터, 좋은 시작은 절반의 성공이라고 늘 말한다지요."

당시 북한 경제는 매우 큰 문제에 직면해 있었다. 외국 투자자 자금의

●　문화혁명 시기, 마오쩌둥이 파키스탄 외무상이 선물한 망고를 공장과 대학 등지에 하사해 정치 선전에 이용한 것.

　　　　　　　　　　　　　　　　　　　　북한이라는 수수께끼

직접 지불에 대한 신용문제였다. 외국 은행은 기본 결산에서 막혀 진행하기 어렵다는 것이 외국 투자자 최대의 어려움이다. 첸하오민은 당시 이를 해결할 가능성이 있다고 생각했다. 그는 말했다. "계약에 따르면 당신이 광산에 설비를 투자함으로써, 당국과 합작하여 '증산증출'로 생산량과 수출을 늘리면, 당국은 당신의 투자를 우선적으로 상환해 계약에 따른 이익을 분배한다고 할 것이다. 만약 돈이 없어 상환하지 못하면 실물로 대신하고 증산된 지하자원의 일부로 지불한다. 이른바 '통일결산'은 바로 본 광산물 외의 투자이며 광산물로 모두 결산할 수 있다. 이것이 투자자가 결산에서 보장을 받도록 하는 새로운 방침이다."

북한 국제산업개발주식회사는 합작 이후 첫 번째 석탄을 우선 상환했다. 5월 15일 기차로 랴오닝의 단둥까지 1개월간 30객차 1800톤의 석탄을 운송했다. 이 속도는 여전히 느리다. 북한의 운송 능력이 매우 취약하여 석탄의 운송에 어려움이 있기 때문이다. 홍콩 국제산업발전유한공사와 북한 국제산업개발주식회사는 운송문제에 대한 대책을 궁리했다. 41세의 첸하오민은 외부 투자자들이 점 찍은 것은 북한의 금광이라고 말했다. 북한 역시 외부 투자자가 부를 창출해 가지고 갈 기회를 바라고 있다. 그러나 첸하오민이 북한에 대해 바랐던 꿈은 성사되지 못했다.

"부유해지는 것을 거부할 국가는 없다." 북한 내각의 리정환 경제정책 종합부장이 대동강변의 평양호텔에서 내게 한 말이다. 2005년 4월 18일은 태양절 연휴기간이었지만 리정환은 쉬지 않았다. 그는 각지를 시찰하고 전날 밤에야 농촌에서 평양으로 돌아왔다. 그는 2005년 정부 업무의 중점은 농업, 광업과 교육 분야에 있다고 말했다.

당시 북한의 심각한 형편을 언급할 때 그는 말했다. "북한 인민이 겪어온 곤란은 어떤 시기에도 겪지 못한 것이죠. 생활이 너무 어려워 어떤 때는 소중한 것들을 포기해야 합니다. 그것은 인류 역사상 선례를 찾기 힘든 가장 어렵고 두려운 시험이었어요." 그는 말했다. "오늘날의 북한은 새로운 시기에 접어들었어요. 하지만 북한은 여전히 상당히 어려운 시기에 직면해 있고, 미국과 다른 동맹국의 북한에 대한 경제봉쇄가 지속되고 있죠. 게다가 과거 우호적이었던 일부 사회주의 국가도 몇 년간 북한에 대한 지원을 중단했습니다. 북한은 새로운 국면에 맞서 해야 할 일이 많습니다. 현재 상황을 개선하기 위해 새로운 경제모델과 관리모델을 추진하고 있어요."

그는 이어서 말했다. "최근 몇 년간 유럽, 아시아의 수많은 국가와 지역이 잇달아 북한에 방문해 투자와 협력개발을 모색했습니다. 선점하기 위해서지요. 먼저 점령해 이익을 얻으려고 말입니다. 전체적으로 보면 북한은 일부 상사가 신용을 지키지 않아 외부 투자자를 뒷걸음치게 만듭니다. 특히 중국 기업과 교류하는 중에 이런 일이 있다는 걸 간간이 듣습니다. 원자바오 중국 국무원총리와 박봉주 북한 내각총리는 2005년 3월 베이징에서 투자자 이익을 보호하는 것과 관련된 협정에 서명했고, 북한의 각 경제부문은 되도록 빨리 관련 체제를 정비하도록 노력하고 있습니다."

내가 선양철도국에서 들은 정보에 따르면 중국과 북한 철도 연계운송은 다른 세관철도의 연계운송과 비교해 특수한 점이 있다. 중국은 기술, 자금 등의 대량 수입과 생산품의 대량 수출도 어려움을 겪고 있을 뿐만 아니라, 그 반대의 경우도 마찬가지다. 이러지도 저러지도 못하는 상황에 처해 있는 것이다. 대량 수출과 수입을 할 수 없는 것은 북한 철도의 화물 적체, 중국 화물열차의 심각한 손실, 북한의 미납채무라는 관성적인 3대 문제가 장기적으로 해결되지 못했기 때문이다. 그래서 중국 철도가 부득이 운송하는 화물의 양을 감소시키는 조치를 취할 수밖에 없었다. 이는 북한 및 한반도의 외교정책에 대한 것이기 때문에 단순히 기업의 경제적 이익과 국내

북한이라는 수수께끼

운송 수요만으로 따질 일은 아니다.

몇 년 동안 중국의 화물열차가 북한으로 운송되었다. 북한은 화물칸이 심각하게 부족하기 때문에 화물을 내린 다음 이런저런 핑계를 대며 이 화물칸을 계속 사용해왔다. 2014년까지 중국 화물칸 2000여 개가 북한에 남아 있으며 그중 석탄운송 화물칸은 260여 개에 달한다. 이 때문에 선양철도국은 북한으로 발차하는 것을 그다지 원치 않는다. 그러던 와중 북한 철도 부서의 관료 개편, 특히 박봉주 내각총리가 취임한 이후 김정일의 지령에 따라 이 문제에 대한 개선 조치가 있었다. 그 결과 북한이 중국에 800여 칸을 돌려주었다.

북한 경제의 개선을 이해하려면 박봉주를 알아야 한다. 최근 북한 최고 지도자 김정일의 외국 방문을 비롯한 주요 활동을 수행하는 사람들 가운데 박봉주를 찾아볼 수 있다. 북한 관료사회 규정에 의하면 김정일 수행은 더할 나위 없는 영예다. 반드시 뛰어난 인재라야 이런 영예를 얻을 수 있으며, 일인지하 만인지상으로 김정일의 인정을 받는 것이다. 그는 다른 국가의 경제개혁 경험을 벤치마킹하는 데 능하다. 그는 타산지석의 도리에 대해 깊이 이해하는 사람이며, 경제발전을 관리하기 위해서는 반드시 경제발전을 성취한 국가에 가서 이것저것을 둘러봐야 한다고 생각한다. 2002년 10월 화학공업부장을 맡았던 박봉주는 한국을 시찰한 적이 있다. 가는 곳마다 그는 많은 질문을 하고 끊임없이 메모했다. 그는 말했다. "눈이 두 개밖에 없어 한국경제의 경험에 대해 모두 익힐 수가 없다."

2004년 4월, 박봉주는 중국 방문의 여정을 마친 다음 한 시간 정도 시간을 내 베이징의 농업시범촌으로 산간지대에 있는 한춘허촌韓村河村에 가보고 싶다는 요청을 했다. 그는 북한 국내 경제 운용의 폐단을 어떻게 하면 없앨 수 있을까 고심할 때면 늘 북한의 형편에 비추어 다른 나라의 경험을 참고하여 경제개혁의 돌파구를 찾았다.

국제사회의 눈이 6자회담에 쏠린 2005년 3월 말, 박봉주는 대표단을 이끌고 중국을 방문했다. 경제관료가 대다수인 대표단은 6일 간의 일정 동안 경제가 발전한 도시를 중심으로 참관했다. 북한 경제발전 전략의 일신을 알리는 신호탄이었다. 그는 베이징에 도착해 베이징경제개발구에 자리 잡은 노키아공장, 엔징맥주공장 등을 둘러봤다. 상하이에서 선양에 도착하여 북한에 돌아가기 전날 밤에는 여러 공업기업과 농업과학연구원 등을 참관했다. 2005년 4월의 내각 업무보고에서 그는 선진기술을 도입하는 데 유리한 경제협력을 강력하게 추진해나갈 것임을 다시금 강조했다.

북한 국내의 상당한 시장수요는 이 미개발지역에 들어가도록 외국인 투자자의 마음을 움직이는 유일한 이유다. 북한의 경제발전에는 여전히 많은 변수가 존재하지만, 북한은 아시아에서 얼마 남지 않은 기회의 땅이다. 불리해 보이는 변수는 투자의 측면에서 잠재된 비즈니스 기회다. 북한은 최근 몇 년간 경제개혁의 출로를 찾아 새로운 경제정책을 활성화하고 있다. 정체된 국가 경제상황을 해결하고 반드시 외자를 유치하여 외국인 투자자가 뒷걸음치지 않게 한다는 것이다.

이런 개방의 물결은 외부 투자자에게 비즈니스의 기회를 안겨주었다. 비록 완전히 열린 것은 아니지만, 점차 열리고 있는 것이다. 그리고 바깥 세상에 이를 널리 알리고 있다. 평양에서 4성급이나 5성급 호텔에 가면 상당수의 외국인이 있는 것을 보고 놀라게 된다. 그들의 절반은 여행객이고 절반은 투자자다. 4월 15일 태양절 저녁 김일성광장에서 100여 개 국가에서 온 수천 명의 외국인이 북한 민중과 손을 잡고 흥겹게 노래하며 춤추는 장면을 볼 수 있다.

2005년 5월, 평양시 중심에서 남쪽으로 15분 정도 차를 몰아 평양시

북한이라는 수수께끼

낙랑구 낙랑2동에 도착했다. 이곳에는 북중대동강담배합영회사朝中大同江
煙草合營會社가 있다. 이 담배회사는 북한과 중국의 첫 번째 담배합영사로,
중국의 옌볜담배공장과 북한의 해양무역회사가 2000년 3월 공동 투자하
여 창립했다. 총 투자액은 151만 달러로 중국 측의 비율은 51퍼센트다. 주
로 전용설비와 일부 유동자금에 쓰였고, 북한은 주로 공장건물, 창고, 사무
실 및 일부 유동자금에 투자했다. 연 생산능력 6만 상자로 설계되었고, 한
상자에 50보루가 들어간다. '일출' '단오' '호랑이' '설경' 등 여섯 종의 등급
이 있는데, '호랑이'가 가장 고급 담배이고, '설경'은 일반 담배다. 이런 담배
는 주로 북한 국내시장에 공급된다.

합영회사에는 북한 직원이 80명 있고 중국 측 직원이 6명 상주한다.
부사장 1명, 회계 1명, 기술자 4명이다. 첫해에 회사는 예상하지 못한 어려
움을 겪었다. 생산량이 1300상자에 불과해 적자를 면치 못했던 것이다.
2002년에는 생산량을 3만5000상자로 늘리고 7만8000달러의 이윤을 달
성했다. 2003년에는 생산량과 이윤이 다소 감소했다. 2004년에는 '산철쭉'
이라는 신제품을 내놓으면서 원가를 절감하는 등의 조치를 취해 생산량은
5만 상자에 달했고 가격 경쟁력도 강화되었다. 2005년의 생산량은 7만 상
자였다. 회사를 세우고 5년 동안 납세총액은 100만 유로가 넘는다.

2005년에는 외국인 투자자를 위한 첫 번째 외국법률회사(로펌)가 북
한에 설립되었다. 영국의 법률회사인 헤이 칼브 앤드 어소시에이트Hay,
Kalb&Associate로, 평양 김일성광장 부근에 법률사무소를 개설했으며 법인
대표인 마이크 헤이와 김일성대학에서 법률을 전공한 12명의 직원으로 구
성되어 있다. 싱가포르 캘빈 치아 변호사 사무실도 북한에서 순외자로 설
립된 법률사무소다. 2명의 싱가포르인과 2명의 북한 변호사가 이곳에 속해
있다. 캘빈 치아는 고객인 스위스 제약회사가 북한에 공장을 세우고 있으

며 다른 싱가포르의 고객도 북한 투자를 고려하고 있어 북한에 사무실을 냈다고 밝혔다.

영국의 유전개발회사인 아미넥스Aminex 사는 북한 정부와 협의를 마무리하고 유전개발을 돕기로 했다. 계약 기간은 20년이다. 계약서에는 새로 발굴하는 석유에 대한 일정량의 독점권을 아미넥스 측에 부여하며 아미넥스가 북한 영토 어느 곳에서든 탐사우선권을 가진다고 규정했다.

한국 경기도와 북한은 평양 교외에서 남북 공동으로 벼를 경작하는 시범농장을 세웠다. 개인적인 차원에서 여러 번의 남북 농업합작이 있었지만, 이번처럼 자치단체를 중심으로 한 합작농장은 처음이다. 경기도는 이미 3명의 농업 엔지니어를 파견하여 농장이 운영하는 각종 설비를 이용해 현지에서 볍씨를 뿌린 바 있다.

러시아의 연해주와 북한은 임업, 채굴업, 가공업 및 농업, 어업, 무역과 운송 등 분야에서 협력을 진행했다. 연해주에 목재가공과 오징어잡이, 어제품의 고가공을 위한 해산물 양식 연합기업이 세워졌다. 북한은 러시아 회사에게 제삼국으로 상품을 수출할 수 있도록 면적 2만 제곱미터의 면세 창고를 제공했다. 양측은 또 선박 제조와 수리 분야의 협력을 확대해 북한의 선박 설비와 부품 수출을 러시아 극동지역으로 넓히기로 결정했다. 북한은 또 연해주의 시설 건설에 참여하고, 연해주와 북한 변경지역에서의 자동차 운송 교류를 할 의향이 있다고 한다. 북한은 이미 '금강산관광지구 부동산 규정'을 공포해 외국인이 금강산지구에서 토지 이외의 부동산을 보유할 수 있도록 했고, 또 매매와 임대 및 상속이 가능하도록 했다. 이 규정으로 한국 기업의 금강산 투자가 이루어지면서 생긴 장애물, 즉 재산권의 법률적 보장 문제를 해결할 수 있게 되었다.

북한 경제는 고도의 계획경제로 세계에서 가장 고립된 경제체 가운데 하나다. 비록 북한이 현재 경제적 개선을 도모하고 있기는 하지만, 외부 투자자에게는 여전히 변수가 많은 곳이다. 신흥시장에는 리스크가 존재하기 마련이고, 높은 리스크를 감수하고 이윤을 추구하는 것은 투자자에게 영원한 하나의 선택이다.

당시 단둥 시정부에 재직하던 창스닝長石寧 중국치공당中國致公黨* 단둥 시위원회 비서의 집은 압록강변에 있었다. 그는 북한에 자주 시찰을 갔기에 매일 북한의 정보를 접했다. 스닝은 나와 20년 지기로 헤이룽장의 문예 포럼에서 서로 알게 된 사이다. 그는 나와 함께 두 차례 북한에 방문한 적이 있어 마음속으로 북한을 더 이상 머나먼 곳으로 느끼지 않는다. 2005년 스닝은 48세였다. 7월에 단둥에서 그를 만났고, 9월 말에는 그가 홍콩에 왔었는데 내가 공무로 베이징에 있어 그를 보지 못했지만 통화한 기억이 있다. 그런데 보름 뒤 10월 7일 그가 갑자기 병으로 죽었다. 2006년, 그의 아내인 저우징鄒晶은 그를 위해 선집을 출판했는데, 랴오닝성의 장애인 작가 왕잔쥔王占軍이 '한 사람과 이 세계: 스닝을 애도하며'란 제하의 서문을 썼다. 왕잔쥔은 내 25년 친구인데 이 책을 보고 나서야 비로소 그 둘도 친구였음을 알았다. 스닝이 살아 있을 때 우리 세 사람이 친구 사이였다는 걸 알지 못한 것은 유감이다.

스닝은 중국사회과학원 아태연구소 북한 문제 특약연구원이자 칼럼니스트, 사진작가, 드라마 연출가이기도 했다. 그에게는 선천성 심장병(폐동맥 협착증)이 있었는데, 서른 살에 망막동맥경화로 인해 한쪽 눈의 시력을 잃었다. 입술은 오랫동안 진한 자줏빛이었는데, 산소결핍이 심각했기 때문이

---

* 중국의 민주당파 가운데 하나다. 1925년 미국 샌프란시스코에서 발족된 화교단체가 그 전신이다. 약칭으로 치공당이라고 부른다.

었다. 온종일 비틀대는 뒷모습을 볼 때마다 마음이 아팠다. 그가 단둥과 북한에 홍콩자금을 들여오면서 들인 노력은 그가 견뎌낸 고통과 정비례한다.

2005년 7월, 그는 내게 말했다. "단둥은 중국 대륙 최대의 변경도시지. 한반도에 냉전의 그림자가 남아 있고 강대국 간의 격렬한 각축으로 불확실성이 높지만, 중국과 북한 변경 무역액은 중국의 대북 무역액의 70퍼센트를 차지한다네. 단둥의 변경무역 수출입 금액은 매년 25퍼센트의 속도로 가파르게 늘고 있어." 10년간 수출입 상품의 종류는 증가했고, 주요 수출상품의 증가도 두드러진다. 처음 북한과 무역할 때 북한은 식량과 식용유 등의 식품과 일용품을 주로 수입했는데 근자에는 수산물, 가전용품, 일용잡화, 화학공업 원자재, 방직 원단 등 무엇이라도 수입하기를 희망했다. 한국무역협회가 얼마 전 발표한 종합무역정보에 따르면 2005년 1월 북한과 중국 간의 무역액은 9410만 달러에 달하는데, 이는 전년 동월대비 4275만 달러에서 120퍼센트 증가한 것이다. 북한의 수출액과 수입액은 각기 61퍼센트와 168퍼센트 늘어났다.

북한에서는 근래 경제상황이 변화해 물자 수요가 제고되고 있다. 품종은 확대되고 수요 역시 증가하면서 단둥에서 돈을 벌 기회가 생겼다. 10년 전, 베이징 당국은 변경지역에 소액의 무역경영권을 부여했는데, 이 경영권을 가진 기업은 국가가 부여한 일련의 혜택을 받았다. 예를 들어, 큰 규모의 거래에는 국가가 주는 허가증과 할당액이 필요하다. 국가경제와 국민생활에 밀접한 물자인 식량에는 한도가 있다. 국가는 변경무역에 대해 제한을 풀어 경영을 허가하고, 제품을 수입할 때 관세를 절반으로 감면해준다. 무역방식 역시 부단히 다각화하여 과거에는 물물교환 중심이었던 것이 지금은 외환무역, 중계무역, 바터barter무역, 해상무역, 변경의 민간 소액무역을 병행하고 가공업도 확장시켰다.

북한이라는 수수께끼

평양제1백화점.

북한의 리정환 내각종합부장(왼쪽)과 나.

신의주에서 평양으로 가는 기차 내부.

단둥시 대외무역경제협력국 부국장을 역임했던 한수원韓波雲은 스님처럼 자주 북한에 갔다. 압록강변에 있는 그녀의 5층 사무실 창문에서는 맞은편 기슭의 풍경이 눈앞에 펼쳐진다. 그녀는 매일 북한에서 날아온 내음을 맡을 수 있다고 말했다. 4월 중순, 그녀가 평양 시찰에서 단둥으로 돌아온 다음 날 사무실에서 그녀를 만났다.

일전에 그녀는 북한에서 시장조사를 한 적이 있다. 단둥의 한 기업이 중국에서 생산되는 여성의 생리대가 이미 포화상태라고 판단하고, 북한과 합작하여 생리대 생산 공장을 만들고자 했다. 그러나 북한에는 이미 자체적으로 세운 생리대 공장이 있었고, 중국의 저장浙江 사람이 세운 합자공장도 있었다. 생리대 생산과 수요 현황을 알아보기 위해 한수원은 단둥의 그 기업 사람들을 데리고 북한의 자유시장과 백화점에서 시장조사를 실시했다. 북한 현지에서 생산하는 생리대는 1개에 북한 돈 700원인데, 사는 사람이 매우 적었다. 그러나 합자기업에서 생산하는 것은 북한 돈 1600원인데 가게 안에 진열하는 대로 모두 팔려나갔다. 돈을 더 쓰더라도 좋은 물건을 사려는 소비심리 때문이었다. 인민들의 소비 수준도 향상되고 있음을 알 수 있는 대목이다.

한수원은 예전부터 북한 측과 무역 교류가 있었는데, 대부분의 북한 회사가 신용이 좋지 않아 리스크가 높았고 사기를 친다는 소문까지 종종 돌았다고 말했다. 어떤 상사는 30~50퍼센트의 계약금을 치르고 단둥에서 모든 물량을 받은 다음 1~3개월 내에 잔금을 마저 지불하기를 원했다. 하지만 단둥 기업이 상품을 모두 발송하고 나서 3개월이 지난 시점에 그 북한 상사의 사람들을 다시 찾아볼 수 없는 경우가 빈번했다. 2004년 말까지 북한이 단둥에 빚진 금액의 누계는 2000만 달러였고, 대부분 1997년 이전의 채무다. 최근 조금씩 상환해서 현재 1500만 달러가 남아 있다. 요즘은 부채가 그리 자주 발생하지 않는다. 북한 역시 불공정 무역행위에 대해 엄격한 단속을 벌이고 있다. 2004년 북한 유관기관의 개편이 있고 나서 무역성 산하의 일부 대외무역회사는 전문국 소속으로 편성되었다. 또 몇 개의 큰 무역상사를 합병하여 대외 업무를 전개했는데, 이로써 관리가 수월해졌다.

북한은 한때 중국의 원저우溫州 자본이 꿈을 찾던 곳이었다. 북한 최대 상점인 평양제1백화점은 원저우 상인 쩡창뱌오曾昌飆에게 임차되었다. 이 선양 소재 중쉬그룹中旭集團의 총재이자 선양 원저우상회 상무부회장은 북한의 전망이 밝다고 판단했다. 2004년 가을, 중쉬그룹 소속 화룽상업광장華隆商業廣場의 원저우 상점주 몇백 명이 단체로 북한에 시찰을 갔다. 유럽, 미주, 남아시아 외에 동아시아의 북한이 원저우 민간자본의 격전지가 된 것이다.

쩡창뱌오가 임차를 받은 평양제1백화점의 임대 기한은 10년이다. 제1백화점은 도심 한가운데에 자리잡고 있으며 영업 면적은 3만6000제곱미터다. 중쉬그룹은 5000만 위안을 투자해 건물 전체를 리모델링 할 계획이다. 그런 다음 중국 본토에서 물건을 공수하여 북한에서 도매로 판매를 하기로 했다. 이 사업은 원래 2004년 말 시행하기로 돼 있었지만 계획이 지연되면서 여론의 주목을 받았다. 쩡창뱌오의 임차는 진실인가, 거짓인가? 순조롭게 진행되고 있는가 중도에 실패한 것인가? 2004년 4월 12일, 선양에서 그를 만났다.

임차 계획을 물었더니 2005년 말까지 지연되었다고 말했다. 지연된 이유로 그는 북한에서 발생한 조류독감을 들었다. 또 6자회담에 발생한 수많은 변수와 주변국 사이에 최근 발생했던 긴장 국면을 꼽았다. 그러나 그는 사업 내용에는 변화가 없다고 말했다. 쩡창뱌오는 북한과의 경제협력에 여전히 자신감을 가지고 있었고, 최종 목표는 평양에 국제무역센터를 건립하

북한이라는 수수께끼

는 것이라고 했다. 물건 판매는 그저 첫 단계에 불과한 것이다. 국제무역센터는 사무실, 휴게오락 공간, 세계 각지에서 온 기업인을 위해 일상생활 면으로나 업무수행 면에서 품격 높은 공간으로 조성하려고 한다.

쩡창뱌오는 얼마 전 북한 총리의 방중으로 중국과 북한 양측이 투자협정과 협력을 촉진하고 보호하는 것에 관한 협정에 조인했다고 생각했다. 북한 지도자가 경제발전을 절박하게 원하고 있음을 알 수 있다. 그는 말했다. "우리가 평양제1백화점 하청을 받았다는 소식이 전해진 뒤 원저우 상인을 포함한 중국의 많은 기업가가 잇달아 북한을 방문했습니다. 100여 명에 가까운 원저우 상인이 북한 시찰을 갔는데, 그들은 모두 우리 그룹이 차오양시에서 개발하는 화룽상업광장의 고객들입니다. 북한의 음식업, 호텔업, 엔터테인먼트사업, 관광업은 모두 발전할 것이며 수입은 가파르게 상승할 것입니다. 북한이 만약 이런 기회를 잡지 못한다면 매우 큰 손실이 될 테지요."

그는 말을 이었다. "만일 북한이 신용을 중시하지 않으면 우리는 당연히 투자 프로젝트를 포기할 겁니다. 사업가는 이윤 추구와 지속적인 경제발전 상태가 보장돼야만 투자합니다. 북한과 접촉해보니 그들의 업무 효율은 확실히 높지 않습니다. 늘 제멋대로 하는 것처럼 보이는데 제도의 미비 탓이죠. 그래서 한걸음씩 나갈 수밖에 없죠. 북한 경제제도와 외국인 투자 환경이 조금씩 개선되면 우리는 좀 더 빠르게 발전할 수 있습니다. 우리가 하는 일은 하룻밤의 꿈이 아닙니다."

쩡창뱌오의 이 프로젝트는 결국 어떻게 됐는지 기회가 없어서 다시 알아보진 못했다. 그러나 지금까지 그의 별다른 소식은 듣지 못했다. 또 일장춘몽이 될 것인가?

제 5 장

구호, 구호차, 구호나무, 구호벽

신의주 거리에서는 구호로 가득찬 현수막을 볼 수 있다. 기차역, 버스정류장, 공항터미널에서(신의주에 민군 겸용 공항이 있다는 것은 생각하지 못했다. 활주로가 겨우 1.2킬로미터거리다) 그리고 대형 건축물과 공공장소와 소형 회의실에서 가장 많이 보이는 구호는 "위대한 수령 김일성 동지는 영원히 우리와 함께한다"다. 이밖에 "조선노동당 백전백승" "주체사상의 빛이 세계를 밝게 비춘다" "우리는 영원히 김정일 장군을 받든다" 등의 문구를 볼 수 있다.

북한은 한 명의 영도자가 중심적 지위를 차지하는 국가다. 김일성의 주체사상은 이 나라 전역을 통치하고 있다.

이미 사망한 김일성은 북한 인민의 마음속에서 숭고한 명망을 누리고 있고, 북한 인민은 그를 '어버이수령'이라고 높여부른다. 북한의 모든 성인은 김일성 주석의 배지를 패용할 뿐만 아니라 '위대한 수령'이라는 경어로 김일성을 찬양한다. 예전에 북한 곳곳에는 "위대한 수령 김일성 동지 만세"

2005년 4월 15일 평양의 김일성광장, 태양절의 밤.

라는 구호가 있었다. 1994년 김일성의 죽음은 북한 인민의 가장 큰 슬픔이었다. 북한 전역에서 3년간 국장을 거행했다. 또한 김일성의 시신을 금수산기념궁전에 안치하여 사람들이 참배할 수 있도록 했다. 김일성이 혁명에 투신했던 과정에서 새로 만들어낸 주체사상은 북한 사회주의 건설의 지도사상으로 간주되었다.

김일성이 창건한 주체사상을 드높이려고 북한 정부는 주체기원을 채택하여 김일성이 태어난 해인 1912년을 주체원년으로 지정했는데, 2011년이 바로 주체 100년이다. 1998년 북한이 새로 수정한 헌법에서 김일성은 사회주의 북한의 시조로, 북한의 영원한 국가주석으로 칭해졌다. 김일성이 사망한 뒤 "위대한 수령 김일성 동지는 영원히 우리와 함께한다"는 구호가 재등장했다.

선전포스터들.

1997년 북한 정부는 김일성 탄생일인 4월 15일을 태양절로 명명하기로 결정하고, 북한에서 가장 위대하고 성대한 경축일로 삼아 김일성을 민족의 태양으로 칭송했다. 현재 거리에 가장 많은 구호는 모두 '태양'과 관련이 있는데, 예를 들면 "씨앗이 어느 곳에 뿌려지든 상관없이 모두 태양을 향해 꽃이 핀다" "수령 없이 혁명 승리를 논하는 것은 태양이 없는 꽃과 같다" "우리의 수령은 모든 인민을 보살피는 위대한 어버이로 만민이 흠모하는 은혜로운 태양이시다" 등이다.

맹목적인 숭배는 신격화로 이어졌고, 자유는 사라졌다. 이런 구호에서 북한 인민의 수령에 대한 뜨거운 사랑과 맹목적인 신봉을 느낄 수 있다. 김일성 사망 후 김정일이 정권을 이어받으면서, 이 북한 최고 지도자는 조선노동당 총서기, 국방위원회 위원장, 조선인민군 최고사령관의 직위를 맡게 되었다. 그리하여 "21세기의 태양 김정일 장군 만세"라는 새로운 구호가 등장했다.

구호는 간단명료하며 이해하기 쉬운 언어로 어떤 사상의 핵심을 개괄해 드러내는 일상적인 선전 방식이다. 모든 사회 계층에 직접적으로 침투해야 하기 때문에 표현이 명확해야 하며 접근성이 뛰어나야 한다. 또한 기억하기 쉬워 큰 영향력을 발휘해야 한다. 따라서 좋은 구호를 만들기 위해서는 지적 능력이 필요하다고 할 수 있다. 이 때문에 중국에서는 구호 연구로 석박사 논문을 쓰기도 한다. 이렇듯 구호는 정교한 선전의 도구이지만, 북한에서 볼 수 있는 구호는 온통 무미건조하며 직접적인 표현들뿐이다.

북한의 대도시에서는 고정된 위치의 구호 외에도 움직이는 '구호口號차'를 만들었는데, 게시하는 내용을 언제든지 업데이트할 수 있다. 북한에서 중요한 회의를 개최하거나 주요 기념일을 경축할 때 구호 차가 거리를 오가면서 선전한다. 구호 차 이외에도 '구호나무'가 있다. 현재 북한에는

1만2000그루의 구호나무가 있는 것으로 파악된다. 이 나무 기둥에는 60년 전 항일유격대 혹은 지하당 활동 인사들이 남긴 "김일성 장군 만세!" "북한 혁명 만세" "일본 제국주의를 타도하자!" 등의 구호가 새겨져 있다. 이 나무들은 함경북도, 평안남도, 자강도 등지에 분포되어 있다. 이런 구호나무는 북한 혁명사의 증거이자 정치사상 교육의 중요한 자산이기에 하나하나 중점적인 보호를 받는다. 어떤 것은 보호선으로 둘러싸기도 하고, 어떤 것은 유리창으로 막아놓기도 한다.

구호나무와 관련된 일화 하나를 공개하겠다.

2005년 12월 어느 날 베이징에 있는 중국 의학과학원 정형외과병원에서 북한 여군 김영옥이 11개월 10일간의 치료를 받고 퇴원했다. 7년 전 일어났던 큰불이 원인이었다. 1998년 3월, 북한 무재봉無才峰 지구에 주둔하던 인민군 모 부대가 산불을 진압하고 '구호나무'를 세우려 할 때 17명의 군인이 목숨을 잃었고 3명이 심한 화상을 입었다. 이 소식을 접한 김정일은 이 17명의 군인에게 공화국 영웅의 칭호를 주었고, 그들을 위해 열사기념비를 세웠으며 아울러 열사들이 생전에 소속됐던 중대의 명칭을 '로인덕盧仁德(17명 열사 중 한 명) 영웅중대'로 했다. 또 김정일은 그중 김종진이라는 군인의 부인을 군관으로 선발해 부대의 정치공작 간부로 발탁할 것을 지시하고, 열사의 두 아들을 만경대혁명학원에 보내 공부하게 했다. 구호나무를 세우던 중 심각한 화상을 입었다가 기적적으로 생존한 세 명의 전사 김영옥, 김종걸, 김관빈 역시 국가 표창을 받았고, 북한 병원에서 10여 차례의 수술치료를 받았다.

2004년 12월, 부대를 시찰하던 김정일은 무재봉 지구의 모 부대 소재지를 특별히 찾았다. 그는 먼저 구호나무 보존교육실을 둘러보고, 사건 당시 안내원이자 관리원으로 일했던 김영옥, 김종걸, 김관빈 3인을 위문하면

　　　　　　　　　　　　　　　북한이라는 수수께끼

서 그들의 얼굴과 손의 흉터를 살펴봤다. 김정일은 현장에서 이 세 사람을 즉시 중국에서 가장 좋은 성형외과병원으로 보내 비용에 관계없이 최상의 치료를 받게 했다. 김정일은 이렇게 말했다. "나의 충성스러운 전사를 위해서는 얼마의 대가를 지불하든 간에 모두 가치 있는 일이다." 그는 또 세 사람의 사진을 보존해 그들이 치료를 받은 이후 치료의 효과를 비교할 수 있도록 했다. 한 달 뒤 주중 북한 대사관의 조치에 따라 김영옥 등 3인은 중국 의학과학원 정형외과병원에서 성형수술을 받았다.

베이징은 이런 상황을 살피기 위해 중국 의학과학원 정형외과병원에 전문적인 치료팀을 구성하도록 하고 최고의 전문가와 설비를 갖추게 했다. 치료 기간 주중 북한 대사관의 외교관과 그 가족들이 70여 차례에 걸쳐 잇따라 병문안을 갔고, 김정일 역시 여러 차례 성형수술의 진척 상황을 물어봤다고 한다. 김영옥은 베이징의 병동특실에서 1년 가까이 치료를 받았다. 중국의 의사와 간호사 모두 김정일의 지시로 치료를 받으러 왔음을 알고 있었고, 그들은 그녀가 일반 병사인 것을 믿지 못하면서 여러 번 그녀에게 노동자·농민의 자식이 맞는지, 정말 일반 군인이 맞는지 되물었다고 한다. 김영옥은 그럴 때마다 웃으면서 이렇게 대답했다. "저는 김정일 장군의 딸입니다."

김영옥의 귀국 소식이 알려지자 김정일은 중앙의 관료를 평양 순안공항에 마중 나가게 하는 한편, 김영옥의 치료 후 얼굴 사진을 가져와 직접 확인할 수 있도록 했다. 김영옥의 사진을 보고 매우 흡족해한 김정일은 다음과 같이 말했다고 한다. "정말 기적이고 기쁜 일이군! 지금의 김영옥이 젊었을 때보다 더 예쁘구먼."

김영옥은 귀국하자마자 김정일에게 다음과 같은 내용의 편지를 썼다. "사나운 불길 속에서 화상을 입었던 한 명의 전사는 오랜 시간 동안의 치료를 거쳐 원래의 모습을 되찾았습니다. 제가 선군시대의 가장 아름다운 꽃이 된 것은 모두 김정일 장군님의 은덕입니다. 저는 김정일 장군님의 우리들에 대한 관심을 영원히 잊지 않을 것입니다. 저는 우리 당의 귀중한 재산인 구호나무를 지키는 한 명의 전사입니다. 저는 한 군관의 아내로서 또한 전국의 인민과 전사들에게 김정일 장군님의 깊은 배려에 대해 이야기하고자 합니다."

이 이야기는 '영웅나무'가 북한 사람의 마음속에서 특수한 지위에 있음을 알려준다.

구호가 가장 자주 눈에 띄는 곳은 물론 수도인 평양이다. 2011년 6월, 평양 거리 어느 곳에서나 사기를 진작하기 위한 구호들을 볼 수 있었다. "경제는 주력전선이다" "돌격전을 개시하는 것은 인민의 생활 수준을 높이는 것이다" "강성대국 건설" "조선은 약속을 반드시 지킨다" 등의 구호가 적힌 선전 포스터들이었다. 이런 광경은 나이가 지긋한 중국인들에게 기시감을 갖게 한다. 광고가 거의 없는 북한의 거리와 골목에서 눈에 띄는 것은 큰 구호들이다. 특히 평양의 사거리 등 주요 교통 요충지나 고층 건물의 꼭대기에 세워져 있기 때문에 이목을 끌 수밖에 없다. 구호를 내붙이는 데만 사용하는 구호벽도 쉽게 발견할 수 있다. 이 풍경들은 외국인에게 자신이 북한의 수도 평양에 있음을 일깨워주는 역할을 한다.

"당에서 결정하면 우리는 실행한다." 거의 모든 공장과 기업에는 이런 구호가 있다. 북한은 정치자주, 경제자립, 군사자위의 '삼자' 통치 방침을 내세운다. 북한은 자신의 방식으로 조선사회주의 건설의 전개를 견지한다. 김일성은 예전에 "우리는 결코 다른 이들의 장단에 놀아나지 않을 것이다"라고 말한 적이 있다. 그리고 자주의식을 표명하기 위해 "우리는 우리 자신의 생활방식에 따른다"는 구호를 내세우기도 했다.

북한이라는 수수께끼

김일성이 사망하자 북한 인민은 망극지통에 빠졌다. 이때 서방 세계는 이 기회를 틈타 북한 정권을 전복하려고 북한 정치에 대한 억압, 경제봉쇄, 군사 위협을 가했다. 게다가 연이은 자연재해로 북한 경제는 1995년부터 매우 어려운 상황에 직면해서 무엇이든 부족한 상황이었다. 이 시기를 '고난의 행군'이라고 부른다. 당시 북한은 "다시 고난의 길을 간다 해도 웃으면서 걸어갈 것이다"라는 구호를 내세웠다.

1995년 이후 북한은 '선군정치'의 서막을 열었다. 즉 군대가 최우선이라는 통치방식으로, 모든 힘을 국방력에 집중했다. 서방 세력의 군사 위협에 직면하여 정권 수호를 위해 취한 대책으로 이 구호는 지금까지 널리 유행하고 있다.

2009년 4월, 북한은 11년 만에 헌법을 수정했다. 신헌법에서는 '공산주의'라는 단어를 삭제하고 처음으로 선군정치를 삽입했다. 신헌법은 주체사상과 선군정치의 조합을 동시에 사용했다. 이것은 김일성의 주체사상과 김정일의 선군정치를 같은 맥락에 놓았다는 것을 의미한다.

2008년 9월 9일은 조선민주주의인민공화국 건국 60주년이었다. 이날 평양 거리에는 "고양된 정치 열정과 눈부신 노동 성과로 공화국 건국 60주년을 맞이한다" "신년 연합사설에 응하며 공화국 건국 60주년을 맞이한다" 등 선전 구호들로 넘쳐났다.

북한말을 알아보진 못했지만, 수많은 구호 가운데 "7.27"이라는 아라비아 숫자를 흔히 볼 수 있다. 7월 27일은 북한 정전협정 체결일이다. 북한은 이날을 전승일이라고 부르며 휴일로 지정해 경축한다. 북한은 7.27이 전 세계에 자신의 군사력을 보여준 날이라고 주장한다.

2009년 북한에 들어갔을 때 가장 많이 목격한 구호는 두말할 필요 없이 "150일 전투"였다.

2009년 초입에 들어섰을 때, 북한의 3대 신문사는 연합사설을 발표하여 새로운 한 해에는 "강성대국 총 진군의 호루라기를 불고 새로운 혁명적 대고조의 봉화를 올릴 것이다"라고 밝혔다. 전면적으로 경제를 진흥시키는 데 노력하겠다는 것이 연합사설의 주요 내용이다. 미국, 일본, 한국의 경제제재 및 봉쇄, 국제원조의 중단으로 북한의 식량 부족 문제가 두드러졌다. 2009년 4월 20일부터 김정일은 150일 전투에서 영예로운 승리자가 되자는 취지의 운동을 주도했다. "전 인민의 전면 결사전"이라는 표현은 이 경제건설 운동을 묘사하는 것이다. 150일 전투는 북한 전 인민의 역량을 총동원하여 생산력을 높이고 경제발전을 촉진하는 한편, 2012년 "강성대국의 문을 열자"는 전략적 목표의 실현을 위해 굳건한 기초를 다지는 운동을 가리킨다. 북한은 지난 1970년대부터 여러 차례에 걸쳐 "70일 전투" "100일 전투" 등 경제건설의 돌격전으로 경제발전을 추동한 바 있다. 이번에 시작한 "150일 전투"는 이 연장선상에 있다. 150일 전투는 9월 16일에 끝났다.

　　5월 7일 조선노동당 중앙기관지인 『노동신문』은 "일치단결의 힘으로 150일 전투 속에서 눈부신 업적을 창조하자"는 제하의 사설을 발표했다. 이어서 북한의 조선중앙방송, 조선중앙TV가 전방위적인 보도에 나서면서 매일 정해진 시간에 전투상황을 보도했다. 그때 거리와 골목에서 가장 출연 빈도가 높았던 구호는 150일 전투였고 항시 상세하게 제시되었다. 평양 서커스단이 공중그네타기 곡예를 벌일 때에도 "150일"이라는 문구가 있는 깃발을 흔드는 것을 잊지 않았다. 일종의 자력갱생운동인 150일 전투는 공장, 광산, 발전소와 농장에서 생산 증진을 촉구했다.

　　이 기간 동안 평양에서 일하는 친구와 전화통화를 할 때면 밤 9시에도 퇴근하지 않고 자리를 지켰던 적이 많았는데, 예전에는 상상하기 어려웠던 일이다. 평양의 친구 말로는 150일 전투 기간에는 어떤 일에 종사하든 모든 사람이 야근을 예사로운 일이라고 여긴다고 했다. 당국은 "생산과 건설에 있어 역사상 유례가 없는 기적과 혁신을 창조하고 수천 개의 기업과 공장은 미리 생산계획을 완성했다. 특히 석탄, 철강, 선반, 전기기관차, 전동기 분야에서는 더 성과를 내야 한다. 그리고 각지의 수력발전소 건설 현장에서도 공사 속도를 가속화했다"고 밝혔다.

6월 30일, 조선중앙통신은 김정일이 함경남도의 반도체 공장과 국가과학원 함흥분원을 시찰했다고 보도했다. 이 보도는 2009년 상반기 조선중앙통신이 송신한 김정일 활동 관련 보도 77건 가운데 하나다. 2006년의 67건을 초과함으로써 동기 대비 신기록을 세운 셈이다. 2008년 군사 관련 시찰 보도는 보도 총량의 51퍼센트를 점했지만, 2009년에는 29퍼센트에 그쳤다. 김정일이 각지의 경제업무를 지도하는 활동과 관련된 보도는 모두 53건이었다. 그 비율이 2008년의 40퍼센트에서 70퍼센트로 증가했음을 알 수 있다. 대외 방면의 보도는 고작 2건이었다.

2009년 8월 중하순에는 중병에 걸린 김정일이 거의 매일 외부시찰을 나가는 소식이 공표되었다. 그가 시찰한 곳은 육류가공품과 과일 전문판매점인 보통강상점, 평안남도 북창화력발전소, 2·8직동청년탄광, 평안북도 구장군 양어장, 증축 완공된 5월11일제련장 등이다. 통계에 의하면 김정일이 2008년 12월부터 2009년 8월까지 시찰한 생산현장은 100여 곳에 달했다. 이런 활발한 행보는 김정일의 건강 문제에 관심을 갖던 외국 언론을 혼란에 빠뜨렸다.

이번 경제발전의 중점 분야는 전력, 석탄, 야금 등 국민경제 기초 공업 부문이었다. 150일 전투의 중요한 목표는 전 인민 총동원과 식량 생산의 제고였다. 150일 전투의 일환으로 북한 당국은 주민을 동원하여 퇴비 생산을 시작했다. 7월 20일에서 8월 30일까지는 당국이 지정한 퇴비 생산기로,

기업과 공장, 지역 동사무소는 제각각 해당 지역의 주민을 동원하여 풀 베기를 진행했다. 공장마다 지정된 농촌으로 인력을 파견해 퇴비를 생산하고 확인서를 받아야 했다.

이른바 퇴비 생산은 여름에 벤 풀을 1~2년간 부패시켜 만든 유기비료다. 2009년 북한 당국은 주민에게 퇴비 생산 임무를 하달했는데, 17세 이상의 성인 1인당 1톤이었다고 한다. 수많은 지역 동사무소는 사람들에게 7월 20일 전까지 세 차례의 제초를 완성할 것을 지시했다. 모든 공장은 전담자를 지정된 농촌으로 보내 퇴비를 생산하게 하고, 확인서를 받게 했다. 시농촌경영위원회는 퇴비 생산 업무를 담당하는 부서를 신설하여 퇴비 생산에 대한 점검을 전개했다. 베이징의 한 외교관은 이렇게 설명했다. "공장에 출근하는 사람은 공장을 단위로 지정된 농장에 가서 퇴비를 생산합니다. 도시에서 비교적 멀기 때문에 파견인력은 자주 그 농장에서 묵어야 했죠. 가족들은 동사무소가 지정한 도시에서 비교적 가까운 농장에 가서 퇴비를 생산했습니다. 그들은 매일 출퇴근하듯 농장을 왕복했어요."

북한은 비료 부족을 해결하기 위해 산성화된 토지를 개조하고 해마다 각종 생산계획을 수립하여 주민들을 동원했다. 퇴비 생산 외에 주민을 동원하여 토지 소각 생산(불태운 땅을 비료로 쓰는 것)과 부직토 생산에도 참여시켰다. 1톤의 부직토 안에는 50킬로그램의 암모니아 거름을 보태 부식시켜 유기비료를 만들거나 진흙을 구워 비료를 만들었다. 이밖에 북한은 김일성이 지시한 열두 바닥 파기 운동도 전개했다. 이 운동은 비료를 비축하기 위해 진행된 돼지우리, 화장실, 구들바닥, 시궁창 파기 등 열두 가지 노동의 통칭이다.

이 기간 북한 사람은 또 주민주택의 베란다 혹은 주방에 돼지, 개, 닭 등의 가축을 사육했다. 돈을 벌기 위함이었다. 돼지 한 마리를 팔면 한 해

북한이라는 수수께끼

선전 포스터 앞을 지나가는 사람들.

"21세기의 태양, 김정일 장군 만세" 구호벽.

2005년 4월 15일 태양절 평양의 길거리.

겨울을 나는 데 필요한 석탄을 살 수 있는 돈을 벌 수 있었기 때문에 가축 사육이 경제활동에서 차지하는 비중은 매우 컸다. 주민주택에는 마당이 없기 때문에 베란다나 주방에서 사육할 수밖에 없었는데, 오물은 건물 밖의 하수도에 내다버렸다. 북한에서 흔히 볼 수 있는 광경이었다. 군인이 돼지를 키우는 것은 일종의 의무였다. 2004년 평안남도 개천의 4.25훈련소 산하 부대의 군인 가족들은 매년 가구마다 100킬로그램의 돼지고기를 군대에 반드시 상납해야 했다. 학생 역시 예외 없이 국가와 노동당에 자신이 키운 토끼를 바쳐야 했다.

2009년 9월 25일, 『노동신문』은 조선중앙통신의 뉴스를 게재하면서 대대적인 경제발전을 목표로 하는 150일 전투가 특출한 성과를 거뒀다고 발표했다. 뉴스에서는 150일 전투 생산계획은 전체 목표액의 12퍼센트

북한이라는 수수께끼

를 초과 달성했고, 그 가운데 공업생산 부문의 생산량은 2008년 동기대비 1.2배 향상했고, 석탄 생산량은 1.5배, 철도운송 부문의 운송 계획은 18퍼센트 초과 달성, 임업 부문의 원목 생산량은 2008년 동기 대비 1.5배, 건축자재 부문의 시멘트 생산량은 1.4배 증가했다고 밝혔다. 또 북한 과학기술에 종사하는 노동자들은 자신의 역량과 기술로 '광명성 2호' 발사에 성공했고, 전국적으로 150일 전투 기간에 모두 9000여 건의 기술혁신 제안을 완성했다고 언급했다.

2009년 비교적 많이 볼 수 있었던 구호로는 또 이런 것들이 있다.

"우리 사회주의 조국은 김일성 조국으로, 우리 민족은 김일성 민족이다."
"만약 현명한 지도자 동지의 영도가 없다면, 군중은 뇌가 없는 육체나 다름없다."
"만약 탁월한 지도자가 없다면, 인민은 부모가 없는 고아나 마찬가지다."
"지도자 복이 있음으로 인민도 복을 받을 것이다."
"주체사상은 어떤 힘으로도 깨뜨릴 수 없는 백전백승의 보검이다."

옛사람이 말하기를 "후세 사람이 지금의 우리를 보는 것이나 지금의 우리가 옛사람을 보는 것이나 매한가지"라고 했다. 읽을 때마다 나는 이런 구호들이 바로 1950~1960년대 성행했던 중국 구호의 복제판이 아닐까 하는 생각이 든다. 오늘날 우리가 봤을 때는 매우 어리석고 순진해 보인다. 북한의 미래 세대도 그들의 윗대를 매우 어리석고 순진하게 여길 것이다.

제6장
지린 국경지대

중국에서 육로를 이용해 북한에 가려면 랴오닝성 단둥 이외에도 지린성 투먼시를 거칠 수 있다. 2011년 10월 8일, 투먼은 북한의 칠보산까지 가는 열차여행 노선을 시범 개통했다. 북중 간 최초로 개통한 철도관광 노선이다. 중국 투먼, 북한의 남양, 청진, 칠보산 철도관광 노선에는 모두 네 개의 역을 건설했다. 칠보산 철도관광 선발대 110명이 8일 투먼의 조중국경교를 걸어서 넘어가 열차에 탑승해 남양, 청진을 거쳐 최종 목적지인 칠보산에 도달했다. 전체 여정은 3박 4일, 비용은 약 1900위안이었다.

2012년 4월 28일, 관광 전용 열차가 정식으로 개통되었다. 중국 관광객은 조중철로를 따라 중국 투먼세관에서 출국하여 10분 조금 넘게 걸어 맞은편에 있는 북한 남양에 도착한 다음 관광 전용 열차에 올랐다. 투먼시는 변방 검사장에 있던 두 개의 통로를 네 개로 늘렸다. 그리고 인력을 배치하여 관광객이 각종 카드에 내용을 기입하는 동안 아이들을 돌보고 여행

북한이라는 수수께끼

물품을 운반하는 것을 도왔다.

투먼과 북한은 두만강을 사이에 두고 마주보고 있다. 도로와 철로가 북한과 이어져 있고, 국제적인 관광자원이 풍부하다. 북한의 칠보산은 함경북도 중부 해안 지역에 위치하고 있는데, 그 경치가 매혹적이다. 이 여행 노선 개통은 2년 6개월 전 북중 양측이 합작 협정을 체결하면서 본격적으로 논의되었다. 지린성 투먼시 정부와 함경북도 여행국, 투먼시 두만강 국제여행사와 함경북도 청진철도국이 제휴하여 합작한 것이다. 투먼시 정부와 북한 함경북도 여행국은 '북중 양국은 투먼-남양, 청진, 칠보산 열차여행 노선에 관한 합작협정서'에 서명했다. 노선은 북한과 중국의 여행사가 합작 경영한다. 북한 측은 사무소를 설립하여 노선 운영 과정에서 발생하는 문제를 처리하기로 했다. 두만강 국제여행사와 함경북도 청진철도국은 열차여행 노선계약서에 서명하고, 중국 측이 제공하는 차체의 소유권과 북한 측의 사용권을 확실히 하고, 북한 측은 여행 전용 열차의 고정 발차량을 보증했다.

양국은 5월 중하순 경 관광열차 노선 시범운행 개통식을 개최할 계획이었지만 실행하지 못했다. 2011년 초, 투먼시 정부의 한 관원은 이렇게 말했다. "개통 시간은 아직 확정되지 않았습니다. 복잡한 정부 간의 문제로 인해 개통이 지연되고 있습니다." 나의 관찰에 의하면 그해 동북아 정세는 매우 불안했다. 함경북도는 핵실험장과 미사일 발사 지점으로, 칠보산으로부터 핵실험을 진행했던 풍계리까지의 직선거리가 35킬로미터에 불과하다. 단거리미사일을 발사했던 무수단리까지의 거리는 약 20킬로미터다. 일촉즉발의 국제정세의 분위기에서 관광열차가 이 민감한 지역을 달리는 것을 북한은 허가할 수 없었을 것이다. 2011년 10월에 이르러서야 비로소 관광열차의 운행이 시작됐다.

백두산 천지, 중간의 흰색은 북중 분계선.

지린성과 북한, 러시아는 불가분의 관계로 경제적 보완성이 매우 좋고 무역거래도 긴밀하다. 현재 지린성에는 북중 변경 세관이 취안허圈河, 샤퉈즈沙坨子, 투먼, 카이산툰開山屯, 싼허三合, 난핑南坪, 구청리古城里, 린장臨江, 창바이長白, 지안集安, 라오후샤오老虎哨 등 열한 곳이 있고, 공무 통로로는 쌍무펑雙目峰 1곳이 있다.

지린과 북한의 경계에서 연상되는 곳은 백두산 천지다. 백두산은 산세가 드넓고 자원이 풍부하며 경치가 매우 아름답다. 백두산은 휴화산이다. 16세기 이후 세 번 폭발했는데, 화산이 폭발하면서 대량의 용암을 분출하고 나서는 화산 입구에 분화구가 생겼고, 시간이 지나자 물이 고여 호수가 되면서 지금의 천지가 되었다. 그리고 화산이 분출한 용암 물질이 화산 입구 주위에 퇴적되면서 사방에 우뚝 솟음으로써 16개의 봉우리가 됐다. 그 가운데 7개는 북한 지역에, 9개는 중국 지역에 있다. 이 9개의 산봉우리는 각기 특색이 있어 기이한 경관을 형성한다.

백두산 천지의 중국 관할 구역의 수면 해발고도가 2194미터다. 천지는 비록 뭇 봉우리들이 에워싸고 있어 해발이 2194미터에 불과하지만, 중국에서 가장 높은 화구호다. 천지는 대체적으로 타원형 형태이며 남북의 길이가 4.85킬로미터이고, 동서의 너비는 3.35킬로미터, 면적은 9.82제곱킬로미터, 둘레는 13.1킬로미터. 물의 평균 수심은 204미터, 가장 깊은 곳이 373미터로 중국에서 가장 깊은 호수이며 총 저장량은 약 20억 세제곱미터에 달한다. 천지의 물은 작은 틈새에서 새어나오는데 약 1000미터 정도 유출되다가 절벽 아래로 쏟아져 대폭포가 형성된다. 대폭포의 높이는 60미터로 상당히 장관이다. 폭포에서 200미터 떨어진 곳에서도 그 우렁찬 폭포소리를 들을 수 있다. 대폭포에서 흘러내린 물은 쑹화강으로 흘러든다.

예로부터 사람들은 백두산 천지를 최상의 예를 갖춰 대했다. 백두산의 위엄은 동북아를 호령할 정도이지만, 만약 산 정상에 천지가 없었다면 백두산이 과연 동북아 대지를 촉촉이 적시는 어머니와 같은 큰 산이 될 수 있었을까? 수원이 없으면 강도 없고, 강이 없으면 생명도 없는 법이다.

지린성 지안 국경에 있는 대교는 북중 양국의 무역거래 통로다. 국제열차가 매일 한 차례 왕복한다. 편도 13킬로미터로, 세계에서 가장 짧은 국제열차다. 지안에는 지안, 칭스青石, 라오후샤오 세 개의 세관이 있다. 두 지역의 교류는 주로 하루 한 번 있는 기차를 타거나 시내에서 40~50킬로미터 거리에 있는 칭스, 라오후샤오에서 배를 타고 강을 건너는 방법으로 이뤄진다.

지안과 북한의 만포시는 압록강을 사이에 두고 마주보고 있다. 만포의 면적은 120헥타르이고 인구는 1만5000명이다. 만포에는 천연고무공장, 시멘트공장, 맥주공장 등이 있다. 집은 산비탈에 지어졌는데 보통 흰색이다. 예전부터 북한 사람들은 집을 지을 때 바람을 등진 남향, 산과 물에 의지하고, 환경이 좋은 곳을 선택하는 것을 좋아했다. 만포의 산 위에는 시선을 끄는 구호가 있는데, "김일성 동지의 유훈을 전면적으로 실현하자"라고 쓰여 있다. 지안의 압록강변을 걷노라면 맞은편이 정말 가까워서 한걸음에 건너가고 싶은 생각이 들 정도다. 가까운 곳에서는 북한 사람 몇몇이 앉아서 이야기를 나누거나 아이들이 주위를 뛰어다닌다. 산꼭대기에는 나무가 거의 없고 밭에는 농작물이 띄엄띄엄 보인다. 지안 사람은 모두 북한에 화학비료가 부족해서 농작물 생산량이 많지 않다는 것을 알고 있다.

지안 변방의 한 장교는 내게 북한의 정세가 워낙 심하게 변화하기 때문에 이쪽 변경지역 주민의 생활 환경은 영향을 받지 않아 평상시와 다를 바 없다고 알려줬다. 북한 정세의 요동치는 변화에 익숙해진 것이다. 다시 말해 수십 년간 지속되어온 중국과 북한의 우의 때문에 어떤 돌발사태가 발생하지 않을 것이라 굳게 믿는다.

과거 중국과 북한의 경계선에는 철조망이 없어 양쪽 사람들이 마음대로 왕래할 수 있었다. 지안의 최씨 성을 가진 노인이 기억을 더듬으며 이렇게 말했다. "20년 전에는 북한에서 온 사람이 더 많았어요. 그런데 1990년대부터 시작해서 국경에 잇달아 철조망이 생겼는데, 이 일은 북한의 정세와 관련 있는 것은 아니에요. 그저 외부에서 온 여행객들에게 경계를 넘지 말라는 경고일 뿐이죠." 그는 말을 이었다. "양쪽 사람들이 서로 다툼 없이 평화롭게 산 지가 몇 년인데요. 무슨 핵실험이라든가 이런 종류의 화제는 우리 집 식탁에 올라올 수가 없어요. 우리는 여태까지 이런 복잡한 문제를 얘기해 본적이 없어요."

하지만 예의 그 장교는 중국 변방이 조금은 엄한 대책을 취하고 있는 것을 인정했다. 주로 월경 사건이 발생하는 것을 방지하기 위해서다. 핵실험과 지도자 사망으로 북한의 국경수비는 단계적으로 강화되었다. 군인들이 순찰을 도는 빈도수가 확실히 증가했고 야간순찰에서는 소총을 멘다. 예전에는 총을 휴대하지 않았다. 물론 낮 순찰에는 여전히 무기를 휴대하지 않는데, 이는 주로 중국에 호의를 나타내는 것이다.

지안에서 북중 국경대교는 압록강에 걸쳐 있다. 이곳은 한국전쟁 중 인민해방군이 귀국하던 개선문 가운데 하나로 현재는 지안의 명소다. 지안 압록강대교는 지린성 지안 시내에서 15킬로미터 동쪽에 위치한다. 길이 589.23미터, 넓이 5미터, 높이 16미터, 20여 개의 연運으로 된 철교다. 제11교각 중심의 연결선에는 양측의 분계선이 그려져 있다. 그중 중국은 324.23미터, 북한은 265미터다. 지안 압록강 국경철교는 일본군이 중국 둥베이를 침략한 이후 침략과 자원 약탈을 확대하고자 1937년 처음 건축되었고, 1939년 7월 31일 준공된 뒤 9월 1일 개통되었다. 1950년 10월 11일,

평양. 2005년.

중국 인민지원군의 일부가 지안의 압록강 국경철교에서 가장 먼저 북한에 들어갔다. 1군, 16군 등 42만 명의 지원군은 지안세관에서 북한으로 들어가 전투를 개시했다. 한국전쟁 중에 미군폭격기가 무차별 폭격을 감행했을 때도 대교는 멀쩡했다. 오늘날 전쟁의 상흔이 남아 있는 철제 대들보가 혼란스러웠던 역사를 웅변하고 있는 듯하다.

지린에는 또 린장臨江 압록강대교가 있다. 린장 압록강대교는 지린성 린장 시내에 있는데, 마찬가지로 중국과 북한 양국에 걸쳐 있는 다리다. 이 대교도 역사적으로 길이 남는 유산이다. 1950년 35만 중국 인민지원군이 1935년에 건설된 이 다리로 압록강을 건넜다. 1950년 8월 미군이 압록강대교와 부근의 린장 기차역에 무차별 폭격을 가하면서 북한 쪽에 가까운 한 축이 폭격으로 파괴되었으나 1955년 5월 중국과 북한이 다리를 복원하여

북한이라는 수수께끼

지린성 지안 세관.

평양의 지하철.

지린성 두만강.
다리 건너편은 북한.

지린성 지안.
압록강 맞은편은 북한 측.

재개통시켰다.

2009년 9월 8일, 나는 지린성 옌볜조선족자치주 수도인 옌지延吉시에서 남쪽으로 내려가 룽징시龍井市, 싼허전三合鎭을 거쳐 우펑산五峰山에 올랐다. 전망대에서 내려다보니 산기슭 아래로 두만강이 굽이굽이 휘감고 있었다. 국가1급 육로세관인 싼허세관 다리가 두만강에 걸쳐 있었다. 북한의 회녕시 전체 모습을 굽어보았다. 맞은편의 회녕은 룽징 사람들에게 북한에 있는 '작은 홍콩'으로 불린다. 함경북도에서 두 번째로 큰 도시인 회녕은 김일성의 부인인 김정숙의 출생지이기도 하다. 함경북도는 2009년 5월 북한

북한이라는 수수께끼

이 감행한 핵실험의 소재지이기도 하다.

가오라이원高來文 룽징시위원회 사무실 주임의 설명에 따르면 룽징 사람들 가운데 80퍼센트가 북한에 친척이 있다고 한다. 북한 사람들은 매년 1회 당국의 허가를 얻어 통행증을 받아서 룽징에 온다. 룽징 사람이 북한에 가기 위한 수속은 이에 비해 상대적으로 수월한 편이고 특별한 제한은 없다. 싼허세관과 북한 청진항은 불과 87킬로미터 떨어져 있어 1시간 거리다. 싼허세관은 북한을 거쳐 동해로 들어가는 가장 이상적인 통로다. 양측의 변경무역으로는 물물교환과 매매가 있다. 그러나 최근 몇 년간 북한은 이미 교환할 수 있는 물건이 바닥났고, 당국의 정책도 변동이 심해 장사하기가 매우 어렵다. 한반도의 정세가 불안정하기 때문에 룽징 일대의 국경선에 포진해 있던 무장경찰들을 2선으로 후퇴시키고, 해방군을 변경 제1선으로 배치했다.

옌볜은 중국에서 유일한 조선족자치주다. 국경선 길이는 총 768.5킬로미터이고, 인구수는 218만 명으로 그 가운데 조선족이 82만 명이다. 옌볜은 중국, 러시아, 북한 삼국이 접경하는 곳이다. 훈춘琿春 남쪽 70~80킬로미터 거리의 팡촨防川은 삼국이 교차하는 지점이다. "닭이 울면 세 나라에 들리고, 개가 짖으면 세 지역이 놀라며, 꽃이 피면 사방에 향기가 가득하고, 우스운 이야기가 도처에 전해진다"고 할 만하다.

룽징시는 창바이산맥에 자리하며, 두만강을 사이에 두고 북한 함경북도 회령시 은성군과 마주본다. 북한과 중국의 변경선은 143킬로미터이며, 시의 총인구 가운데 조선족은 66퍼센트다. 룽징은 중국 내에서 조선족 거주가 가장 집중된 도시다. 싼허, 카이산툰의 국가급 육로 개방세관이 있어 직접 대북 무역을 할 수 있다. 또한 북한을 통해 한국, 일본, 러시아와 중계무역도 가능하다. 싼허전의 상점이나 주택가에서 북한의 노래를 들을 수 있다.

2009년 9월이 되자 지린성 옌볜조선족자치주는 동북아 모든 국가의 관심을 한몸에 받았다. 9월 4일은 일제와 청나라 정부 사이에 간도협약을 맺은 지 100주년이 되는 날이었다. 9월 초 한국의 간도되찾기운동본부, 한국간도학회 등 일부 민간단체와 정치인들이 이른바 간도문제를 제기해 간도협약의 무효를 주장하면서 한국 정부에 간도를 되찾을 것을 요구했다. 중국의 영토를 넘보려고 계획한 것이다.

간도는 두만강 북쪽 연안에 위치하고 있다. 처음에는 중국 지린성 옌볜조선족자치주의 사주砂洲를 가리켰고 예전부터 중국 영토에 속했다. 그러나 한국의 일부 단체는 간도를 두만강 이북, 하이란강海蘭江 이남의 중국 옌지, 훈춘 등 네 개의 현급 시를 포함한 옌볜 조선족 주거 지역을 가리키는 것으로 여긴다. 역사를 돌이켜보면 만주국이 이 지역에 간도성間島省을 설치한 바 있다. 1860~1870년대 청나라가 조선에 대한 오랜 봉금을 풀었고, 이때 조선의 많은 백성이 두만강을 건너 중국 둥베이 지방에 와 황무지를 개척했다. 이것이 바로 역사적인 간도분쟁의 시작이었다. 지린성 사회과학원의 한 학자는 이렇게 말한다. 청과 조선 사이에는 일찍이 두 차례의 경계선 획정 시도가 있었으나 결론을 내리진 못했다. 그러나 양국은 경계가 되는 하천이 바로 오늘날의 두만강이라는 인식의 일치를 보았다는 것이다. 게다가 하이란강은 국경과는 상관없는 하천일 뿐이라며 간도 문제의 존재를 부인했다. 이른바 간도 문제에는 정해진 결론이 있었음을 알 수 있다.

1950년대 중국, 소련, 북한은 같은 사회주의 진영에 속했다. 1950~1960년대 중소관계가 점차 악화되면서 북한은 양대 인접국 사이에서 입지가 흔들렸다. 1960년대 중반에는 중국과 북한의 변경지대에서 분쟁이 자주 일어났다. 두만강과 압록강 위에 떠 있는 섬의 영토 구획에 대한 이견이 존

북한이라는 수수께끼

재했다. 1950년대 말에서 1960년대 초에 중국에서 있었던 3년간의 자연재해 기간 동안 적지 않은 룽징 사람들이 야음을 틈타 두만강을 건너 북한에서 사금을 채취했다.

훈춘은 동북아 중심지역에 있다. 북한, 중국, 러시아의 삼국이 서로 연결되는 것은 물론 몽골과 한국을 포함해 다섯 국가가 서로 통하는 지점이다. 훈춘의 팡촨에서 두만강을 건너 15킬로미터 밖을 보면 동해가 있다. 두만강 하류는 러시아, 북한에 속하기 때문에 중국 선박은 두만강에서 직접 바다로 나아갈 수 없다. 즉 훈춘의 대외개방 통로가 끊겼다는 뜻으로, 중국의 요충지가 막힌 것이나 다름없다.

징신전敬信鎭 팡촨춘防川村에는 30여 호가 사는데 100명이 채 되지 않는다. 모두 조선족이다. 팡촨춘은 길림의 가장 동쪽 훈춘 두만강 북쪽 연안에 위치해 있어 중국, 북한, 러시아 삼국의 접경지역이다. 중국과 러시아 국경의 작은 산에는 중국에서 가장 동쪽에 위치한 변경 초소가 있다. 다른 이름으로는 '동방 제1초소'라고 한다. 장쩌민 전 중국 국가주석, 리펑李鵬 전 중국 전인대 상무위원장이 예전에 이곳으로 시찰온 적이 있다. 룽후스커龍虎石刻, 왕하이거望海閣, 시파오타이西炮臺 유적, 투쯔베이土字碑는 모두 이곳의 관광명소다.

취안허圈河세관은 취안허와 두만강이 만나는 곳에 자리잡고 있다. 두만강 바다 입구까지의 거리는 35킬로미터, 북한 나선시까지는 51킬로미터다. 취안허 국경교는 1936년에 세워졌다. 총 거리는 500미터이며, 14연으로 된 철교다. 중국과 북한 양국이 각자 절반을 차지하는데, 중국 측 다리가 약간 훼손되었다. 제2차 세계대전 중 소련의 붉은 군대가 둥베이로 출병했을 때 중형 탱크의 압력 때문에 그렇게 된 것이라고 한다. 맞은편에는 북한 원정리 국제세관이 있다. 이곳은 양국 변경지대 주민의 통상무역 외에도 중국이 북한 나선자유경제무역지구로 출입하는 유일한 통로다. 연 출하량은 60만 톤, 연 방문객은 60만 명이다.

역사적으로 팡촨은 외따로 떨어진 땅 같다. 줄곧 주변으로부터 고립되었으며, 팡촨과 내지 사이에는 두 곳의 지협이 있을 뿐이다. 가장 좁은 양관핑洋館坪은 1957년 두만강 물에 휩쓸려 끊어졌다. 현지 주민들은 오랜 기간 러시아 영토를 통해 팡촨에 출입했다. 1983년 8월 다시 차량 통행이 가능해면서 팡촨은 비로소 제방 통로로 연결되었다. 이 양관핑 제방은 '천하제1제방'으로 불린다. 징신에서 팡촨으로 통하는 도로에 자리잡고 있는 이 제방은 길이 880미터, 폭 8미터로 돌로 강을 메워 부설했다. 제방의 좌측은 러시아 영토이고, 우측의 두만강 쪽은 북한에 속한다.

역사를 보면, 제2차 아편전쟁에서 제정러시아에게 우수리강 동쪽 40만 제곱킬로미터의 토지(팡촨 이외의 15킬로미터를 포함)를 할양했다. 이전에는 지린 변경에서 직접 동해와 황해로 나갔는데 제2차 아편전쟁 뒤에는 출해구를 잃어버렸다. 그러나 당시 중러 간 베이징조약에는 중국의 두만강 출해권에 대해 엄격한 제한이 있다고 명시되어 있지 않았다. 이 일대에서는 중국인이 평소처럼 어업과 수렵을 할 수 있다. 지금까지 러시아는 여전히 이 조약의 유효성을 인정하고 있다. 그래서 중국이 출해권 행사를 회복하는 데 가장 큰 걸림돌은 북한에 있는 셈이다. 1992년 중국과 한국이 수교할 당시 훈춘에서 일했던 관료는 북한이 늘 중국에 비협조적이었던 기억을 가지고 있다.

만약 바다로 나가는 입구가 있다면 지린의 화물은 동해로 직접 나갈 수 있어 극동 지역을 포함한 한국, 일본과의 무역 거리를 크게 축소할 수 있을 것이다. 이 때문에 훈춘 개방의 압력은 갈수록 커진다. 중국은 현재 이 문제의 돌파구를 찾을 방법이 없고, 아마도 동북아 일체화 과정에서 주도권을 잃게 될 가능성이 크다. 출해구를 갖는 것은 지린성의 꿈이었다. 지린성 통화通化 내륙항 건설 프로젝트는 9월 1일 창춘長春에서 조인된 이후 2010년 착공하여 그 다음해에 사용을 위임했다.

그날, 중안탕鍾安堂 통화 시장조리助理와 이야기를 나눴다. 그는 말했다. "이 내륙항은 랴오닝성의 단둥항을 통화로 옮기는 것에 버금가는 일입니다. 단둥을 기점으로 지린의 이 내륙도시 역시 연해로 만들 수 있습니다." 통화, 단둥, 선양철도국, 단둥항그룹, 퉁강그룹通鋼集團, 창춘세관의 6자 대표가 통화 내륙항 건설 프로젝트에 서명했다. 이는 단둥세관의 기능이 내륙을 향해 통화까지 확대되는 것이다. 이 사업이 갖는 지린성에 대한 영향력은 가히 짐작할 만하다.

중안탕은 말했다. "단둥항그룹은 해운 이외의 다른 기능을 모두 통화로 옮겨올 수 있어요. 이후에는 항구에 갈 필요가 없지요. 화물은 통화에서 직접 세관 신고, 검역 등의 수속을 마칠 수 있으니 상호이익인 셈이죠." 단둥항구는 통화 내륙항과 통합해 관리할 것이기에 자원을 공유함과 동시에 내륙항을 통해 통화에 보세물류센터를 건설해 보세물류의 적재, 국제 환승 등의 기능을 할 수 있다. 총 1500만 톤의 화물을 처리할 수 있는 내륙항을 건설하고 난 뒤에는 이전보다 거리상으로는 270킬로미터 가까워지고, 출항시간은 7시간이 단축할 것으로 추산된다. 이 프로젝트의 총 투자액은 4억2000만 위안에 달한다. 통화는 주변을 선도하는 물류센터가 될 것이다. 그 관할 5개 현급 시 및 주변의 옌볜, 바이산白山 등지의 수출입 화물은 통화 내륙항을 통해 단둥항을 드나들 것이며 통화 내륙항 건설 뒤 첫해 물동량은 3000만 톤에 달할 것이다.

북한 최대의 무역 파트너는 중국으로, 주로 북한의 무연탄과 철강 재료를 수입한다. 지린세관의 통계에 따르면 훈춘세관의 대북 무역액은 연간

9000만 달러다. 이 가운데 수입은 1684만 달러, 수출은 7339만 달러다. 각각 전년 대비 55퍼센트, 48퍼센트, 57퍼센트 늘어났다. 국제적으로 고립된 북한의 중국과의 무역량이 오히려 늘어나고 있음을 알 수 있다. 일찍이 북한의 주요 무역 파트너는 한국과 일본이었는데, 이들 국가의 대북 교역은 급속도로 축소되었다. 세계 금융위기가 발발한 이후에도 중국은 굳건한 성장추세를 보이고 있고 원자재에 대한 수요량은 지속적으로 증가하고 있다. 하지만 북중무역에 종사하는 옌벤 상인들의 움직임이 잘 보여주고 있듯이, 2009년 5월 북한 핵실험이 있고 나서부터는 지린의 11개 북중세관의 교통과 인적 유동량이 절반으로 감소했다. 북중 양자 무역이 몇 개월 사이에 위축된 것이다.

최근 중국, 러시아, 북한 변경에서 각국의 움직임이 활발해졌다. 2009년 8월 27일 푸틴은 중러 변경지역에 예산 75억 루블을 들여 1200개의 좌석과 5000대의 슬롯머신을 갖춘 카지노 개설을 허가했다. 이는 러시아의 '카지노법' 공포 이후 허가받은 첫 번째 대형 카지노다. 카지노는 주로 중국, 일본 등의 관광객을 대상으로 한다. 이 카지노는 블라디보스토크 공항에서 20킬로미터 거리의 우수리만 리조트 지역에 건설될 예정이다. 620헥타르의 부지에 3~5개의 세계적인 오락센터를 짓고 7000개의 호텔룸을 갖출 것이다. 미국, 오스트리아, 마카오 등지의 투자자들이 카지노 건설과 경영에 대한 관심을 표명했다. 현재 블라디보스토크는 러시아에서 중국인이 가장 많은 도시 가운데 하나로 지린 국경지대와 매우 가까운 거리다.

2009년 8월 16일, 투자액이 100억 위안에 달하는 동북아변경무역센터를 지린성 동남부의 훈춘에 설립하는 프로젝트가 조인되었다. 이 프로젝트는 건설 후 동북아 지역 다자국제무역의 핵심 지역으로서 두만강 지역의 국제협력을 촉진하는 역할을 맡게 될 것이다.

북한이라는 수수께끼

8월 30일, 국무원은 "창지투(창춘, 지린, 투먼강(두만강의 중국식 이름))를 개방선도구로 개발하는 중국 두만강 지역 협력개발규획개요"를 비준했다. 창지투 개방선도구 개발사업은 중국이 두만강 지역 협력개발을 촉진하는 주요 매개체로서 국가 전략을 높이고, 동북아 지역 협력을 강화하는 데 새로운 계기를 제공할 것이다. 또한 옌볜자치주와 지린성의 발전에 중대한 기회가 될 것이다.

창지투에는 둥베이 대외개방의 새로운 관문으로 선도구 안에는 8대 사업이 예정돼 있다. 첫걸음은 한·중·일·러의 양자, 다자간 자유무역지대를 건설하는 것이고, 그다음 두만강 지역에 국제자유무역지대를 건설하는 것이다. 이 개요는 창지투 개방선도구를 개발하는 4대 전략을 명확히 한다. 즉 중국 변경 대외개방을 선도하는 주요 지역, 중국의 동북아 개방을 향한 주요 관문, 동북아 경제기술 협력의 주요 플랫폼, 동북아 지역의 새로운 성장의 축이 그것이다. 발전 목표는 두 개의 단계로 나뉜다. 즉 2012년까지 훈춘의 GDP를 현재 수준의 네 배로 끌어올리고, 인구는 30만으로 늘리며, 창지투 구역의 GDP를 지금의 두 배로 높이는 것이다. 그리고 2020년까지 중국 두만강 지역의 대외개방 수준을 전면적으로 확대하고 특색 있는 산업시스템으로 경쟁적 우세를 점한다. 이로써 창지투 지역의 GDP를 네 배로 늘려 중국 둥베이지구 경제개발의 주된 성장 축을 형성하는 것이다.

2009년 9월 9일, 한창푸韓長賦 지린성장과 인터뷰를 했다. 그가 말했다. "지린 변경지역과 북한의 변경지역의 도시 간에 매년 단체를 파견하여 상호 방문하고 있습니다. '창지투를 개방선도구로 개발하는 중국두만강지역 협력개발규획개요'는 국무원의 비준을 얻어 지린성이 북한과 러시아와의 경제무역 교류협력을 하는 데 있어 새로운 기회를 가져왔습니다."

그는 이어 말했다. "북한은 지린성의 제4대 무역파트너로 2000년 양자

무역액은 1억 달러를 돌파했고 2005년에는 3억5000만 달러로 대륙 각급 성시의 대북 무역 순위에서 2위를 차지했습니다. 작년에 비해 25퍼센트 증가한 것이고 대륙 전체 대북 무역 총액의 22퍼센트를 차지하는 것이지요. 2007년에도 3억4000만 달러로 대북 무역 총액의 17퍼센트로 전국에서 2위를 한 바 있습니다. 2008년에는 7억7000만 달러로 작년 대비 1.2배 증가했고 대북 무역 총액은 28퍼센트였습니다. 2004년부터는 북한 국가정책에 조정이 있었는데, 특히 중국 기업의 자원개발 프로젝트에 대한 투자를 허가하면서 지린성의 대북 투자는 뚜렷하게 증가했죠. 최근 지린성 기업의 대북 투자는 변동이 심한 상황입니다. 현재 지린성이 북한에서 이미 비준되어 설립된 해외 기업이 31곳이 있습니다. 총 투자액은 9777만 달러이고 투자 업종은 주로 담배, 봉제, 지하자원 개발, 건축자재, 인삼제품 가공, 제약, 해산물 양식, 양조업 등입니다. 창지투를 개방선도구로 개발하는 것은 중국의 두만강 지역 협력개발을 촉진하는 주요 매개체로, 국가 전략의 실현성을 높이고 동북아 지역 협력을 강화하는 데 새로운 계기를 제공할 것입니다. 지린성은 두만강 지역 개발을 매개로 북한, 러시아와 공동으로 중점 영역에서 실제적인 협력을 강화시켜나갈 것입니다. 국제무역 협력구를 건설하여 훈춘, 러시아 하싼 지역의 루강관路港關, 나선 지역의 루강취路港區 건설을 가속화할 것입니다."

2012년 2월 마침내 새로운 소식이 있었다. 중국은 북한 나선특구 4, 5, 6호 부두의 50년 사용권을 얻었고, 중국과 북한 양국은 2011년 말 30억 달러 가치의 나선지구 합작에 서명했다. 협정에 근거하면, 중국은 투먼과 나선항을 연결하는 55킬로미터의 철로를 건설하기로 하고, 공항과 화력발전소, 부두시설 등의 건설권과 사용권을 획득했다.

중국은 줄곧 동해의 출해 통로를 얻고 싶어 했다. 이번 일은 확실히 새로운 진전을 이룬 것이다. 중국은 먼저 나선항에 7만 톤급의 4호 부두를 건설하고 이어서 여객기와 화물비행기 착륙이 가능한 공항 건설을 추진하기로 했다. 이후에 철도와 5호, 6호 부두를 재건조하기로 했다. 현재 나선항 화물의 물동량은 총 400만 톤으로, 그중 1호 부두는 2008년에 이미 중국에 임차했고, 연 100만 톤의 물동량을 갖춘 3호 부두는 러시아에 임차했다.

나선경제무역구는 나진, 선봉, 웅상, 두만강 4개 도시와 중국 지린성 훈춘시 인접 지역을 포함한다. 나진, 선봉, 웅상 3곳 모두 부동항이다. 나진항의 철도와 도로는 북한 내륙과 연결되고, 항구의 광궤철도는 러시아 하싼 지역과 직통이다. 표준궤철도는 중국 투먼과 연결되고, 도로는 중국 훈춘의 취안허세관과 샤퉈즈세관과 통한다. 나진항은 중국 둥베이 지역의 물자가 항구를 임차하여 출해를 실현할 수 있는 최적의 장소다. 나선특구의 부두가 중국에게 임차되면서 창지투 발전에 희망을 가져왔다.

제7장

평양 가는 기차에서

내가 네 번째로 북한에 갔던 일을 말해보겠다. 그것은 2005년의 일이었다. 출발 전에 단둥청 랴오닝성 공안부서에 있는 한 관원이 말했다. "3월 1일 단둥의 유관부서가 탈북한 손영범을 체포했습니다. 12일 취조에서 손영범은 북한에는 언론 자유가 없고 세 사람 이상이 함께 이야기할 때는 반드시 보고해야 하는 규정이 있으며 불만이 있어도 누구도 말할 수 없다고 했어요. 북한에서는 오늘 100원을 쓰고 내일 1000원을 쓰면 바로 붙잡힌다고 합니다. 왜냐하면 돈의 출처를 의심받기 때문이죠. 정부는 전체 인민에게 전쟁 준비를 잘 해놓아야 한다고 끊임없이 선전합니다. 국가의 구호는 '국민원조'로, 그 뜻은 인민이 군대를 원조하고, 국가를 보호한다는 것입니다. 손영범은 거듭 절대로 본국으로만 송환하지 말아달라고 부탁했어요. 일단 송환되면 총살당한다구요." 손영범의 말은 과장된 것이었을까?

2005년의 북한행은 기자 신분으로 가게 되었는데, 북한 내각총리의 초

북한이라는 수수께끼

청 허가로 가능한 일이었다. 4월 14일 단둥에서 평양으로 가는 27차 국제 열차에 몸을 싣고 북한으로 향했다. 단둥을 떠나 북한에 입국하기 전에 나는 예전에 북한을 방문할 때와 마찬가지로 중국에서 사용하던 휴대폰을 자발적으로 남겨뒀다. 북한에서 휴대폰을 가지고 있는 것이 발각되면 몰수되기 때문이었다. 북한 당국은 외국인 여행객이 휴대폰을 가지고 입국하는 것을 금지했는데, 만약 휴대폰을 가지고 입국하면 세관에 보관해야 하며 여행이 끝난 후에야 다시 찾을 수 있다. 출발 전에 유관부서의 관계자는 수화물에 북한과 인민에 대해 우호적이지 않은 문서나 자료가 있으면 반드시 단둥에 두고 가거나 스스로 소각해야 한다고 내게 신신당부했다. 당시 북한에서는 외국인만 휴대폰을 사용할 수 있었는데, 반드시 북한 현지에서 한국산 휴대폰을 구매해야 하며 무선네트워크 접속에는 1000유로의 비용이 들었다.

일등 침대칸은 깨끗한 편이었지만, 통로와 객실 안에는 수화물, 과일상자와 꽃바구니로 가득 차 있었다. 다음 날은 북한에서 가장 성대한 명절인 태양절로, 3일간의 공휴일 중 하루였다. 중국에서 특히 랴오닝에서 일하는 북한 사람들은 명절을 맞아 단둥에서 북한으로 돌아간다. 그들은 평양으로 돌아가 김일성 동상에게 꽃바구니를 바친다. 크고 작은 가방에는 대부분 먹을 것과 생필품들이 들어 있었다. 이 풍경은 지난 1970~1980년대 선전의 뤄후羅湖세관을 떠올리게 한다. 홍콩에서 내륙으로 가던 사람들 역시 큰 가방을 밀고 작은 가방은 멘 채 국경을 넘었다. 먹고 쓰고 입는 홍콩산 물건은 본토 사람들의 눈에 모두 진귀한 것이었다. 역사가 다른 곳에서 반복되고 있음을 보는 듯했다.

열차는 원래 9시 35분 출발이었지만, 꼬박 1시간이 지연되었다. 기다림이 조금은 지루했지만 참고 기다리는 수밖에 없었다. 객실 통로에서 한 단둥 승객은 열차가 늦게 출발하는 것이 지극히 정상적이고, 정시 출발이 오히려 더 이상한 일이라고 말했다.

열차가 움직이자 바퀴와 레일의 마찰음이 들렸다. 수십 년 전 중국에서 기차를 타면 이런 소리가 났었는데, 오늘날 중국의 철도는 모두 준고속 및 고속철도로 바뀌었다. 이 소리는 이제 역사 속 기억으로 남아 있다. 압록강을 건너 익숙하면서도 낯선 국가로 들어갔다. 비록 중국과 북한이 같은 하늘 아래 있다고 하지만, 더 이상 단둥의 고층 빌딩과 번화함은 찾아볼 수 없었다. 10분이 채 지나지 않아 북한의 변방도시인 신의주역에 도착했다. 신의주 기차역에서 열차는 세 시간여를 정차했다. 이렇게 기다리면 마음은 더 조급해진다. 이 사이에 연이어 다섯 무리의 북한 검사원이 객실에 들어왔다. 먼저 신분증을, 이어서 입국증과 신체건강증명서를 검사한 다음 모든 수화물을 구석구석 살펴본다. 마지막으로 여행객의 호주머니에 들어 있는 것까지 확인하고 나서야 비로소 검사가 끝났다. 그 과정은 실로 엄격했지만 검사원 모두 점잖고 상냥했다.

객실 안에서 2명의 보안검사요원이 내 손에 들려 있던 당일 나온 랴오닝의 『화상조간신문華商晨報』을 펼쳐봤는데, 두 편의 기사가 그들의 주목을 끌었다. '한국의 전 대통령이 정보부장을 살해했는가?'와 '미국, 한국의 중국 편승 압박'이라는 표제의 기사였다. 두 사람은 모두 중국어를 할 줄 알았고, 그중 한 명이 내가 있는 1층 침대에 앉아 객실 문을 닫아달라는 손짓을 했다. 나는 미소를 지으며 고개를 끄덕이고는 문을 닫았다. 그는 객실 안에서 숨어 무엇에 홀린 듯 신문을 읽어내려갔다. 나는 다시 그와 이야기를 나누지 않았다. 이 장면 역시 지난 1960~1970년대의 중국인을 떠오르게 한다. 우연한 기회에 홍콩과 타이완에서 온 신문 한 부를 보게 되면 아껴가며 몰래 읽고는 했다.

북한이라는 수수께끼

평양 가는 기차길 풍경.

평양 거리 풍경.

평양 가는 길에 거처 간 2004년 용천 대폭발 소재지, 이듬해 새로운 건물들이 대단위로 들어섰다.

열차가 베이징 시간으로 오후 1시 45분(북한과 중국의 시차는 한 시간이다)에 신의주에서 세 시간을 꼬박 정차했다. 그리고 원래 3량의 객차였던 국제열차에 7~8량의 객차가 추가되어 국내열차로 평양을 향했다. 열차는 용천을 거쳤다. 이곳은 2004년 세계적 관심을 받았던 대폭발의 현장이다. 폭발로 생긴 큰 구멍은 이미 말끔히 정리가 되었고, 반년이 되지 않아 100여 채의 새 건물이 들어서 몰라보게 달라졌다. 이것이 중앙집권적인 사회주의 국가의 역량이다. 중국에서도 이런 일은 흔한데, 이런 게 바로 이른바 '중국식 모델'이 아니겠는가 싶다.

　　신의주에서 평양까지 200킬로미터의 노정은 느릿느릿 다섯 시간 반이 걸렸는데 자동차보다도 못한 속도였다. 이 단선철도는 서울에서 신의주까지 이어지는 경의선의 일부다. 전장 499킬로미터인 경의선은 100년 전 일본이 러일전쟁에서 승리하고 건설한 철도로, 이후 일본이 조선을 중국 침략의 후방기지로 삼으면서 경의선철도가 일본군의 공급선이 되었다. 한반도 역사의 굴곡을 그대로 담고 있는 경의선은 1951년에 운행이 중단되었다. 2002년에 경의선 복원프로젝트가 가동되어 그 다음 해에 남과 북이 경의선 복원 기공식을 거행했지만, 지금까지 정식으로 개통되지는 않았다. 장기적으로 보수를 해야 하고 열차 적재량에 한계가 있어 개통이 되더라도 당장 열차가 달릴 수 없을 것이다.

　　기차의 움직임이 매우 느린 탓에 차창 밖 풍경이 천천히 뒤로 움직였다. 산봉우리와 고개는 나무로 무성해져 이제 예전의 가뭄이나 수해는 없었다. 산림이 아주 잘 보호되어 있어서 밭보다 더욱 짙은 녹색을 띠었다. 전체적으로 산 좋고 물 맑아 오염된 모습은 보이지 않았다. 백로가 서너 마리씩 무리 지어 강변에서 먹을 것을 찾았고 이따금 날개를 펼쳐 높게 날았다. 대나무로 지은 작은 변소를 보자 손에 카메라를 쥐고 전원의 경치를 찍고

싫어졌다. 그러나 입국할 때 도중에 사진을 찍어서는 안 된다는 통지가 있었다. 이를 어기면 카메라를 빼앗기게 된다. 이 이국타향에는 말 잘 듣는 아이만 있을 뿐 반역하는 아이는 없다. 논밭 기슭에는 매우 야윈 사람들이 그 사이에 모여 멍하니 있었다.

기차는 가끔 소도시를 지나는데, 누가 알려주지 않으면 그곳이 도시인지 시골인지 몰랐을 것이다.

단둥을 출발해 평양에 도착한 며칠 동안에 한국의 정동영 통일부장관이 야심찬 계획을 발표했다. 한국인이 기차를 타고 2008년 베이징올림픽에 갈 수 있도록 하겠다는 것이었다. 경의선 개통, 금강산관광 개발과 개성공단 건설은 한국 정부가 남북경제협력의 중추로 삼은 3대 프로젝트다. 한국은 당시 북한에게 각 프로젝트의 구체적인 방안을 전달했다고 한다. 서울에서 평양까지, 또 신의주까지, 다시 중국의 단둥까지, 만약 이 철도가 개통된다면 한반도 남북관계의 새로운 전환점이 될 것이 자명하다. 이때가 2005년이었다. 레일은 이미 2005년에 부설되었고, 양측은 2006년에 시운전을 하기로 했으나, 양자가 군사보장의 일부 세부항목에서 공통된 인식을 도출하지 못해 시운전 계획은 보류되었다.

2년 뒤 북한과 한국은 제5차 남북고위장성급군사회담을 개최했다. 5월 11일, 양측은 남북 열차 시험운행을 군사적으로 보장하기 위한 잠정합의서를 채택하고 발효하기로 했다. 시험운행용 경의선 열차는 한국 측이, 동해선은 북한 측이 책임지고 관리하기로 했다. 경의선의 한국 열차는 문산역에서 출발하여 27.3킬로미터 떨어진 개성역에 도착한 다음 돌아오는 것으로, 동해선의 북한 열차는 금강산역에서 출발하여 25.5킬로미터 떨어진 한국 측의 제진역에 갔다가 돌아오는 것으로 합의했다. 양측은 이 두 구간을 경의선과 동해선 시험운행 구간으로 결정했다. 그리고 두 열차가 17일 오

북한이라는 수수께끼

전 11시 30분, 문산역과 금강산역에서 각각 출발한 뒤 12시 20분 전후로 동시에 군사분계선을 통과하는 것으로 합의했다. 2007년 5월 17일, 드디어 북한과 한국의 열차가 남북한 군사분계선(38선)을 넘었다. 남북한 철도가 56년 만에 개통된 것이다. 시험운행 열차는 1량의 엔진 칸과 5량의 객차로 구성되었고 정부 고위층 관료와 내빈, 기자 등 남북한 양측 각 100여 명이 열차에 탑승했다.

한국은 2002년에 경계선에 위치한 도라산역을 잠시 개방한 적이 있다. 수백 명의 이산가족이 서울에서 기차를 타고 이 역에 도착했다. 당시 많은 한국인 탑승객이 희망했던 것은 기차를 타고 경의선 도라산역에 가보는 것이었다.

시험운행은 전 세계적인 주목을 받았지만, 오래지 않아 남북한 정세가 급변했다. 그로 말미암아 양측의 철도개통과 운행이 최종적으로 실시되지 못했다. 물론 한국인이 기차를 타고 베이징에 가서 올림픽을 본다는 아름다운 꿈은 마지막 순간에 수포로 돌아가버렸다.

이러한 역사적 사건을 뒤로 하고, 신의주에서 평양까지 나의 여정은 계속되었다. 여행 중에 북한의 경치와 사물을 볼 때마다 처음으로 북한에 입국했을 때 만난 사람들과 했던 일이 생각났다. 그때도 이 노선을 이용했었다.

제8장

월수입으로 고작 세 근의
돼지고기

1996년 7월, 처음 평양 땅을 밟았다. 그때 나는 홍콩의 기자였지만, 중국 랴오닝성의 시찰단을 따라 신분을 바꾸고 나서야 북한을 방문할 수 있었다. 당시 만약 홍콩 언론의 신분으로 입국하려 했다면 아예 허가를 얻지 못했을 것이다. 우리는 서산호텔에 묵었다. 이곳은 산을 등지고 있어서 분위기가 고즈넉했고 시내에서는 좀 멀리 떨어져 있었다. 호텔 로비 문 앞으로는 택시가 아예 들어오지 않아 밤에 여행객이 혼자 외출하는 것은 불가능했다. 북한 주민과 외국인의 사적인 접촉을 차단하려는 북한 당국의 조치인 것이다.

평양은 북한의 수도로 북한에서 가장 큰 도시이고 정치, 문화, 경제의 중심이다. 『삼국사기』와 『고려사』의 기록에 따르면, 5000년 전 시조 단군이 고조선을 세우고 평양을 도읍으로 정했다. 그 이후로 평양은 고도로 불리면서 5000년 역사의 굴곡을 견뎌냈다. 1946년 9월 특별시로 승격되었으며, 1948년 9월 9일, 조선민주주의인민공화국이 성립되면서 수도가 되었다.

북한이라는 수수께끼

'대동강 문화'의 중심인 평양은 글자 그대로 '평평한 대지'라는 뜻을 지닌다. 평탄하고 비옥한 토양인 것이다. 평양 시내에는 몇몇 작은 언덕이 있으며, 최고 해발은 200미터 정도다. 면적은 2629제곱킬로미터, 인구는 250만 명이다. 아래로 18구 4군이 자리해 있으며, 동으로는 서기산, 서로는 창광산, 북으로는 금수산과 모란봉이 있다. 남부는 평원이다.

북한 전역은 평양을 보호하고 전력으로 평양을 지원한다. 자연스레 도시 건설과 물자 공급은 평양에 집중된다. 평양에서 생활할 수 있는 사람들은 다른 지역의 주민들보다 월등한 만족감과 행복을 느낀다. 출신이 좋지 않은 사람은 평양에서 살 수 없다. 북한 정국에 불만이 있는 사람 역시 평양에서 살 수 없다. 심지어 장애인 역시 평양에 살 수 없는데, 평양의 이미지에 누가 되는 것을 피하기 위해서다.

세계를 많이 돌아다녀본 사람들, 특히 다른 국가의 수도를 가본 사람들은 평양의 고요함에 분명히 놀랄 것이다. 이렇게 조용한 수도는 아마 찾아볼 수 없을 것이다.

평양이 최초로 내게 준 인상은 마치 한 시대에 머물고 있는 듯한 느낌이었다. 중국 대륙으로 말하자면 대체로 1960년대일 것이다. 밤 11시가 되면 평양에 단지 세 개뿐인 텔레비전방송국이 프로그램 송출을 중단한다. 이 밤에 방영하는 TV 연속극은 중국의 「커왕」이다. 매주 1회씩 방송하는데, 이미 1년이 되었다. 서산호텔처럼 고급호텔에서도 수돗물은 정해진 시간에만 공급된다. 샤워할 수 있는 온수는 저녁에 2시간만 공급된다. 전력이 부족하기 때문에 불빛은 어둡고 가끔은 정전도 된다. 시내 일부 호텔은 비록 몇몇 노래방 등의 오락시설이 갖춰져 있지만, 현지인은 거의 출입할 수 없다.

정부가 현지 주민이 쇼핑하는 상점에 공급하는 것은 품목이 제한된 저급한 제품들이고, 외국인 관광객은 단지 지정된 몇몇 외국 상점(과거 중국에 있었던 유이상점友誼商店과 유사하다)에서만 쇼핑이 가능하다. 지금은 일률적으로 유로화로 거래하지만, 달러를 거부하지도 않는다. 물론 인민폐가 가장 널리 통용되는 화폐다. 그 이유는 매우 간단하다. 북한과 중국은 가까운 이웃이고, 중국인 관광객이 가장 많기 때문에 인민폐의 공급량이 가장 많다. 한번은 상점에서 24유로의 기념품을 사는데 여성 판매원이 인민폐 10위안을 거슬러주었다. 당시 평양 시세는 1유로당 10위안이었다. 외국인 여행객이 평양에서 물건을 사는 일은 확실히 쉽지 않다.

북한에서 중국인 여행객이 북한 화폐를 환전할 수 있는 곳은 없고 그저 인민폐로만 구매해야만 귀빈 대접을 받을 수 있다. 인민폐는 이곳에서 비공식화폐다. 외국인 여행객이 들르는 상점의 상품은 유로화로 가격이 표시되어 있다. 대개 판매원이 지불할 때 인민폐로 환산된 가격을 말해준다. 만약 유로화나 달러를 지불하면 그들은 남은 잔액을 인민폐로 돌려준다. 왜냐하면 바꿔줄 수 있는 유로화나 달러화가 없기 때문이다. 2009년, 1위안은 북한 돈 170원으로 환전할 수 있었다. 북한의 물가가 궁금하다면 다음의 명세서를 보라. 달걀 한 개 3위안, 현지산 일반 백주 15위안, 김치 500그램 70위안, 작은 천 조각으로 이어 만든 수공예 바구니 150위안, 20그램의 야생웅담 한 개 800위안, 양장으로 제본한 『김일성 소전小傳』(22쪽 정도) 35위안, 인쇄가 조잡한 『북한 여행』 소책자 한 권(200쪽) 50위안.

관광객의 주간 활동은 엄격하게 통제받는다. 단독 행동은 허가받을 수 없고, 지정된 활동범위에서 10~20미터만 벗어나도 가이드가 즉시 돌아오라고 손짓한다.

서산호텔의 넓은 로비에는 적지 않은 작은 상품들이 진열되어 있다. 한 할머니의 공예품 가게에서 나는 무의식적으로 우리 몇몇 여행객이 중국어

북한이라는 수수께끼

로 이야기하는 것을 그녀가 알아듣는다는 것을 알아챘다.

"식사하셨어요?" 나는 중국어로 그녀에게 물었다.

"아직이요. 8시가 되어야 집에 돌아가서 먹습니다."

"어째서 이렇게 늦게까지 식사를 안 하십니까?"

"우리는 하루에 두 끼만 먹어요."

"그렇게 드셔서 배가 부릅니까?" 내 질문이 위험 수위를 넘었다는 걸 느끼고는 이내 주위를 살폈다. 괜찮다는 생각이 들자 그제야 정신이 들어 할머니를 쳐다봤다. 나는 얼렁뚱땅 두 종류의 작은 선물을 고르고는 할머니에게 웃돈을 보태어 건넸다. 하지만 할머니는 웃돈을 기어이 돌려주려고 했다. 나는 가지고 있던 껌 두 통과 중국산 담배 한 갑을 할머니에게 주었다.

"그래서 배가 부른가요?" 북한 정부는 일찍이 성인은 매일 700그램, 아이는 400그램의 식량 배급량을 규정했다. 작년에 홍수로 피해가 막심할 때 1인당 공급 식량은 점차 줄어들어 원래 정했던 표준으로는 도저히 배급할 수가 없었다. 그때 북한 사람은 1인당 1일 식량이 700그램에서 500그램으로 줄었는데, 아마 더 내려갈 것으로 들었다.

이야기를 하고 있을 때 호텔의 한 여종업원이 다가오자 할머니는 바로 이야기를 멈췄다. 여종업원이 멀리 사라지자 할머니는 다시 말했다. "정량의 식량 외에 한 사람이 한 달에 살 수 있는 건 달걀 20개와 돼지고기 한 근(600그램)이에요."

내가 할머니에게 일이 끝난 다음 호텔 18층에 있는 내 방으로 오시면 어떻겠냐고 하니까 할머니는 손을 내저으며 절대로 안 된다고 말했다.

그 무렵 북한 인민의 생활은 아주 궁핍했다. 북한은 전형적인 사회주의 계획경제 국가로 무상주거, 무상의료, 무상교육을 실시한다. 이는 북한 사람이 긍지로 여기는 사회주의의 우월성이다. 그러나 이 세 가지 무상은 최근 어려움으로 가득하다. 의료를 예로 들자면 국가 재정이 어렵기 때문에 평민의 의료시스템은 이미 붕괴된 상황이었다. 북한의 소위 무상의료는 각 지역 의료 수준의 차이에 따라 다르게 제공된다. 어떤 사람은 비교적 양질의 진료와 약을 제공받을 수 있고, 어떤 사람은 가장 기초적인 의료서비스만을 받을 수 있을 뿐이다.

북한 사람의 임금 수입과 물가는 외국인의 눈으로는 이해하기 어렵다. 북한 사람의 월 평균 임금은 6000원(북한 화폐)이다. 2006년 말 환율로 환산하면 약 300위안 정도다. 북한에서 임금이 가장 높은 사람들은 탄광 작업장의 노동자들로 월 평균 임금이 1만 원에서 1만5000원에 달한다. 관리의 임금체계는 중상급이고 외국인 손님을 인솔하는 가이드의 한 달 수입은 4000원 정도다.

북한에서는 의복, 식량, 부식, 주택 등의 배급제를 실시한다. 북한 사람은 모두 국가의 배급을 기다린다. 왜냐하면 수입만으로는 도저히 입에 풀칠할 수 없기 때문이다. 그러나 배급의 수량은 등급에 따라 나뉜다. 예를 들어 의복의 경우, 노동자는 1년에 2벌의 작업복을 받는데, 일반 간부나 엔지니어는 3년마다 정장 1벌 상당의 옷감을 받는다. 중급 간부는 2년에 한 차례 정장 1벌 상당의 옷감을 받고, 2년마다 한 번 김일성 탄생일에 한 벌의 교복을 받는다. 그 외의 피복은 공산품 구매권을 이용해 직접 지불해야 한다. 당국은 2400만 명의 인구 가운데 당, 정, 군의 핵심 계층과 기업 노동자 등 900만 명을 우선시한다. 이 사람들은 매일 1인당 500그램의 식량을 배급받는다. 2006년의 물가로 계산하면 1인당 월 평균 수입인 6000원으로 고작 돼지고기 세 근(1800그램)을 살 수 있는 셈이다. 북한의 물가상승폭은 크다. 2007년 쌀 가격은 1킬로그램에 900원이었는데, 1년 뒤에는 2000원

북한이라는 수수께끼

으로 올랐고, 돼지고기는 1킬로그램에 5000원이었다. 평양 시내 전차의 승차권은 기존의 10전에서 1원으로 올랐고 지하철은 2원으로 올랐다. 그리고 송도원해수욕장의 입장권은 3원에서 50원까지 큰 폭으로 올랐다. 평양 당국이 내게 통계자료를 보여준 적이 있었다. 북한은 1993년부터 전체 인민 무상의료를 시행했는데, 평균 수명이 해방 전의 36세에서, 2009년에는 74세로 상승했고, 의료보급율은 80퍼센트 이상이었다. 이 통계의 신뢰 여부는 독자 여러분이 판단하길 바란다.

북한 당국이 2008년에 실시한 인구조사 결과 인구가 2400만 명으로 증가한 것으로 나타났다. 1993년에 실시한 지난 인구조사 때는 불과 2120만 명에 불과했다. 이번 인구조사는 국제연합 인구기금United Nations Population Fund의 재정 및 기술지원을 받아 진행했다. 북한 정부는 수십 년간 자국과 관련된 대부분의 정보 공개를 거절해왔다. 그렇기 때문에 이번 인구조사는 통계학적인 관점에서 북한을 이해할 수 있는 기회였다. 인구조사 결과를 들여다보면 북한 인구가 15년 동안 매해 평균 0.85퍼센트의 증가율을 보였음을 알 수 있다. 이 기간은 몇 년간 지속됐던 대기근을 포함하는데, 외국 구호단체의 한 분석가는 흉작이 계속되는 동안 100만~200만 명이 사망했다고 밝혔다. 이번 조사는 북한 인구의 건강 상황이 악화됐음을 드러냈다. 2008년 영아사망율은 1993년의 1.41퍼센트에서 1.93퍼센트로 증가했다. 하지만 북한의 영아사망율은 세계 평균 수준보다 여전히 낮다. 국제연합 인구기금의 2009년 보고서는 세계 평균 영아사망율이 4.6퍼센트라고 밝혔다. 북한 사람의 평균 수명은 1993년의 72.7세에서 69.3세로 단축되었다. 다른 국가들처럼 여성의 수명이 남성보다 길었고, 그 차이는 대략 7년 정도였다. 세계 평균 수준은 4.4년이다. 또 북한에는 590만 호의 가구가 있으며, 한 가구당 구성원은 평균 3.9명인 것으로 나타났다. 일반 가구의 주택 면적은 평균 50~75제곱미터이며, 상수도가 설치된 가구는 전체의 대략 85퍼센트였고, 수세식 변기를 보유한 가구는 55퍼센트였다.

이번 조사를 통해 우리는 북한의 경제구조를 간략하게나마 살펴볼 수 있다. 농업은 취업 기회를 가장 많이 제공하는 업종으로, 농업에 종사하는 여성은 190만 명이었다. 남성의 150만 명보다 높은 수치다. 정부 혹은 군대에서 일하는 인구가 69만9000명으로 그 뒤를 이었다. 이 자료는 북한 군대 규모가 외부에서 생각하는 것처럼 그렇게 크지 않음을 드러낸다. 해외의 군사 분석가는 통상 북한에는 100만 대군이 있고, 그중 절대다수는 의무병으로 10년을 복역하는 것으로 알고 있다. 3위를 차지한 취업 업종은 교육 부문이었고, 이어서 기계제조, 방직과 석탄채굴 순서였다. 아울러 대략 4만 명의 사람이 컴퓨터, 전자 혹은 광학제품 생산에 종사한다.

평양시 서구 일대의 언덕에서는 노인들이 삼삼오오 산나물 캐는 모습을 자주 볼 수 있다. 조선중앙TV는 산나물 익히는 법을 가르치는 프로그램을 방영하곤 한다. 그러나 당국의 설명에 따르면, 평소 즐겨 먹는 산나물을 직접 캐는 것은 그리 놀랄 만한 일은 아니다. 오늘날의 중국인이 먹는 산나물은 고급요리에 속한다. 그러나 굶주린 북한 사람들이 직면한 현실은 이와는 상당한 거리가 있음을 이해할 수 있었다.

1996년 7월 말, 연거푸 내린 며칠간의 폭우가 북한 서부와 남부 지역을 습격했다. 평양을 비롯해 평안북도, 황해남도, 황해북도, 강원도가 수해를 입어 교통이 끊어지고 제방은 무너졌으며 공장이 침수되었고 농지는 유실되었다. 이들 지역은 북한의 주요 곡창지대여서 1996년의 흉작으로 북한인의 생활은 더욱 악화되었다.

한편 자연재해는 오히려 이 폐쇄적인 국가로 하여금 대외개방의 문을 열게 했다. 조선중앙통신사는 관례를 깨고 재해 상황을 보도했다. "갑자기

아이들이 대동강에서 수영하는 모습.

평양 거리에서 사람들이
가판에 설치된 신문을
들여다보고 있다.

대동강변에서
여가를 즐기는 주민들.

1996년 처음 북한에 갔을 때 촬영한 평양.
지금도 나물 캐는 모습을 볼 수 있다.

큰비 이후 무너져 내린 도로.

큰비 이후의 풍경.

심평리농장 영생탑.

발생한 홍수가 심각한 피해를 야기했고, 수많은 생명을 앗아갔습니다. 7월 15일부터 한반도에는 거의 매일 비가 내리고 있고, 며칠간의 폭우로 인한 수해가 심각한 상황입니다." 다만 조선중앙통신사는 사망자와 피해 규모의 수치를 구체적으로 밝히진 않았다.

이 보도를 접한 나는 당시 이 소식이 단지 대외적인 발표에 국한된 것으로써 일부 지역의 강우량 소식을 전하면서 경계 강화만을 당부한 것이라는 사실을 알아차렸다. 새로 임명된 북한의 주 UN대사 김형일은 "북한은 외국의 인도적 지원을 환영하지만, 이번 기회를 빌려 정치적 목적을 달성하려는 일부 불순 세력에게는 유감을 표한다"고 밝혔다.

세계식량계획World Food Program의 추측으로는 수해로 인해 수백 명이 사망하고, 수백만 명이 피해를 입었다. 세계식량계획은 북한에서의 긴급 식량 구호활동을 확대할 것이라는 성명을 발표했고, 2590만 달러가 투여된 구호활동은 1997년 봄까지 지속됐다.

내가 평양에 있을 때 국제기아대책기구 야마모리山守 총재는 방대한 양의 약품을 들고 평양을 방문했다. 그는 앞으로 몇 주간 날씨가 호전되지 않으면, 현지 인민들이 대참화에 직면하게 될 것이라고 말했다.

국제연합식량농업기구에 따르면, 1995년 여름의 대홍수의 영향으로 북한은 471만 톤의 식량을 생산했는데, 이는 예년에 비해 170만 톤이 부족한 수준이었다. 작황이 가장 좋았던 1996년의 생산량이 500만~550만 톤이었던 것을 감안하면 북한에 구호가 필요한 것이 확실했다. 그렇지만 국제적인 여론은 북한 당국이 외부 원조를 군용으로 전용할 것을 우려했다.

황해남도 청단군의 심평리농장은 북한 최대의 식량 생산기지로, 선진적 생산의 본보기이다. 이곳은 평양에서 남쪽으로 200킬로미터 떨어져 있다. 2005년 가을 들어 농장의 보리밭, 논, 옥수수 밭은 하나로 이어져 있었다. 농민들은 모두 밭에서 농사일을 하고 있었고 마을에 들어가자 20~30미터 높이의 영생탑이 시야에 들어왔다. 탑의 한 면에는 "위대한 수령 김일성 동지가 영원히 우리와 함께한다"는 구호가 새겨져 있었다. 북한에서는 어떤 작은 마을이든지 모두 영생탑을 짓게 되어 있다. 이것을 본 중국인은 늘 예전 중국 농촌에 세워졌던 마오쩌둥 동상이나 오늘날 농촌의 향을 피워 올리는 작은 사당을 연상한다.

영생탑 주위 500미터 안에는 몇백 개의 똑같은 모양을 한 회색 기와집이 가지런히 늘어서 있다. 기와집은 상당히 말끔했다. 기와집 마당 앞은 토담으로 둘러싸여 있다. 모든 집 앞 마당에는 옥수수와 채소가 심어져 있었다. 이런 기와집은 모두 정부가 단일하게 건축한 것이다. 농장의 당위원회 서기에서 일반 농민까지 할당된 주택은 어떤 구별도 없었다.

농장 생산을 책임지는 계원철 인민위원회 위원장은 북한의 각 농장은 노동점수 등급제를 시행한다고 말했다. 심평리농장에는 2359명이 있는데, 그중 노동인구는 1650명이고 경작지는 832헥타르이며 1인당 평균 7.56에이커의 땅을 맡는다. 기계화 수준이 낮아 농민의 일손에 의지해야 하는데, 이렇게 넓은 토지를 관리하는 일은 분명 쉽지 않을 것이다.

북한 인민위원회는 모내기, 김매기, 보리 수확, 토지갈이 등 노동의 종류에 따라 각기 다른 작업반을 두었고, 반 아래에는 조를 편성했다. 조별로 17명에서 20명 정도의 인원이 배치된다. 모든 농민의 노동점수 등급은 조장과 조 안에서 선출된 3명의 평가원이 공동으로 평가한다. 그리고 참여한 노동의 종류와 질에 따라 상, 중, 하 3등급으로 나눈다. 노동 종류에 따라 노동 강도가 다르기 때문에 각 노동 종류에 부여하는 가중치도 조금씩 다르다.

계원철은 말했다. "북한은 사회주의 국가입니다. 건장한 노동력이 노동

북한이라는 수수께끼

량에서 우위를 차지할 수도 있지요. 노동점수 등급은 수확시 1인당 식량 분배에 직접적인 관계가 있기 때문에 노동 종류와 시간을 분배하는 데 공정성을 기하기 위해 노력합니다."

북한의 1에이커당 곡식 생산량은 높지 않다. 그 주된 요인은 낙후된 농업기술에 있으며, 토양의 비옥도도 매우 떨어지기 때문이다. 국제연합식량농업기구의 2003년 자료에 근거하면, 북한의 화학비료공장 설비는 노화되었고 오랜 세월 수리를 하지 않았다. 게다가 원자재와 전력 부족으로 실제 연 생산량은 82만 톤 정도가 부족했다. 북한의 화학비료 연 수요량은 155만 톤이다. 심평리농장의 2004년 식량 총생산은 2809톤에 달하는데, 1에이커당 평균 생산량은 225킬로그램이다. 그중 벼 생산량은 1에이커당 230킬로그램, 옥수수는 1에이커당 250킬로그램이다.

매년 1인당 평균 260킬로그램의 식량을 섭취한다고 했을 때, 농장은 2004년 농민식량으로 모두 613톤을 남겼다. 이 식량은 노인, 학생과 어린아이의 노동력에 따라 차등 분배되는데, 각 노동력마다 1일 식량은 931그램이다. 농장은 그밖에 112톤의 씨앗을 남겨두었다. 근친 번식을 피하기 위해 다른 농장과 씨앗을 교환하고, 그 여유 식량은 현물세로 국가에 모두 상납했다.

국가의 벼 수매가는 킬로그램당 29원이다.(그해 북한 화폐와 인민폐의 암시장 환율은 300대 1이었다.) 쌀은 1킬로그램당 40원, 식량을 판 소득은 농장이 떼어서 남겨두고 원가지출한 것을 제외한 그 나머지는 연말에 노동자의 노동점수에 따라 배급한다. 2004년 심평리농장에서 수입이 가장 높은 가정은 연말에 25만원을 받았다. 식구가 5명이라면 1인당 연평균 5만원의 수입을 올린 것이다. 이 수치는 평양의 일반 기관에서 일하는 노동자의 연수입에 상당하는 금액이다.

당국의 설명에 따르면 농민은 100제곱미터 이내의 자류지自留地를 보유할 수 있고, 돼지, 양, 닭, 오리는 사육이 허가되지만 소와 말을 키우는 것은 허가되지 않는다고 한다. 소와 말은 노동도구로, 집체자산에 속한다. 농민은 자신이 심은 배, 복숭아, 은행 등을 국가에 팔 수 있고, 국가가 이를 모아 가공한다. 가금류 사육은 농민에게 부수입을 가져다준다. 흥미로운 것은 도시 내 거주자들도 모두 토끼를 키운다는 것이다. 이 '토끼 키우기 운동'은 정부 당국이 기획한 것이다. 고기 섭취라는 난제를 해결할 수 있을 뿐만 아니라 대외수출 증가에도 도움이 되기 때문이다. 북한은 매년 토끼가죽을 4000만 장 가까이 수출하고 있다. 랴오닝성 단둥, 지린성 지안의 변경무역에서 중국인이 토끼가죽을 수입하는 것은 흔한 일이다.

언젠가 평양에서 김일성사회주의청년동맹의 기관지인 『청년전위』에 실린 '집집마다 과일나무를 심어야 한다'라는 글을 읽었다. 통역이 신문을 가리키면서 말했다. "위대한 지도자께서는 일찍이 농가마다 다섯 그루 이상의 과일나무를 심어야 한다고 우리를 지도하셨습니다. 우리는 경애하는 장군님의 지시에 따라 과일나무 심는 운동을 폭넓게 전개했습니다." 글에서는 "조국에 은행, 감, 사과, 배나무 향기가 풍기는 아름다운 가정을 건설하자. 마을마다 더욱 많은 배나무 집, 감나무 집, 사과나무 집이 있어야 한다. 이는 인민의 풍요로운 생활을 위해 평생을 바친 국부의 큰 희망이자 경애로운 장군님의 숙원이다"라고 제안하고 있었다. 이 글에서는 일화 하나를 소개했다. 1998년 1월의 어느 날, 김정일은 매서운 추위를 무릅쓰고 자강도의 여러 곳으로 시찰을 다녔다. 그는 한 책임자에게 말했다. "자강도의 국토 관리업무는 매우 훌륭하다. 하지만 집집마다 과일나무를 심는 운동을 전개해야 한다. 이번에 새로 55채의 민가를 지었으니, 그들에게 집집마다 과일나무를 심게 하라." 이 보도를 책임자가 듣고서는 감격스러운 마음

북한이라는 수수께끼

을 억누르기 어려웠다고 한다. 이 55채의 민가는 김정일이 소형 발전소 건설을 지도하면서 발전소 옆에 괜찮은 민가를 짓는 것을 제의해 생겼다고 한다.

이 기관지 기사에 따르면, 새 집으로 이사 온 지 얼마 안 됐고, 또 매우 추울 때라서 주민들이 민가 주변에 무엇인가를 심을 생각을 미처 하지 못했다고 한다. 그러나 "장군님은 오히려 곳곳에 눈이 흩날리는 날에 집집마다 과일나무 심는 것을 지도하셨습니다. 이것은 우리를 좋은 집에서 살게 할 뿐만 아니라 경치가 아름다운 과일나무 아래 그늘진 곳에서 시원한 바람을 쐬며 맛있는 과일을 먹게 하기 위함이십니다"라고 말했다고 한다. 이 기관지에 또 이렇게 쓰여 있었다. "대대손손 당의 의도를 관철시키기 위해, 결혼해 독립하는 자녀들에게 과일나무 묘목을 딸려보내는 것을 잊지 말아야 한다."

2년 뒤, 서울에서 탈북자 이민복은 이 일에 대해 언급했다. 북한 농업과학원에서 일했던 그는 피식 웃으면서 차갑게 얘기했다. "1978년에 정부는 집집마다 다섯 그루의 과일나무를 심을 것을 지시한 적이 있습니다. 옥수수도 먹지 못할 정도로 어려운 형편인데 과일나무는 몇 년이 지나서야 수확할 수 있으니 그 동안 무엇을 먹을 수 있겠습니까? 옥수수를 심지 못하게 했지만, 모두들 몰래 심었습니다. 김정일은 또 전국적으로 잔디밭을 조성해서 염소와 토끼를 사육하는 데 사용해야 한다고 지시했습니다. 그리고 양어장을 건설해서 인민들이 생선을 먹을 수 있도록 해야 한다고도 말했습니다. 매일 밥도 배불리 먹지 못하는데 누가 몇 년 동안 나무를 심고 염소를 키우는 잔디밭을 가꾸겠습니까? 염소 한 마리가 며칠 먹을 식량이 되겠습니까? 땅이 있으면 여러 종류의 옥수수를 심는 것보다 못합니다."

다시 심평리농장 이야기를 해보자. 농민들의 기와집 뒤 산비탈에는 반

듯한 시멘트 건축물이 하나 있는데, 바로 김일성이론연구소다. 북한의 어느 곳이든, 설사 외진 농촌이든 더 작은 농장이든지 간에 반드시 연구소가 있어야 한다. 농장 책임자는 김일성과 김정일이 수십 차례에 걸쳐 심평리농장을 시찰했다고 말했다.

북한은 세금이 없는 국가라고 할 만하다. 농장은 농민에게 농업세를 징수하지 않지만, 정부에 토지사용비를 내야 한다. 농장의 수입은 1500만 원이고, 1650명의 노동자가 있다. 예를 들면 노동자 한 명의 연 순수입이 4만원이라면 총 순수입은 6600만원이다. 노동자마다 총 수입의 20퍼센트 정도인 토지사용비를 내야 한다. 생산 원가를 제하면 북한 농민의 부담이 무거운 편은 아니다.

북한과 중국은 순망치한의 관계다. 그런데 중국이 한국과 수교를 맺은 이후 평양과의 관계가 갈수록 냉각되고 있다. 그 무렵 중국은 북한과 물물교환이 아닌 화폐교역의 방식으로 무역하기를 원했다. 이는 취약한 북한 경제에 심각한 타격을 입혔다. 2007년 7월, 북한과 중국이 우호협력상호원조조약 서명 35년을 경축하면서 양국 관계는 확실히 호전되어 중국은 북한에 다시 무상으로 10만 톤의 식량을 제공했다. 그 이전에 이미 2만 톤의 쌀과 옥수수를 북한에 제공하기도 했다. 아울러 예전에 평양에 부여했던 무역가격 우대정책도 회복하기로 결정했다.

2010년 10월, 국제연합식량농업기구와 세계식량계획은 '2010년 세계 식량 불안정 상황'이라는 제목의 보고서를 발표했다. 보고서는 북한을 포함한 과거 10년 동안 8년 이상 지속적으로 식량 위기를 겪었던 22개의 국가를 지목했다. 북한, 아프가니스탄, 아이티, 이라크, 소말리아, 수단, 앙골라, 부룬디, 중앙아프리카공화국, 차드, 콩고, 콩고민주공화국, 에리트레아, 에티오피아, 기니, 코트디부아르, 케냐, 라이베리아, 시에라리온, 타지키스탄, 우간다, 짐바브웨 등이다.

　　이 국가들의 국민은 영양불량 비율이 개발도상국의 3배에 달한다. 한 사람이 하루에 필요한 최저에너지는 1800킬로칼로리로, 이 에너지를 장시간 확보할 수 없는 사람은 영양불량 또는 만성적인 굶주림 상태의 그룹에 포함시킨다. 보고서는 북한의 기아 인구가 지난 1990년대 초반의 420만 명에서 1990년대 중반 700만 명으로 증가했고, 이후 10년 이상의 식량 위기를 거치면서 2007년에는 33퍼센트의 국민, 즉 780만 명이 영양실조 상태에 처하게 됐다고 밝혔다. 과거 10년 동안 30퍼센트 이상의 인구가 기아 상태에 처한 국가는 아시아에서 북한이 유일무이하다. 보고서에서는 또 북한이 1996년부터 2010년까지 모두 15차례의 재해를 겪었는데, 그중 시설부족 또는 인위적인 실책으로 발생한 재난이 많게는 9차례에 달하는 것으로 밝히고 있다. 식량문제는 국가경제와 국민생활에 직결되는, 줄곧 북한 국내의 가장 심각한 사회문제다.

제9장

무산될 뻔한 취재

　　　　　　　　　　　네 번째로 북한을 방문한 2005년 4월 14일 평양 기차역에 막 내렸을 때 날은 이미 저물어 있었다. 북한의 수행원을 따라 기차역에서 곧장 평양 시내의 만수대 대기념비 광장으로 가 거대한 김일성 동상에 헌화했다. 광장 중앙에 우뚝 서 있는 김일성 동상은 1972년 김일성의 60세 생일 전후로 건립되었고, 23미터 높이에 무게는 70여 톤에 달한다. 동상 양측에는 붉은 깃발 아래 인물 군상 조형물이 있고, 뒤로는 북한 혁명박물관이 자리하고 있다. 박물관 담장에는 백두산 모양의 커다란 상감 벽화가 있다. 동상 양측의 깃발 모양 기념비 위에는 남다른 상징이 있다. 일반적으로 공산당의 상징은 농민을 상징하는 낫과 노동자를 상징하는 쇠망치다. 그런데 북한의 이 상징에는 낫과 쇠망치 중간에 붓 하나를 추가했다. 북한 노동당의 휘장인데, 붓이 중간에 위치하는 것은 북한 노동당이 지식의 역할을 매우 중시한다는 것을 보여준다.

　　김일성 동상의 측면 만수대 언덕 위에는 23미터 높이의 기념비가 있

　　　　　　　　　　　　　　　　　　　　　　북한이라는 수수께끼

평양 만수대 김일성 동상.

평양 만수대 앞의 사람들.

평양 금수산기념궁 앞. 내부에 김일성 시신이 안치되어 있다. 2005년.

고, 비석의 꼭대기에는 천리마 청동조형물이 있다. 기념비는 1961년 김일성 49세 생일에 건립되었다. 천리마는 북한 속도전의 상징이고, 북한 영화제작소의 표지이기도 하다. 남쪽 언덕에는 인민대학습당*이 있다. 인민대학습당은 북한의 최대 종합도서관으로, 1982년에 지어진 10층의 북한식 건축물로 헐산식歇山式 청기와 지붕으로 되어 있다.

김일성 동상의 위치를 두고 많은 연구가 있었다고 한다. 이른 아침 평양의 첫 빛줄기가 가장 먼저 이 동상에 와닿는다. 휘황찬란해진 동상 위로 곧 햇살이 사방을 환하게 비춘다. 김일성 동상 앞에서는 촬영이 허가되지만 반드시 동상의 전신을 촬영해야 하고 반신을 찍는 것은 불허하는 규정이 있다.

태양절 전야에는 북한 사람들이 단체로 동상 앞에 나와 헌화하고 참배한다. 기관에서 단체로 오기도 하고 자발적으로 오는 사람들도 있다. 가족 동반으로 오기도 하고, 친구들끼리 모여 오기도 한다. 퇴근 이후나 방과 후에 참배하기 때문에 왕래가 끊이질 않는다. 여러 무리의 사람들이 김일성 동상 앞에 일렬로 늘어서 선서를 하거나 허리를 굽혀 인사를 한다.

수령에 대한 북한 사람들의 이런 숭배와 존경은 분명히 자발적이란 것을 알 수 있다. 다른 나라 사람들은 아마 이해할 수 없을지 모른다. 그러나 지난 1970~1980년대를 거쳐온 중국인이라면 이해하기가 어렵지 않다. 그때 중국인들은 자발적으로 마오쩌둥에게 열광했다. 배지, 조각상, 세 편의 마오쩌둥 어록과 선집, 중쯔우忠字舞,** 아침에 지시를 받고 저녁에 보고하

---

* 북한의 최대 종합도서관으로, 주체사상과 과학기술 등을 연구하고 주민들에게 강의하는 사회교육기관이다. 조선민주주의인민공화국의 대표적인 복합문화시설로서, 평양시 중구역에 위치해 있다.
** 세 편의 모택동 저작老三篇은 '爲人民服務' '記念白求恩' '愚公移山'을 일컫고, 중쯔우忠字舞는 문화혁명 시기 마오쩌둥에 대한 충성을 나타낸 집체군무를 말한다.

기, 베이징의 톈안먼광장 걷기, 뜨거운 눈물을 흘리며 서서 성루 위의 마오 쩌둥의 접견을 받기 등으로 마오쩌둥은 신과 같았다.

북한에서 김일성은 더할 수 없이 높은 존재다. 김일성 탄신일 주간의 3일은 공휴일이다. 4월 10일에는 제23회 '사월의 봄' 친선예술축전이 평양에서 개막되었는데, 38개 국가에서 온 50여 개 단체가 예술축전에 참가했다. 예술축전은 북한이 김일성 생일을 경축하기 위해 거행하는 성대한 예술행사로서 열흘간 계속되었다.

15일에는 금수산기념궁에 갔다. 금수산기념궁은 김일성의 거대한 능묘로 평양 동북 교외지역에 위치해 있다. 김일성의 시신은 수정관 안에 안치되어 있는데, 마침 이날은 김일성의 시신을 직접 볼 수 있는 날이었다.

북한에서 무릇 가장 아름다운 곳은 모두 김일성을 기념하는 곳이라고 말할 수 있다. 그는 살아 있을 때도 권력의 영광을 누렸는데, 죽어서도 그 영예로움이 북한 사람들의 마음에 새겨져 있다. 김일성과 김정일을 위해 살아온 북한 사람들은 이제 김정은을 위해 산다.

3층으로 된 이 웅장한 궁전은 원래 금수산의사당으로 불렸다. 이곳은 조선민주주의인민공화국의 지도자, 국가의 영원한 주석, 조선노동당 총서기, 조선인민군 최고사령관 김일성의 사무실이다. 1994년 7월 사망한 김일성을 기념하기 위해 아들 김정일은 부친의 시신을 의사당에 영구 보존한다고 선포하고, 의사당의 명칭을 금수산기념궁으로 바꾸었다. 이 기념궁은 김일성 주석 기념궁이라도 불리는데, 북한 사람들에게는 주석궁이 더 익숙하다. 이곳은 김일성이 생전에 장기간 거주하고 국무활동에 종사하던 곳이다.

애도기간이 끝난 뒤 김일성의 관을 어디에 안장할 것인지는 당초 정한 바가 없었다. 어떤 이는 인민대학습당, 어떤 이는 김일성 광장에 안치하자고 했으며, 또 다른 이는 인민문화궁이 가장 적합한 곳이라 주장했다. 한 회의 석상에서 김정일은 이렇게 말했다. "1970년대 우리는 금수산의사당을 지어 지도자가 사무를 보는 곳으로 만들었다. 지도자의 시신을 생전에 사무 보시던 곳에 안치하는 것이 가장 타당할 것이다."

1995년 6월 12일, 조선노동당 중앙위원회, 중앙군사위원회, 국방위원회, 중앙인민위원회, 정무원은 '영생의 모습으로 김일성 동지의 시신을 영원히 안치하는 것에 관한 결의'를 공동으로 발표했다. 이로써 금수산기념궁의 리모델링이 시작되었다. 해자垓字 외에 새로 긴 담을 건축했고, 흰색의 화강암에는 비상하는 두루미 도안을 새겼다. 금수궁 광장을 증축하고 기념궁 지하에는 연결통로와 복도를 만들었다. 금수궁의 모든 창문은 폐쇄했고 시내에서 기념궁까지 가는 전용 노면전차를 새로 부설했다. 금수궁 주위에는 수목원을 지었는데 250여 종, 모두 238만 그루의 나무를 심었다. 기념궁 앞 금성거리 끝에는 영생탑을 건축함으로써 김일성의 영생을 기원했다. 기념궁 로비에는 전신, 뒷짐 진 모습, 서 있는 자세 등을 한 김일성의 대리석 조각상이 있는데, 조각상의 배경에는 아침 노을과 따뜻한 햇살이 서로를 비춘다. 이것은 김정일이 선정한 이미지다. 그는 부친이 생전에 외국에서 온 손님을 맞이하거나 민중과 사진을 찍을 때 늘 이 자세로 사진을 찍었기 때문에 인민들에게 가장 익숙하다고 말했다.

기념궁은 넓고 웅장하며 단정하고 장중하다. 김일성을 참배하려면 사전에 신청해 허가를 받아야 한다. 정숙하게 입장한 주민들이 긴 인조대리석 복도를 따라 10여 개의 문을 지나 4단으로 된 상하이에서 제작한 940미터 길이의 수평 에스컬레이터와 엘리베이터를 타고 나면 보안검사를 거쳐문에 들어간다. 그런 다음 신발 닦는 기계와 진공청소기로 전신의 먼지를제거하면서 20분 정도의 시간을 보내고 나서야 참배 로비에 도착할 수 있다. 로비의 네 귀퉁이에는 경호원이 서 있고 모든 참배객은 엄숙하고 경건한 자세로 김일성 시신 주위를 둘러싸고 허리를 굽혀 절한다. 내각에서 파견된 수행원의 인솔에 따라 나는 김일성 시신을 한 바퀴 돌면서 예의 바르게 네 번 허리를 굽혀 절했다. 궁내 미술부조관에서 외국인이 사용중인 통역기에서 새어나오는 소리를 들으니, 녹음된 해설자의 목소리가 오열하는 것 같았다.

그런 다음 나는 북한 인솔자를 따라 김일성이 생전에 업무를 본 사무실에 들어갔다. 김일성이 집무를 보다가 피곤하면 발코니에서 잠시 쉬는 것을 좋아했다고 인솔자가 내게 알려줬다. 그는 항상 맞은편 대성산 항일열사 묘지를 묵묵히 바라보곤 했는데, 마치 그가 그곳에 편히 잠든 옛 전우와 말하는 것처럼 보였다고 한다. 금수산기념궁 출구 로비 옆은 귀빈들이 방명록을 남기는 널찍한 방이다. 북한 측 사람은 내게 기념 책자에 글을 남길 것을 청했다. 난처한 상황이었다. 만약 방명록에 김일성을 칭송하는 말을 쓴다면 내 진심과 어긋나기 때문이고, 진심을 담아 쓴다면 북한 사람들이 분명 화를 낼 것이기 때문이다. 그래서 나는 적당히 둘러대며 사절했다. 글을 남기는 것은 당시 내게 그리 중요한 일이 아니었다. 그저 글을 남기지 않은 이 사소한 일이 이후 뜻밖의 사건을 야기할 줄은 전혀 예상치 못했을 뿐이다.

점심 식사 뒤 북한의 담당자가 나를 찾아와 참배한 다음 기념궁 방명록실에서 참배 느낌을 쓰는 것을 거절한 경우는 없었다고 말했다. 이는 북한 인민들 마음속의 태양과 북한 인민들에 대한 무례한 행동이고 북한 민족의 감정과 신앙을 존중하지 않는 처사라는 것이었다. 이로 인해 앞으로의 취재활동은 전부 취소될 것임을 통보받았다. 어렵게 북한 땅에 들어왔는데 모든 취재활동이 취소되는 상황을 두고 볼 수는 없었기에 부득이 한

북한이라는 수수께끼

발 물러설 수밖에 없었다.

당시 내 표정이 어땠는지는 나 자신도 기억이 나질 않는다. 그저 그 찰나의 순간에 후회하는 마음이 있었다는 것만 기억한다. 북한 측 요원은 즉시 몇 개의 문서함 속에서 자료를 꺼내더니 천천히 말했다. "우리는 당신의 과거와 오늘의 행동에 대해 상세히 조사했습니다." 내 얼굴 앞에서 그는 자료를 뒤적거리면서 말을 이었다. "우리는 당신을 충분히 이해합니다." 그가 종이를 넘기는 순간 내 딸이 여섯 살 때 김일성과 같이 찍은 사진이 보였다. 갑자기 나는 조마조마해져 일순간 말문이 막혀버리고 말았다.

딸 량페이粱菲는 홍콩 발레단의 경험 많은 수석무용수였다. 여섯 살에는 상하이 샤오녠궁少年宮 샤오훠반小伙伴 예술단원이었고, 일곱 살에는 베이징의 중국 소년아동예술단을 따라 북한을 3주간 방문했다. 1985년의 일이다. 그해 6월 23일 오후, 김일성은 공연을 관람했다. 공연이 끝나자 김일성은 아역배우 대표 여섯 명을 접견했다. 량페이는 그중 하나였는데, 나이가 가장 어렸고, 가장 활기찬 연기를 선보여 김일성에게 깊은 인상을 남겼다. 량페이가 주연을 맡은 '배구꼬마용사排球小將' '당나귀경주대회賽驢' '아, 내일啊, 明天' '우정이 피어나다友誼花開' '열애熱愛'에 김일성은 큰 관심을 보였는데, 특히 '당나귀경주대회'를 좋아해서 량페이를 직접 만나보기를 원했다고 한다.

접견 전 예술단의 지도원은 그녀에게 미리 "김일성 할아버지의 만수무강을 기원합니다"를 달달 외우게 하고는 김일성을 만났을 때 이 말을 하게 했다. 어린 량페이는 만수무강萬壽無疆의 뜻도 제대로 이해하지 못했다. 김일성이 작은 당나귀 역할의 량페이를 안았을 때 량페이는 "김일성 할아버지, 소원성취萬事如意하시기를 기원합니다"라고 말해버렸다. 중국어를 약간 알던 김일성은 다만 빙그레 웃었다. 어디서 배웠는지도 모를 말을 했지만,

예술단의 지도원은 안도의 숨을 내쉬었다. 이 일은 평양과 상하이 언론에 모두 보도됐다. 이렇게 오래된 량페이의 자료를 정리해두다니, 나는 놀라움을 금할 수 없었다.

　잠시의 어색한 침묵 뒤 내가 물었다. "무슨 다른 방법이 없겠습니까?"

　"그럼 이렇게 하시죠. 우리 장군님에게 편지를 한 통 쓰는 겁니다. 당신의 인식과 올바른 태도에 대해 써보는 게 좋겠습니다." 김정일에게 편지를 쓰라는 것이었다.

　"지금 바로 써야 합니까?"

　"오늘 오후에 쓰세요. 예정되었던 일정은 우선 취소하겠습니다."

　"몇 장이나 써야 합니까?"

　"1000자 정도 쓰시죠. 문제점에 대해 쓰면 됩니다."

　"그럼 한 나절이 아니라 20분이면 쓸 수 있습니다."

　"20분요?" 그는 못 믿겠다는 듯이 말했다. "그럼 쓰고 나서 다시 이야기하죠."

　20분 동안 나는 다음과 같은 내용의 편지를 썼다. "저는 어려서부터 북한의 노래와 영화를 보고 들으며 성장했습니다. 김일성 주석 역시 제 딸을 매우 좋아했습니다. 이번에 초청을 받아 북한에 취재하러 오게 되어 큰 영광으로 생각합니다. 저는 북중 간 우의가 더욱 두터워지는 데 최선의 노력을 다할 것입니다. 취재를 하면서 적합하지 못한 일을 했습니다. 바로잡도록 하겠습니다."

　내가 다 쓰자 북한 요원이 즉시 북한말로 번역했다. 즉시 이 편지는 내각으로 전달되었다. 세 시간 뒤 북한 요원이 돌아와 편지를 김정일 장군이 읽고 지시를 내렸고, 내각의 고관이 동의하여 취재활동을 계속할 수 있게 되었다고 알려주었다.

　　　　　　　　　　　　　　　　　　　　　　　　북한이라는 수수께끼

나는 지금까지도 이 편지가 정말 김정일의 손에까지 갔는지 의심스럽다. 설사 갔다고 하더라도 김정일이 봤을까? 설령 봤다고 하더라도 지시를 내렸을까? 수수께끼다. 북한 자체가 본래 수수께끼다. 더 많은 북한의 수수께끼가 해결을 기다리고 있다.

제 10 장

김일성화花와 김정일화花

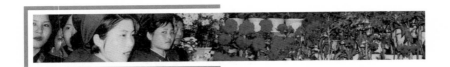

우여곡절 속에 취재활동은 예정대로 계속됐다.

그날 밤 7시, 평양 김일성 광장에 7만 명의 인파가 모여 흥겹게 노래하며 춤을 췄다. 김일성 광장은 1954년에 건설될 당시 부지 면적이 3만 6000제곱미터였는데, 1987년 7만5000제곱미터로 확장되었다. 베이징의 톈안먼 광장과 흡사한 김일성 광장은 북한의 열병식, 군중집회 등 각종 중요한 행사를 거행하는 장소다. 광장의 좌측 건물에는 거대한 김일성 초상화가 걸려 있다.

주 행사장을 비롯한 평양의 다른 광장들에서도 유사한 행사가 거행되었는데, 총 참가 인원은 20만 명에 달했다. 김일성 광장에는 100여 곳 가까운 국가에서 온 수천 명의 외국인 손님이 북한 사람과 어우러져 춤을 췄다. 세계 곳곳에 테러의 위협이 상존하는 가운데 이처럼 큰 규모의 행사를 열면서도 보안 검사도 하지 않는다는 것이 놀라웠다. 외국인 손님들이 휴대한 가방, 카메라, 호주머니 모두 검사하지 않았다. 흥겨운 김일성 광장의 광경을 바라보면서 나는 생각했다. 세계인의 눈에 이 광경은 이해 가능한 것일까?

북한의 한 당국자가 아주 만족스러운 표정을 지으며 내게 느낌이 어떠냐고 물었다. 나는 평양은 전 세계에서 가장 안전한 도시인 것 같으며, 이런 행사는 베이징이나 홍콩, 타이페이에서도 해내지 못한 일이라고 농담을 던졌다. 그녀는 이 말을 듣고 방긋 웃었다.

"입국할 때 모든 호주머니를 털어보였고, 수화물 전체를 북한 세관 안전요원에게 철저하게 검사당했는데, 안전하지 않을 수 있겠습니까? 평양이외 지역의 주민들이 자유롭게 드나들 수 없는 북한의 중심지이자 수도인 평양이 어떻게 안전하지 않을 수 있습니까?"라는 말은 차마 꺼내지 못했다.

그날 나와 함께했던 다른 한 명의 당국자는 매우 홀가분해 보였다. 그는 평소 웃으면서 말하는 일이 적은 편이었는데, 이날은 내게 꽤 많은 우스갯소리도 건넸다. 그가 한 농담 가운데 기억나는 하나는 미국의 부시 대통령을 풍자하는 것이었다. 대체적인 내용은 다음과 같다. 부시가 어느 날 아침에 밖에 나가 조깅을 하다가 하마터면 차와 부딪힐 뻔했는데, 그 와중에 다행히 몇몇 학생이 그를 구해줬다. 부시는 그들에게 사례를 하겠다며 무엇이 필요한지 물었다. 한 학생이 자신이 죽은 다음 앨링턴 국립묘지에 안장되었으면 좋겠다고 답했다. 부시가 왜 죽은 이후를 생각하느냐고 물었다. 만약 부모님이 우리가 당신을 구했다는 사실을 알게 되면 반드시 우리를 가만두지 않을 것이라는 게 학생의 대답이었다. 이 북한 정부 관료의 인상은 줄곧 진지했는데 뜻밖에 외국인에게 정치 풍자를 언급했다.

다음 날 오전에는 '김일성화花, 김정일화花 박람회'를 참관했다. 평양시 대동강 구역의 '김일성화 김정일화 전시관'에서 300미터 떨어진 광장은 이미 인산인해였다. 전시관 입구에는 사람들이 아주 정숙하게 질서 있는 모습으로 줄지어 있었다. 누구의 말이었는지 기억이 나지 않지만, 지도자 동상 정면을 바라보며 모든 사람이 추앙의 얼굴빛을 띠고 있었다고 한다. 모든 것은 질서정연하고 깨끗했으며 온갖 생화가 지도자에게 바쳐졌다.

대오 밖에는 한 무리의 북한 여자들이 눈에 띄었는데, 삼삼오오 작은 목소리로 이야기를 나누고 있었다. 그녀들은 우아한 샤넬풍의 트위드 정장을 입고 있었는데, 그 모습이 한국 여성들과 거의 구별되지 않았다. 평양의 길거리 패션은 색상과 스타일이 다양하지 않은데, 그렇다고 단조롭지도 않았다. 남성들은 대부분 점잖은 색상의 와이셔츠 혹은 짙은 색상의 제복을 입었고, 티셔츠를 입는 경우는 아주 드물었다. 여성들의 패션은 확실히 남성들에 비해 다양했다. 직장 여성의 전형적인 투피스가 가장 많이 보였고, 세련된 화장을 한 묘령의 여인도 적지 않았다. 북한의 전통의상은 평소에 잘 볼 수 없었지만, 명절에는 모든 거리에서 수시로 보였다.

김일성화가 세상에 나온 지 이미 40년이 넘었다. 1965년 4월, 김일성이 인도네시아를 방문하면서 반둥회의 10주년 기념행사에 참석했다. 인도네시아 수카르노 대통령은 김일성과 막역하여 김일성의 숙소로 새로 지은 영빈관을 내주었다. 수카르노와 함께 보고르Bogor식물원*에 갔을 때 김일성은 아름다운 꽃 한 송이를 보게 되었는데, 인도네시아 식물학자가 30년간 연구하여 재배한 것이었다. 수카르노는 이 꽃의 이름을 '김일성화花'로 할 것을 제안했다고 한다. 김일성화는 난蘭과와 석곡石斛류에 속하는 다년생

---

* 보고르식물원은 인도네시아의 자카르타에서 남쪽으로 60킬로미터 떨어진 곳에 위치한다. 식물원의 면적은 87만 제곱미터로, 1817년 네덜란드 식물학자 라인바르트Casper georg Carl Reinwardt에 의해 설립됐다. 네덜란드령 시절에는 보히텐조르Buitenzorg식물원이라고 불렀다. 원내에는 1만 종 이상의 식물이 식재되어 있다. 인도네시아 각지에서 수집한 식물과 종자를 재배하고 연구하는 식물연구기관이다.

북한이라는 수수께끼

김일성화 · 김정일화 전시회. 2005년.

김일성화.

김정일화.

초로서, 학명은 'Dendrobium KIM IL SUNG Flower, D.clar a Bundt'다. 열대식물이자 줄기식물로, 잎은 가느다란 형태이며 꽃은 진분홍 내지 보라색이다. 이 꽃은 바위와 나뭇가지에 기생하며, 꽃 뿌리의 수명은 2년이다. 줄기 길이는 30~70센티미터, 직경 1~1.5센티미터, 줄기는 보통 12~15개 마디로 구성된다. 김일성화는 비교적 높은 온도에서 자라며, 그늘지고 서늘한 곳과 신선한 공기를 좋아한다. 지금은 재배 기술이 발달해 필요에 따라 어느 곳에서든 재배할 수 있다. 북한은 1999년부터 매년 태양절에 김일성화 전시회를 개최한다.

김정일화는 다년생 구근 베고니아 계열의 새로운 종이다. 일본의 원예학자 가모 모토데루加茂元照가 20년간의 교배를 거쳐 개량한 것이다. 그는 '북한과 일본인의 우의와 평화를 위해 평생을 바친' 김정일을 흠모한다고 하면서 1988년 2월 16일 이 꽃을 김정일에게 선물했다. '꽃 중의 꽃'이라는 칭호를 가진 김정일화는 진한 붉은색이고, 꽃잎이 중첩되어 있으며 암꽃과 수꽃이 따로 핀다. 꽃의 직경은 10~20센티미터이고, 10~15개의 꽃송이가 120일간 지속적으로 핀다. 줄기는 우뚝 솟아 굵고 단단하며 병충해 저항 능력이 강해 번식 및 재배가 매우 용이하다. 1988년 이 꽃이 북한에 소개되자 재배 붐이 일었다. 이후에도 김정일화는 각종 원예화훼박람회에서 수상했다.

북한 사람들은 이런 노래 가사로 김정일화에 대한 숭배의 마음을 표현한다. '그리워 달려가는 우리의 마음처럼/이 강산에 붉게 붉게 피어난 꽃송이/아, 붉고 붉은 충성의 김정일화/송이송이 어려 있네 따르는 한 마음.' 김정일화를 2월 김정일 탄신일에 맞춰 공개하기 위해 북한 사람들은 엄동설한에 재배를 시작한다. 당국은 북한 각지에 약 100여 개의 대형 온실을 세워 김정일화를 전문적으로 재배하는데, 가장 유명한 곳이 1998년 준공한 평안남도 평성백화원의 김정일화 온실이다.

해마다 김일성 생일인 4월 15일과 김정일 생일인 2월 16일에 꽃전시회가 개최된다. 전시관에는 김일성화와 김정일화 수만 송이의 모종을 키우는 배양실이 있고, 김일성화와 김정일화 화분 수천 개를 재배하는 온실이 있다. 식량 공급이 문제가 되는 국가에서 이 두 꽃에 대해서는 돈을 아끼지 않는 것을 보면서 종종 불합리함을 느낀다.

2002년 제6회 김정일화 전시회에는 북한 각지에서 온 70여 개 기관단체와 각계 인민으로 구성된 1만4300송이의 김정일화가 전시되었다. 전시회 참여 단체마다 전시대의 설계와 인테리어에 심혈을 기울였고 분수, 백두산 모형 등 갖가지 조명을 장식하기도 했다. 홍성남 내각총리, 최태복 노동당 중앙서기 등의 고위층이 당일 열린 개막식에 참가했다. 중국, 러시아, 베트남, 일본 등 10여 개 국가의 원예단체 및 영국, 이집트 등의 주 북한대사 역시 참가했다. 이해의 꽃전시회는 김정일의 60세 생일을 맞아 특별히 더 성대했다. 이 때문에 북한은 여러 경축행사를 벌였다. 북한 정부는 전국에 통지하여 모든 인민이 하나 이상의 탄신 축하행사에 참가할 것을 지시했다. 다만 병상에 누워 있는 환자나 근무 중인 군경만이 예외였으며, 어떤 사람도 이유 없이 경축행사에 불참할 수는 없었다. 참가하지 않으면 처벌을 받았다.

그날 꽃전시회를 다 보고 문을 나가기 전, 귀빈 방명록을 남기는 곳을 다시 거치게 되었다. 이번에는 귀빈 방명록에 글을 남겨야 한다는 것을 잘 알고 있었기에 "온 세상에서 가장 아름다운 꽃은 김일성화이고, 인간 사회에서 가장 우아한 꽃은 김정일화이다"라는 글을 남겼다. 북한 요원은 만족스러운 듯 나를 보며 웃었다. 이 웃음이 진실된 것임을 직감할 수 있었다. 다음 날 북한 요원에게 한 평양의 신문사에서 내가 남긴 찬사를 기사에 인용했다고 들었다. 이 북한 신문을 여태껏 본 적은 없다.

한편, 이전 몇 차례 북한에 왔던 것과 비교했을 때 외국인에 대한 통제는 다소 느슨해져 있음을 느낄 수 있었다. 예전에는 북한에 가면 오직 한곳에만 머물게 하면서 문밖으로 마음껏 나가지 못하게 했다. 만약 나가려고 하면 몇 사람이 늘 따라다니곤 했다. 동반한 요원이 데리고 가는 곳만 참관할 수 있었고, 명승지를 촬영할 때 카메라는 특정한 방향을 향해야만 했다. 몸을 돌려 사진을 찍으려 했다면 수행요원은 안 된다는 손짓을 했을 것이다. 하지만 지금은 많이 나아졌다. 이번에는 가고 싶은 곳을 이야기하면 요원의 수행 아래 웬만한 곳은 다닐 수 있었다.

두 시간 동안의 인터뷰가 마련된 틈을 타 투숙하는 평양호텔에서 살그머니 나와 대동강변을 산책했다. 호텔에서 대동강까지는 고작 3분의 거리였다. 평온한 평양에 폭발음이 주야로 끊이지 않았던 적이 있었다. 1950년대 초 한국전쟁 때 평양에 수많은 폭탄이 투하됐던 것이다. 한국전쟁 기간 동안 미군은 평양에 1413회에 걸쳐 42만8748개의 폭탄을 투하했다. 당시 평양의 인구가 40만이었으니, 1인당 1개 꼴로 폭탄이 떨어졌던 셈이다. 오늘날 평양의 모습은 폐허를 딛고 다시 일어선 결과다.

평양을 재건하는 일은 백지에 그림을 그리는 것과 마찬가지였다. 북한 인민은 황폐함 속에서 맨손으로 시작할 수밖에 없었다. 따라서 평양의 도시 계획은 질서정연할 수밖에 없었고, 5000년의 역사를 가진 고도에서 유적이라고는 찾아볼 수 없게 되었다.

평양의 녹화사업은 매우 인상적이다. 북한은 매년 조림사업을 추진하는데, 평양 사람의 평균 녹지 면적은 58평방미터다. 곳곳에 화초가 가득하고 숲은 빽빽하며 산과 물이 깨끗하고 공기가 신선하기 때문에 평양은 '화원도시'라는 명성을 얻었는데, 그 명성이 헛되이 퍼진 것이 아니다.

북한이라는 수수께끼

개방되지 않은 도시는 제3자로 하여금 놀라움과 기쁨을 간직하게 해준다. 특히 급격한 시장화에 직면한 중국인이 평양 땅을 밟게 되면 기분이 맑고 상쾌해지는 느낌을 갖게 된다. 평양의 지형은 기복이 있는 편이지만, 전체적으로 봤을 때 북한 전역의 80퍼센트가 구릉지대인 것을 감안한다면 상대적으로 평탄한 편이다. 시 중심 지역에는 주암산, 모란봉, 만수대, 해방산, 창광산, 만경봉 등의 작은 산봉우리들이 흩어져 있는데, 모두 해발 100미터가 넘지 않는다. 한번은 차를 타고 대동강의 다리를 넘어가는데 해질 무렵의 강물에 석양이 비추면서 반짝이는 물결과 천천히 흐르는 물이 어우러져 도시 전체의 평온함을 한층 도드라지게 했다.

평양의 대로에 늘어선 빌딩에서는 백화점, 슈퍼마켓과 여타 상점은 찾아볼 수 없고 오피스텔도 없다. 대로변에는 베란다 문과 창문이 꼭 닫힌 민간주택이 있다. 평양 160만 명의 주택 용지는 그리 부족한 편이 아니라서 그저 미관을 위해 빌딩을 세운다. 북한은 전력이 매우 부족한 국가다. 20~30층의 민간주택에는 엘리베이터가 거의 없고, 있어도 사용하지 않아 시민들은 대부분 계단을 이용한다.

평양의 사무용 건물과 민간주택 건물의 차이는 그저 베란다의 유무인데, 주택 건물에는 모두 베란다가 있다. 희뿌연 건물은 외관이 볼품없지만 허름한 모습이 오히려 다소간의 온정을 느끼게 한다. 주민 건물의 베란다 면적은 매우 협소해서 몇 개의 생화 화분만이 늘어서 있을 뿐, 만국기를 연상시키는 상하이 거리의 베란다처럼 옷을 널어 말리는 모습을 볼 수 없다. 이는 시내의 깨끗한 경관을 유지하기 위한 것으로, 옷을 널어 말리는 것은 규정상 허용되지 않는다. 그렇기에 건조기가 따로 없는 북한의 주택에서 옷은 그저 실내에서 말릴 수 있을 뿐이다. 평양 사람에게 왜 베란다에 옷을 말리지 않느냐고 물었더니 "평양 사람은 옷을 밖에 널어 말리는 것을 좋아하지 않습니다"라는 답을 돌아왔다. 겉으로는 그럴듯한 대답이지만 실제와는 차이가 있다. 북한 사람의 지나친 자존심은 소름이 끼칠 정도다. 예전에 북한에 들어갈 때 세관은 왕왕 장거리초점 카메라와 망원경을 가지고 입국하지 못하게 했다. 여행객이 이런 물건을 통해 내부를 깊숙이 엿보는 것을 두려워하기 때문이다. 예전에 평양의 많은 주택들은 창문이 파손되어 있었다. 유리가 부족했기 때문에 플라스틱 박막을 사용하여 바람을 막을 수밖에 없었다. 2005년부터 중국의 무상지원을 받아 지은 대안우의 유리 공장이 생산에 들어간 이후 북한은 스스로 플로트유리를 생산할 수 있게 되었고, 유리 부족 상황은 비로소 개선되었다. 지금은 파손된 창문을 거의 볼 수 없다.

북한 사람들이 자부심을 느끼는 것에는 정부의 3대 무상정책 가운데 하나인 무상주택이 있다. 농촌이든 도시든 관계없이 주택은 국가가 일괄적으로 짓고 무상으로 거주할 수 있게끔 국민에게 분배한다. 다만 결혼해야만 주택을 신청할 수 있다. 작은 것이 70~80제곱미터, 큰 것은 100~200제곱미터 정도 된다. 북한의 무상주택 제도는 몇 가지 등급으로 나뉜다. 1급 주택은 일반 시민의 주택이다. 2급 주택은 일반 간부의 주택이고, 3급 주택은 과장이나 처장급 관료의 주택이다. 4급 주택은 국장급 관료, 대학교수, 공로가 있는 운동선수, 과학자와 연예인이고, 특급 주택은 부부장 이상의 고급 관료의 것이다. 정부는 옷장, 탁자와 의자 등의 가정용품도 분배한다. 수도와 전기, 심지어 겨울철의 난방까지 모두 일괄해 공급한다. 일반적으로 한 가정은 수도, 전기, 난방비 모두 합쳐 2원을 내는데, 상징적인 요금일 뿐이다. 예전에 어떤 중국 기업이 북한에 전력계를 판매할 생각을 했다가 접은 적이 있다. 북한 가정의 대부분은 전력계를 설치하지 않는다. 전기 역시 복지의 영역이기 때문이다. 북한에서 도시 거주민의 생활물자 60퍼센트

　　　　　　　　　　　　　　　　　　북한이라는 수수께끼

는 국가로부터 분배받고, 40퍼센트는 농산물 시장 또는 자유 시장에서 거래된다. 18세 이하 자녀의 양육비는 전부 국가가 부담한다.

북한 사람들이 사는 집은 어떠한 모습인가? 외국인 여행객이 직접 구경할 수는 없다. 접근조차 쉽지 않은 일은 아니다. 사복경찰이 민가 지역에 마음대로 기웃거리는 것을 허용하지 않을 것이기 때문이다.

2009년 북한은 김정일의 지령에 따라 2012년에 강성대국 원년에 진입하기 위해 10만 호의 주택을 새로 짓는 특별공정을 추진했다. 만수대 거리 아파트 재건축 프로젝트도 그중 하나였다. 만수대 거리는 평양 중심지구인 중구中區에 있는데, 일반적으로 만수대의사당 주변지역을 가리킨다. 아파트 재건축 프로젝트 전에는 만수대 거리가 5층 이하의 구식 아파트 단지였고 600호가량의 가구가 살았다. 신축 아파트 단지는 6~18층의 새 건물로 800여 가구가 예정되어 있고, 가구마다 거주 면적이 100제곱미터 이상으로 확대될 것이라고 한다.

북한에서 공개한 아파트 내부 사진을 보면, 내부에 서구식 세면대, 욕조와 베란다 등의 시설이 갖춰져 있다. 이밖에 베란다에는 집집마다 김장독을 보관해놓는 작은 창고가 있다. 북한 당국은 기존의 거주민과 새 거주민 모두 주택을 무상으로 받을 수 있다고 말했다. 하지만 물론 2년 뒤 10만 가구의 주택을 새로 짓는 특별공정은 예정대로 끝내지 못했다.

평양의 정전은 늘상 있는 일이다. 게다가 전압이 매우 낮기 때문에 전압조정기를 추가로 설치하지 않으면 가전제품을 사용하는 데 지장이 있다. 절전을 위해 다리미, 전기난로 등 전력소모가 비교적 큰 전기제품은 사용이 금지된다. 이를 위반하는 사람에게는 처벌이 내려진다. 에어컨 사용은 더 말할 것도 없다. 그러나 2009년에 평양에 갔을 때 북한의 일부 기구에서는 태양광 전지판을 사용하고 있었는데, 전지판 대부분은 수입한 것이다.

평양 고층아파트.
가까이 가서 보면
낡았고 창문도
파손되었다.

북한 민가.
벽에는 지도자들의 초상이 걸려 있다.

북한 민가.

한 평양 사람에게서 그들이 사는 주택에 모두 난방이 설치되어 있다는 말을 들었을 때 나는 그 사실을 의심했다. 설령 난방 설비가 있다고 하더라도 에너지가 부족한 상황에서 정상적으로 사용이 가능한지는 의문이다. 일부 구식 주택의 지붕 위에 동절기 온돌의 연기가 빠져나가는 연통이 있었다.

평양은 유경柳京이라고도 불린다. 시내 곳곳에 무성한 버드나무가 있어 얻은 이름이다. 싱그러운 갯버들이 거리 곳곳에 휘날린다. 평양은 고도임에도 불구하고 오래된 도시의 비좁고 어지러운 길거리가 없다. 전쟁의 폐허에서 일어선 도시이기 때문이다.

평양의 중심은 김일성 광장이다. 북한식 건축물인 인민대학습당 이외에 북한 중앙역사박물관과 북한 미술박물관이 양측에 있고, 광장 밑에는 지하상가가 있다. 대동강 맞은편에는 주체사상탑이 우뚝 솟아 있으며 시내에는 만수대 예술극장과 평양제1백화점이 대분수공원을 사이에 두고 들어서 있다. 김일성 동상과 북한 혁명박물관은 만수대에 있고 평양학생소년궁전 소재지인 장대재는 남산과 잇닿아 있다. 이렇게 각종 문화기관과 문화 서비스 시설이 모두 평양시 중심에 자리한다.

중심을 기점으로 확 트인 도로들이 사방으로 뻗어나간다. 폭 120미터, 길이 8킬로미터의 통일거리와 폭 100미터, 길이 6킬로미터의 광복거리는 평양에서 가장 큰 대로다. 길옆은 온통 20~30층의 주택인데 신형 주택은 거의 찾아볼 수 없다. 10층 이하의 건물들은 1960~1970년대에 지어진 것이고, 10층 이상의 건물은 보통 1980년대에 지어졌다.

대동강 양안을 따라 영광거리, 승리거리, 대학습당거리, 주체탑거리, 청년거리가 쭉 늘어서 있다. 보통강 양안을 따라서는 천리마거리, 봉화거리, 혁신거리가 있다. 이밖에도 창광거리, 하신거리, 영웅거리, 금성거리, 대학

거리, 동대원거리, 서성거리 등이 있다. 이런 거리와 지형이 조화를 이루어 주변의 경치가 아름답게 어우러진다.

평양의 도시 배치, 특히 이렇게 새로 계획된 거리는 당시 김정일이 통합적으로 구상한 것이다. 그때 그의 나이 겨우 서른이었다. 1985년에 완공된 창광거리로 말할 것 같으면, 이전에는 순환로의 구식 집들이었는데 1970년대 후반부터 건설되기 시작했다. 이 사업을 진행하면서 김정일은 기존의 관점과 틀을 철저하게 깨뜨렸다. 북한식 표현으로는 '북한의 도시 건설을 위해 근본적인 혁신을 가져온 것'이었다.

과거 평양 건축물의 배치 방식에는 하나의 공식이 있었다. 방대한 건축물이 길을 따라 한 줄로 빽빽이 늘어서는 것이다. 낮은 집이 높은 건물들 사이에 어지럽게 끼어 있었는데, 다양한 인프라 시설과 상점이 들어가 있었다. 이에 대해 김정일은 이런 낡은 배치 방식이 거리 외관의 단조로움을 초래하고 아름답지 못한 근본적인 원인이라고 생각했다. 김정일은 간격을 둔 채 부지 면적이 좁은 고층 빌딩을 짓고 건물을 앞뒤로 엇갈리게 안배하는 새로운 배치를 제안했다. 어떤 곳은 특별히 몇 동의 건물을 좀 더 붙여 둠으로써 입체감의 묘미를 살렸다. 건축물 외벽에는 타일을 붙이지 않고, 분홍색, 연두색 등 톤이 시원시원한 페인트를 칠해 거리를 밝고 돋보이게 했으며 건물의 방향과 간격을 합리적으로 배분하여 공간이 더 넓어 보이도록 하는 지시를 내렸다.

창광거리에 대해 북한 사람들은 이렇게 말할 것이다. "김정일 지도자 동지는 캔버스 앞에 서 있는 화가처럼, 창광거리를 한 폭의 아름다운 그림으로 설계하는 데 심혈을 기울였습니다." 평양의 한 관료는 말했다. "프랑스의 한 대학교수가 이 거리를 구경하고 나서 건축미학적 관점에서 창광거리는 매우 뛰어나며 주택은 참신하고 다양해서 서로 아름다운 조화를 이

북한이라는 수수께끼

주체사상탑.

평양대학습당.

네온사인이 없는 도시 평양.

평양 거리 풍경.

평양 거리의 유일한 광고.

룬다고 하면서, 이렇게 특색 있는 거리 배치는 처음 본다고 한 적이 있습니다." 이 말이 사실인지는 알 수 없지만, 만약 사실이라 해도 그 프랑스인 교수가 마음속에 있는 말을 그대로 한 것인지는 알 수 없다.

평양의 행정 건물이 보통 크고 넓다는 것은 응당 인정해야 한다. 시설은 비록 낡았지만 보수에는 상당한 노력을 기울였다는 점이 인상 깊다. 아침에 밖을 나서면 주요 간선도로에서 많은 사람이 길을 청소하고 있거나 가위로 잡초를 쳐 잔디를 고르는 것을 자주 볼 수 있다.

도시는 시민의 영혼이 온기를 품고 있는 집이다. 그곳에는 우아한 도자기를 파는 시장이 있고, 찻집과 술집에는 진나부秦羅敷*와 같은 아름다운 여성이 사람 사이를 지나치면서 가벼운 바람을 일으킨다. 먼 곳을 돌아보면 작업장 불빛이 이글거리는 가운데 쇠망치 소리가 청량하게 들린다. 이런 느낌은 평양에서 찾아볼 수 없다.

예전과 마찬가지로 평양의 넓은 거리에는 사람과 차량이 적어 적막해 보인다. 길가의 건축물은 실제로 크지만 화려하지 않고 혼잡한 광고판도 없다. 평양의 거리에서는 북한이 생산하는 '휘파람'과 '뻐꾸기' 자동차 광고만 볼 수 있을 뿐이다.

● 　중국의 역대 미인 중에 양귀비楊貴妃에 못잖은 진나부秦羅敷가 있다. 조趙나라 사람 왕인王仁의 아내인 진나부가 어느 해 봄 길가에 있는 뽕밭에서 뽕잎을 따고 있었는데 마침 그곳을 지나가던 조왕趙王이 이 아리따운 모습을 보고 첫눈에 반해 자신의 사랑을 받아줄 것을 호소했다. 하지만 진나부는 남편 왕인만을 생각하고 조왕의 끈질긴 유혹을 단호히 뿌리쳤다.

제 11 장

북한 광고사를 새로 쓴
대동강맥주

2009년 7월 2일 저녁 8시 뉴스가 끝나자 조선중앙TV는 광고를 하나 내보냈다. 이 광고는 북한의 광고사를 새로 쓴 것이라 할 만하다.

"어, 시원하다! 대동강맥주." 2분 47초에 달하는 대동강맥주 TV광고는 북한 인민들에게 신선한 충격을 안겨주었다. 하얀 거품을 머금은 맥주잔이 클로즈업되면서 '평양의 자랑, 대동강맥주'라는 자막이 올라온다. 시민들이 술집에서 맥주를 마시는 떠들썩한 모습이 나오면서는 '수도에 새로운 풍경이 연출된다'는 내레이션이 흘렀다. '우리의 자랑, 대동강맥주'와 '인민들의 생활을 개선하고 우리 인민들과 한층 더 친밀해질 것이다'라는 문구로 막을 내린다. 이 광고는 은연중 북한 사람들의 생활에 영향을 미쳤고 광고 역시 계속 진화했다.

광고의 발전은 시장경제 발전에 필요한 촉진제다. 13년 동안의 북한행에서 건축물을 제외하고 가장 눈길을 끌었던 것은 대형 혁명포스터였다.

북한이라는 수수께끼

그리고 가장 자주 봤던 것은 김일성과 김정일을 찬양하는 구호였다. 지금까지 봤던 북한 TV광고는 이데올로기의 제한 때문에 밋밋하게 제품만 나오거나 생산공장의 화면만 나와서 단조롭고 무미건조했다. 반면 활력 넘치는 대동강맥주 광고는 오히려 자본주의의 상업적인 경향을 갖추고 있다.

폐쇄적이었던 북한이 서서히 변하고 있다. 북한 예술계에서 가장 유명한 사람은 만수대 예술단의 저명한 무용수인 조명애다. 한국 삼성전자에서 출시한 휴대폰 광고를 촬영한 적이 있고, 이를 통해 한국 사람들에게 깊은 인상을 남겼다.

평양 거리의 자동차 종류는 매우 다양해졌다. 지난 반세기 동안 생산된 세계 각국의 자동차를 볼 수 있다. 화물차로 1950년대 소련이 생산했던 가즈, 1990년대 중국이 생산한 둥펑東風, 제팡解放 등은 거리에서 늘 볼 수 있는 자동차다. 승용차는 독일의 구식 벤츠, 일본의 도요타 크라운이 많고, 가끔 미국식 지프도 볼 수 있다. 평양 시내의 택시 가격은 그리 싸지 않다. 순안공항에서 평양 시내까지는 15킬로미터 거리인데 대략 인민폐 250위안 정도가 든다. 김일성은 생전에 '일요일 보행운동'을 제창하면서 모든 사람이 일요일과 휴일에 외출할 때 걷기를 권했는데 야외운동을 증진시키고, 신체 건강을 유지하는 데 도움이 된다는 생각에서 시작한 것이었다. 그래서 휴일마다 버스와 특수차량을 제외하고는 거리에서 다른 차량이 운행하는 것을 보기 힘들다.

평양 거리에서 출퇴근 러시아워 시간대에는 버스정류장에 길게 늘어선 줄을 자주 볼 수 있는데, 매우 질서정연하다. 평양의 주요 교통수단은 버스다. 다수의 평양 사람은 외출시 걷기 때문에 저녁 6~7시 퇴근시간대가 되면 평양 거리는 사람들로 붐빈다. 평양은 북한에서 대중교통이 가장 편리한 도시로, 버스 외에도 전차와 지하철이 갖춰져 있다. 버스나 궤도전차, 무궤도전차 그리고 지하철에 상관없이 몇 정거장을 가든 운임은 북한 돈 5원으로 동일하다. 당시 환율에 따르면 인민폐 1위안은 북한 돈 17원인데, 대략 인민폐 3마오 정도인 셈이다. 북한의 물가는 지속적으로 올라서 2002년의 승차권 가격은 2원이었다. 평양에 가보지 못한 사람들은 대부분 언론 보도에 의지해 만들어진 이미지를 근거로 북한 사람은 모두 가난하며 무엇이든 부족할 것이라고 여긴다. 그러나 평양에서 택시를 타는 사람들은 주로 현지 북한 사람들이다.

평양의 버스는 차체가 상당히 낡아 보이며 겉면에 상업광고가 부착되어 있지 않다. 소수의 버스에서만 정치적 구호를 볼 수 있다. 가끔은 새로 나온 2층버스가 운행하는 것을 볼 수 있다.

평양의 전차는 무궤도전차와 궤도전차로 나뉜다. 궤도전차는 객실 두 칸이 있는데 많은 승객을 수용할 수 있다. 하지만 늘 붐비기 일쑤다. 궤도전차는 동서로 두 개의 노선이 있고 전체 평양 시내를 거치며 지하철에 비해 승하차가 편하다. 외국인 여행객이 대중교통 수단을 이용하지 못하도록 하려는 당국의 고민이 반영된 조치다. 그러나 지하철은 북한의 주요한 토목 업적에 속하기 때문에 외국인 여행객들에게 노출하지 않을 수 없다. 따라서 외국인 여행객이 지하철을 타는 것은 허가되며 일반 주민들과의 직접적인 접촉이 묵인된다.

평양 지하철은 1968년 착공되어 1973년 완성되었다. 이 공정은 김일성이 베이징에서 건설중이던 지하철 시스템을 참관한 다음 평양에 돌아가서 추진한 것이다. 중국, 구소련 및 동유럽 각국의 지원 아래 평양은 베이징과 모스크바를 모방하여 세계에서 가장 깊은 지하철을 설계했다. 가장 깊은 곳이 지하 200미터, 평균 깊이는 100미터에 달한다. 어떤 산간 지역 구간은 깊이가 150미터다. 북한 정부는 지하철이 교통수송 이외에 방공 기능도 할

북한이라는 수수께끼

수 있어야 한다고 생각했다.

1973년 9월 6일 평양의 첫 번째 지하철 노선인 천리마선, 즉 1호선이 개통되었다. 1975년에는 2호선인 혁신선이 개통되었다. 이 두 개의 노선은 십자교차형으로 도시의 동서남북을 관통하는 17개 정거장으로 구성되어 있다. 하지만 그중 혁신선의 광명역은 김일성 사후에 폐쇄되었다. 처음 완공됐을 때 당국은 운행되는 모든 지하철 차량은 국내 자체 제작이라고 밝혔다. 하지만 내가 알기로는 당시 중국 지린성 창춘객차공장長春客車廠, 현재 창춘궤도객차유한책임회사長春軌道客車股份有限公司의 객차를 응용한 것이고, 2000년부터는 이미 독일이 제조한 신형 객차로 교체 사용하고 있다. 현재 지하철은 총 길이 40킬로미터에, 일일 평균 이용 승객수는 40만 명에 달한다. 지하철 외에도 평양에는 세 개 노선의 지면궤도전차가 있는데 중국, 체코, 독일 등의 국가가 제조한 기관차를 참고한 것이다.

평양 지하철역의 명칭은 북한혁명사와 관련이 있다. 예를 들어 붉은별紅星역, 전우戰友역, 개선凱旋역, 통일統一역, 승리勝利역, 봉화烽火역, 부흥復興역, 광복光復역, 영광榮光역, 혁신革新역, 건국建國역 등이 그렇다.

평양 지하철 플랫폼에는 각양각색의 광고가 없고 웅장하고 화려한 대형 샹들리에만 볼 수 있다. 플랫폼 양측에는 각각 상감기법으로 그린 80미터 너비의 벽화가 있는데 흡사 지하 궁전과도 같다. 역내 대기 승객은 신문 열람대에서 『노동신문』『체육신문』 등의 신문을 꺼내볼 수 있다. 3분을 기다리니 지하철 한 대가 역으로 들어왔다. 차내 정중앙 상단에는 김일성, 김정일의 초상화가 걸려 있었다. 객실은 매우 낡아 보였지만, 운행은 매우 순조로웠다. 객차는 30년 전의 것으로 벽면에 개폐가 가능한 창문이 있었고 출입문은 수동식이었다. 내리는 사람이 문을 열고 마지막에 타는 사람이 문을 닫는 식이다. 줄을 서서 차를 기다리는 북한 사람들은 새치기를 하거나 큰 소리로 말하는 사람 없이 질서정연했다. 그러나 웃는 사람도 없었다.

평양 지하철의 승무원은 모두 여성이다. 배차원도 3분의 1이 여성이다. 지하철의 직원이 되는 것은 북한 사람들에게 긍지 있는 일이다. 반드시 철도 전공의 대학졸업생이어야 하고 엄격한 시험을 비롯한 여러 차례의 선발 과정과 심사를 거쳐 합격해야만 최종적으로 지하철 종사자가 될 수 있다.

자전거는 북한 사람들의 일상적인 교통수단이다. 그러나 1997년 이후 수년간 자전거 타는 여성의 모습은 보지 못했다. 한번은 평양의 한 당직자와 이야기를 하는데, 그가 무의식중에 속사정을 설명해주었다. 여자들이 자전거 타는 것을 금지했다는 것이다. 1996년 김정일이 우연히 흘린 이야기가 뜻밖에 지상의 명령이 되었다. 당시 김정일이 한 여성이 자전거 타는 것을 보고 이렇게 말했다고 한다. "여자들은 전통적으로 치마를 입는데 치마를 입고 자전거를 타니 보기에 흉하다." 그리하여 당국은 '여성이 자전거 타는 것을 금지'하는 금령을 하달했다.

어느 해 3월에는 평안남도 순천시에서 한 여성이 자전거를 탔다가 강물에 투신자살하는 사건이 발생했다. 그녀는 30세 안팎의 여교사였는데, 시장에서 5킬로그램의 옥수수를 산 다음 자전거를 타고 막 은산군 천성구에 있는 집 앞에 도착했을 무렵 경찰이 나타나 자전거를 압류했다. 여교사의 남편은 다리가 불편한 상이군인이었다. 그녀는 무릎을 꿇고 "제 남편은 반신불수입니다"라며 애걸했다. 그러나 경찰은 거들떠보지도 않고 그대로 자전거를 압류해버렸다. 중요한 재산인 자전거를 빼앗기자 이 여교사는 살 의욕을 잃은 나머지 대동강에 뛰어들고 말았다. 하지만 최근 7~8년 사이에 이 금지령은 종적을 감춰버렸다.

전력이 부족한 평양에 어둠이 깔리면 200만 인구의 도시가 아니라 칠흑같이 어두운 바다 깊숙한 곳에 있는 것처럼 느껴진다. 무엇이든 기분에

북한이라는 수수께끼

평양 지하철의 21세 여승무원.

보기 힘든 휴대폰 판매 현장.

평양 대동강맥주. 술을 따르는 종업원.

평양 거리 풍경. 당시에는 휴대폰이 없었다.

따라 다르게 보이게 마련인데, 평양의 밤은 번쩍이는 네온사인은 거의 없지만 그 도시만의 아름다움이 있다. 거주민 주택 사이사이로 어둡지만 부드러운 불빛이 깜빡이면서 색다른 느낌의 매력을 발산한다.

평양은 매우 깨끗하다. 규정을 위반한 건물이 난립하는 것을 볼 수 없고, 거리나 골목에서 노점상이나 간이음식점을 볼 수 없다. 거리 입구에 있는 파랗고 하얗게 칠한 작은 정자에서는 생수를 판다. 중국에서는 알루미늄캔이나 병에 든 음료수를 쉽게 찾아볼 수 있는데, 북한 인민들에게는 굉장히 사치스러워 보이는 물건이다. 이렇게 물을 파는 노점 역시 국영이다. 평양의 길거리에서는 신문과 잡지를 판매하는 매점을 발견할 수 없다. 북한의 신문과 간행물은 매우 적어 거의 모두 국가나 공공기관에서 구독한다.

오늘날 평양 거리에서는 세련된 옷차림에 이어폰을 끼고 노래를 들으며 걷는 사람이 쉽게 눈에 띈다. 10명에 1명 꼴로 가지고 있을 정도로 학생들 사이에 'MP3'가 유행하고 있다고 한다. 최신 유행에 민감한 젊은이들은 인트라넷에서 MP3 곡을 다운받을 것이다. 작고 정교한 MP3는 학생들이 선망하는 물건이다. 각종 신형 전자제품, 예컨대 데스크톱이나 노트북, 디지털카메라, MP3, MP4, MP5, DVD, 액정화면 컬러텔레비전 등은 매우 인기 있는 품목이다. 집에 여유가 있는 학생들은 DVD로 중국 영화나 드라마 보는 것을 즐긴다. 북한 사람들은 한국 영화나 드라마 보는 것을 더 좋아하지만, 위험을 감수해야 한다. 당국이 한국 영화와 드라마 시청을 아직 허가하지 않았기 때문이다. 신고를 접수하면 당국은 가택수사를 해서 CD나 비디오테이프를 압수한다. 그러나 이제 북한 젊은이들은 USB메모리를 컴퓨터에 연결해 방송을 본다. 가택수사 등의 돌발 상황이 발생하면 즉시 USB메모리를 뽑아 감출 수 있기 때문이다. 한국의 대중문화가 북한에 끼치는 영향력은 이제 우습게 볼 수 있는 수준이 아니다.

북한이라는 수수께끼

흐름을 가둘 수는 없다. 한번은 '해리포터 시리즈'가 화제에 올랐는데, 20살의 통역 최옥주가 만면에 흥분을 감추지 못하고, "그 책 저 아주 좋아해요"라고 했다. 꽤 뜻밖의 말이었다. 당시 대학교 3학년이던 그녀는 영어와 중국어를 유창하게 구사했다. 연한 남색의 머리핀으로 머리를 단장하고, 분홍색 플라스틱 가방을 든 그녀의 차림은 평양 거리에서 흔히 볼 수 있는 회백색 옷차림과는 매우 대조적이었다. 최옥주는 북한 대외무역을 담당하는 관료의 딸로 중국 문화도 매우 좋아했다. "우리는 중국 영화와 드라마 보는 것을 좋아해요. 우리 방송국에서 방영하는 프로그램이 서구의 프로그램보다 더 좋은 거 같아요. 서구의 영화와 노래는 주체사상이 결여되어 있어요."

인라인 스케이트도 북한 청소년 사이에서 인기를 끌고 있다. 평양에서 인라인 스케이트를 탈 수 있는 곳은 김일성 광장 동쪽과 평양체육관 서쪽 광장이다. 비록 아주 전문적인 설비를 갖춘 곳은 아니지만, 시내 중심에 위치하며 게다가 꽤 넓은 편이라서 인라인 애호가들이 많이 모인다. 대학생과 중고등학생이 가장 많고, 여성들도 적지 않다. 이 젊은이들에게는 우월감이 있다. 인민 대다수가 여전히 따뜻한 밥을 먹기 위해 노력하는 나라에서 100달러 상당의 최신 인라인 스케이트화를 신을 기회가 있는 소수에 속하기 때문이다.

한번 열린 문은 다시 닫을 수 없다. 긴 치마를 입고 하이힐을 신은 여성이 갖가지 색상의 스트링 장식을 한 휴대폰으로 통화하는 모습은 이제 평양 거리에서 흔한 일이 되었다. 몇 년 전만 해도 휴대폰은 가지고 싶어도 가질 수 없는 사치품이었다. 평양의 '통신 라이프'에 거대한 변화가 생기고 있다. 북한 사람들이 휴대폰에 관심을 갖게 된 것은 최근 몇 년의 일이다. 현재 휴대폰 사용자는 이미 150만 명에 이른다. 휴대폰이 널리 보급됨에 따라 사치품이 아니라 일상용품이 되었다. 물론 아직 필수품 단계까지 가지는 못했지만 말이다.

과거 2002년 11월, 북한은 평양 및 주변 지역에 GSM 방식 휴대폰 서비스를 출시했지만 18개월 뒤 일반 대중이 사용하는 것을 금지했다. 그리고 권한을 부여받지 못한 휴대폰을 회수했다. 북한에서 일하는 외국인과 특권계층만 휴대폰을 사용할 수 있었고, 이동통신서비스 비용만 하더라도 가입비가 800달러에 달했다. 몇 년 뒤 상황이 바뀌면서 정부는 일반 대중들의 휴대폰 사용을 다시 허가했다.

조선체신회사KPTC와 이집트 통신회사 오라스콤Orascom은 2007년 3G 이동통신망 서비스를 운영하는 합작계약에 조인했다. 이렇게 탄생한 3G 모바일 회사인 고려링크Koryolink는 체오 테크놀로지Cheo Technology라고도 불리는데, 오라스콤 사가 체오 테크놀로지의 주식 75퍼센트를, 조선체신부가 25퍼센트의 주식을 각각 보유한다. 2008년 5월, 3G 이동통신서비스가 평양에서 시범적으로 실시되었고, 12월 15일에 정식으로 개통되었다. 2009년 1월 말에는 휴대폰 사용자가 6000명에 달했고, 2009년 2분기 말에는 고려링크의 사용자 총수가 4만7850명에 이를 만큼 반응이 뜨거웠다. 더 많은 사용자를 확보하기 위해 2009년 2분기에는 통신비용을 인하했다. 고려링크의 소매판매망은 평양시 중심에 있고, 현지 우체국에는 6곳의 전화카드 판매소가 있다. 평양에서 출시한 3G통신서비스는 쌍방합작의 최초 프로젝트로 네트워크 용량은 12만 사용자를 감당한다. 양측은 북한 전역에서 서비스를 확대하기로 했고, 사용자는 수년 내에 200~300만 명에 달할 것으로 보인다.

북한은 세계에서 3G 휴대폰 보급률이 상당히 높은 국가 가운데 하나다. 세계에서 가장 선진적인 기술을 도입해 통신네트워크 기초시설을 가동했기 때문이다. 북한의 휴대폰 가격은 400달러에서 600달러 사이다. 휴대폰의 기능과 외형은 평범하고, 통화범위는 국내에 국한된다. 휴대폰 가격은 북한의 국유기업 직원의 반년치 수입에 상당한다. 가장 저렴한 요금제는 월 850원이고 1분당 10.2원이다. 가장 비싼 요금제는 2550원으로 1분당 6.8원이다. 사람들은 또한 북한 화폐로 충전카드를 구매할 수 있고, 충전카드의 최저 가격은 한 장에 2500원, 1분에 10원이다.

외국인은 휴대폰을 휴대한 채 입국할 수 없지만 현지의 휴대폰을 임대하거나 구매할 수는 있다. 북한 내에서는 반드시 북한에서 구매한 휴대폰을 사용해야 한다. 3G 휴대폰 한 대를 예약하는 데 220유로가 필요하다. 2009년에 북한에 갔을 때 언론기자는 우대를 받을 수 있어서 2G 휴대폰을 대여해 사용할 수 있었는데, 1일 요금은 2.5유로였다. 어떤 휴대폰을 사용하든지 간에 현지 충전카드를 구매해야 하는데 한 장에 15유로, 시내통화 1분에 0.04유로였다. 중국 본토에 전화를 거는 데는 1분에 1.5유로, 홍콩과 마카오 지역은 3.2유로였다.

북한은 이미 전국 각 시·도·군에 광케이블을 깔고 초고속, 대용량의 통신망을 실현했다. 각 지역의 농촌 역시 광케이블 통신망을 부설하는 한편, 통신 현대화를 실현하기 위한 기초를 다지고 있다.

2009년 10월에 취재 갔을 때 북한에서는 국제 인터넷 사용이 불가능하고, 단지 국내로 제한된 통신망만 구비해 인터넷으로 국외에 연결할 수 없을 것이라는 시대에 동떨어진 걱정을 했었다. 그런데 실제 와보니 인터넷 서비스, 휴대폰의 대외통신 모두 아무런 문제 없이 사용이 가능했다. 최근 몇 년간 당국은 북한의 초등학교와 중학교, 소년궁(청소년을 위한 북한의 과외 교육 기관), 대학교와 전문대학, 정부기관, 공장 및 도서관에 자체 개발한 북한말로 된 인프라를 대대적으로 보급하여 대중들이 이를 마음대로 사

용할 수 있게 했다. 2000년 북한은 전국적인 인트라넷을 구축해 컴퓨터근
거리통신망을 제공했는데, 이를 '광명망'이라 부른다. 광명망은 북한의 인
터넷 주관부서가 국제 인터넷으로부터 북한 네티즌이 보기 적합한 내용을
다운로드 받아 서버에 업로드하면 대중이 서버에 접속하여 필요한 정보를
검색하는 방식이다. 통신수단에 대한 관리는 매우 엄격하다. 비록 평양 컴
퓨터 보급률이 비교적 높다고 하더라도 모든 북한 대중이 사용하는 것은
내부 네트워크이기 때문에 바깥세상의 웹사이트에 접속할 방법이 없다. 그
러나 이 사실이 북한 민중이 인터넷에 접속하는 즐거움에 영향을 미치지
는 못했다. 광명망에서 네티즌들은 서로 전자우편을 보낼 수 있고, 채팅을
할 수도 있다. 이러한 조류 역시 대중의 소비관념에 영향을 끼쳤고 평양에
서 형편이 좋은 가정은 데스크톱이나 노트북을 구비했다.

국제 인터넷의 서비스 비용은 상당히 비싸다. 인터넷 접속 가격은 온라
인 방식이 1일 39유로이고, 다이얼 방식은 30분당 4유로다. 인터넷 데이터
비용은 별도로 계산하는데 25킬로바이트당 2유로다. 계산을 해보니 북한
에서 한 장의 사진을 보내려면 수십 위안에서 수백 위안이 필요하다. 전자
매체 최초 10분의 TV위성 중계방송 비용은 500유로이고, 이후 1분당 27유
로다. 매체는 자체적으로 휴대한 해사위성통신을 사용할 수 없고 북한 현
지의 국제전화만 사용할 수 있다.

김씨 성을 가진 한 북한 가이드는 북한의 네트워크 발전 추세가 그럭저
럭 괜찮은 편이라고 내게 말했다. 총인구 2400만 명 가운데 네티즌은 30만
명이며, 그 가운데 15만 명은 평양에 있다. 물론 외국 웹사이트 접속은 불
가능하다. 그녀는 말했다. "자료와 정보가 아주 많아서 충분합니다."

그날은 휴일이었다. 강변의 초록빛 사시나무 아래에서 사람들은 낚시
를 하거나 장기를 두고 있었다. 남성 몇몇은 장기를 구경하면서 담배를 피

왔다. 평양의 남성 가운데 흡연자는 매우 많지만, 여성이 담배를 피우는 모습은 거의 보지 못했다. 강변을 따라 걷다가 장기를 두는 사람 곁으로 다가갔다. 그들이 여가를 보내는 모습을 보면서 카메라를 들고 강변 풍경을 찍었다.

"중국 여행객이죠?" 한 젊은 남자가 중국어로 내게 물었다.

나는 깜짝 놀라 경계심이 바짝 들었다.

나는 그를 뚫어지게 바라보면서 조심스럽게 고개를 끄덕이며 말했다. "중국어를 정말 잘하는군요?"

"저는 김일성종합대학 중문과 학생이에요." 1949년 설립된 김일성종합대학은 북한의 최고이자 최초의 종합대학이다. 그간 많은 인재를 양성했는데, 김정일이 바로 김일성종합대학 출신이다.

"몇 학년입니까?"

"4학년입니다. 전 중국의 선양瀋陽에도 가봤습니다." 그는 내게 그의 성이 두씨라고 알려줬다.

북한 사람이 외국에 나가는 것은 흔치 않은 일이라서 그런지 그는 자부심이 가득해 보였다. 우리는 이야기를 시작했다.

세월은 십 몇 년을 거슬러올라갔다. 북한의 연인들은 공공장소에서 다른 사람에게 연애하는 모습을 차마 보이지 못했다. 설령 함께 길을 걷더라도 앞서거니 뒤서거니 했을 뿐이다. 손을 잡고 걷는 커플을 볼 수 없었고, 팔짱이라도 끼고 걸으면 주변 사람들이 매우 불쾌한 눈초리로 바라보곤 했다. 이성 사이에 어깨에 손을 얹고 벤치에 앉아 있는 모습은 매우 분방하게 받아들여졌기 때문에 행인들이 심상치 않은 눈길을 주기 마련이었다. 그러나 지금은 이 모든 것이 예전 일이 되어버렸다. 이제 연인들은 유원지에서 함께 놀기도 하고 손을 잡고 길을 걷기도 한다. 만약 부유한 가정의 연인이라면 외화를 사용하는 술집이나 커피숍에 가기도 하고, 저녁 늦게는 식당에 가서 외식을 한다. 중국 연인의 예전 방식과 매우 흡사하다.

여성이 자주 애인을 바꾸는 것은 성격에 흠이 있기 때문이라고 여긴다. 그렇기 때문에 많은 여성이 한평생 해로할 결혼 상대라는 확신이 들 때에야 비로소 연애를 시작한다. 두씨 성을 가진 청년과 결혼 연령에 대해 이야기를 나눴다. 그가 말하길, 남자는 대개 스물다섯이나 스물여섯에 결혼하고, 여자는 스물셋이나 스물넷에 결혼한다고 한다. 대학을 갓 졸업한 나이쯤인 것이다. 오늘날 북한에는 노총각과 노처녀가 적지 않다. 독신으로 사는 것도 사회적으로 받아들여진다고 한다. 중고등학교에서는 남녀 학생이 연애하는 것을 엄금하지만 대학에서는 별다른 규정이 없다. 학생 연인들은 모두 비밀리에 연애하고 공개하지는 못하는데, 아마 면목이 서지 않아서인 것 같다. 학우들도 이에 대해 모두 어떻게 해야 하는지 다 알고 있고, 학교 역시 간섭하지 않는다.

결혼 상대를 선택하는 기준은 사람에 따라 다르지만 이른바 유행이라는 것은 있다. 1990년대 식량위기 전에는 딸 가진 대다수의 가장이 군필에, 당적이 있으며, 대학생인 남자를 선호했다. 하지만 21세기에 들어선 오늘날에는 상황이 변했다.

이전에 청년이 조국에 충성을 바치는 직접적인 방법은 공장, 농촌, 군대에 가는 것이었다. 지금은 외교와 관련된 전공과 직무가 점점 인기를 얻고 있다. 외교와 대외무역 업무에 종사하면 엘리트로 대접받는다. 그리하여 일부 젊은이들은 차선책으로 대외적인 서비스업종으로 옮겨가기도 한다. 일부 북한 회사가 해외에서 북한 음식점을 개업하기에 외국에 나가 일할 수 있는 기회를 잡을 수 있는 것이다. 대외적인 서비스업종의 대상은 외국인이기 때문에 이런 업종에서 일할 수 있는 젊은이는 모두 정치적 배경을 가지고 있거나 훌륭한 기술을 보유한 인재들인데, 반드시 엄격한 심사를 거치고 다년간의 훈련을 받은 연후에야 일을 할 수 있다. 그렇기 때문에 대외업무를 하는 젊은이는 연애와 결혼에 있어 가장 훌륭한 상대가 된다.

북한 젊은이가 배우자를 선택할 때는 상대방의 정치적 전도가 유망한가, 노동당 당원인가, 그럴싸한 직업을 가지고 있는가, 수입은 또 어떠한가 등을 고려한다. 예전에는 단순하게 정치적 요소만을 강조했는데 지금은 경제적 조건 역시 중요한 지표다. 도시의 아가씨가 농촌으로 시집가는 장면은 그저 영화 속에서나 만날 수 있는 일이 됐다.

신랑은 통상 세 등급으로 나뉜다. 1등급은 이른바 '삼외三外' 남성이다. 즉 자주 외국을 오가거나 대외 무역기업에서 일하는 사람이다. 2등급은 부모가 간부거나 가정환경이 부유한 남성이다. 3등급은 부모가 비록 권력은 없더라도 능력이 있고 군대에 다녀왔으며 입당을 해서 자신의 능력으로 대학에서 공부하는 경우다.

현재 북한 젊은이들의 연애관, 결혼관은 부모 세대보다는 훨씬 더 개방적이다. 북한 남녀의 연애는 여전히 도덕적인 마지노선을 지키고 있어서 결혼 전 성관계는 극히 드물다. 북한의 결혼법은 '결혼하고 나서야 사회 윤리적으로 허락하는 일을 할 수 있다'라고 명시한다.

남성이 결혼 상대를 고를 때 1등급은 부모가 권력이 있는 부유한 여성으로, 많은 이가 처갓집의 후광에 힘입어 출세하고 싶어 한다. 2등급은 비록 부모의 능력이 부족하더라도 자신의 능력으로 대학을 졸업한 여성이다. 평양 외국어대학, 평양 의과대학을 졸업한 여성은 금상첨화다. 사범대학을 졸업하고 교사를 하는 여성은 늘 훌륭한 신부로 대접받았다. 3등급은 부모가 권력이 없고 또한 대학을 다니지도 못했지만 강한 생활력을 가지고 있는, 특히 장사를 잘하는 여성이다. 오늘날 북한에서는 장사를 할 줄 모르는 여성은 남성들이 능력이 없는 신붓감으로 본다.

남성들에게 최고의 반려자로 꼽히는 여성은 용모가 출중하고 중앙당 5과(노동당 중앙위원회 조직지도부 간부 5과)에 선발된 여성, 영화배우, 무용수 혹은 가수이다. 5과의 여성은 통상 일정한 기간 동안 고급간부의 손님을 모시는 일을 맡는다. 25세 전후로 입당을 하고 호위총국의 군관이나 당 간부에게 시집을 간다. 국가가 이들에게 혼수와 살림살이를 제공하기 때문에 모든 사람이 부러워할 만하다.

젊은 여성은 모두 혼인 상대로 군인을 선호한다. 판문점에 있는 군인은 한층 더 여성들에게 인기가 있다. 북한에서 군인의 명성과 인망은 매우 높다. 젊은 남성은 입대하기를 동경하고, 여성들은 출가 상대로 대부분 군인을 첫손으로 꼽는다. 앞에서 이미 말한 것처럼 군인은 정부로부터 여러 혜택을 받는 직종이다.

물론 군인에 대한 평가는 화석화된 표현에 불과하다. 선양에서 친구의 소개로 제대한 북한 인민군 상위(중위와 대위 사이의 계급)를 만난 적이 있다. 탈북자인 그는 중국 랴오닝에 온 지 몇 년이 지났다. 이 전직 군관에 의하면, 국경경비대에서 보초를 서는 하사에게 1000위안의 뒷돈을 주고 두만강을 넘어 중국 룽징시 쌴허전三合鎮에 이르렀다고 한다. 그가 밀입국하는 것에 협조한 하사는 그의 오랜 친구라서 1000위안만 받았다고 했다. 그는 자신과 같은 위관급 군관은 국가의 주택 분배를 받기가 매우 어렵다고 했다. 사회에서도 군관학교 졸업증을 인정하지 않고, 배급도 없어 눈앞의 생계를 해결하는 게 막막했다고 한다. 따라서 북한에서 미래에 대한 희망을 찾을 수 없어 망연자실해하던 중 중국의 친척을 찾아가기로 결심했다는 것이다.

그는 북한에서 군관이 되고, 입당을 하고, 대학을 다니는 세 경우가 가장 인기 있는 사람이라는 것을 인정했다. 김정일이 선군정치를 추진했기 때

평양의 만원 버스.

휴일 여가를 즐기는 모습.

평양의 군인 가족.

문에 가장 환영받는 직종은 군관이다. 2008년 기준으로 북한 인민군 상위의 월급은 2800원이다. 소위는 2300원, 중위는 2500원, 대위는 3000원이다. 친구들과 두부에 술 두 병 정도를 마시면 월급이 남아나질 않는다고 한다. 그래서 군관들 사이에 이런 말이 있다고 한다. "월급은 우리가 술 한 잔 마시는 돈이다."

군대의 물자 공급에 얘기가 미치자 그는 바로 고개를 가로저었다. 의류와 신발 등의 공급 상황이 아주 열악해서 최근 2년간 공급이 거의 없었다고 한다. 군대의 식량배급은 그런대로 괜찮다. 사병마다 매 끼니 주식은 230그램의 옥수수인데 쌀로 바꾸면 200그램에 못 미친다. 반찬으로는 소금에 절인 무 서너 개와 김치와 소금국이 제공된다. 군관의 주식인 쌀과 옥수수는 각 절반씩이고 다른 것은 모두 같다. 그렇기 때문에 군인 가운데 허약하거나 영양실조에 걸린 사람들이 적지 않다. 부대 안에서 굶어죽는 사람은 없지만 120명 기준의 1개 중대에 체력이 부실한 사람이 30~40명에 달한다고 한다. 그들은 사실상 영양실조 상태다.

부대의 전기 공급 상황은 아주 좋다. 하루 전력 공급시간은 18시간이다. 최근 몇 년간 부대의 전기 공급시간은 예년보다 더 길다. 생활관 내부 시설로는 침대와 캐비닛을 비롯해 TV와 DVD플레이어, CD플레이어도 있다. 전부 중국산이고 물을 마시기 위해 사용하는 시설 역시 중국산 음수기다.

13년간 부대에서 생활한 그의 말로는 부대 내부에서 사고가 발생하는 일은 극히 드물지만, 내부 구타문제가 심각해서 말썽이 잦다고 한다. 부패하지 않은 군대를 만드는 일은 쉽지 않다. 계급을 이용한 부패는 특히 손을 쓰기가 어려운데, 돈을 써야 수월하게 진급이 되기 때문이다. 변경을 방어하는 군인의 밀수는 심각한 지경이다. 군대에서 두 명 이상이 사적인 대화를 하는 것은 허용되지 않는다.

탈북자와 북한 내부 상황을 이야기하는 내내 나는 믿을 수 있는 내용이 많지 않다고 여겼다. 앞에서 나왔던 두씨 성을 가진 대학생은 이렇게 말했다. "우리의 아버지뻘 세대는 자유연애를 했습니다만, 부모의 의견을 무시할 수 없었습니다. 오늘날에도 마찬가지입니다. 부모가 연애를 반대한다면 그 아들과 딸은 보통 부모의 말을 듣고 헤어질 것입니다."

결혼식은 먼저 신부 집에서 치른다. 이때 결혼식이란 결혼 연회석을 차려놓은 것에 지나지 않는 조촐한 잔치에 불과하다. 신랑과 신부는 합환주를 한 잔 마시고, 맞절을 한 다음 양측 부모에게 술을 드리고 큰절을 한다. 그런 다음 웨딩카에 타고 김일성 동상 앞에 가 꽃바구니를 삼가 올리고, 사진을 찍어 기념으로 남긴다. 이어서 평양 시내의 여러 곳을 다니며 사진을 찍는다. 이튿날에는 신랑 집에 가서 동일한 의식을 한번 더 치른다. 3일 뒤에는 신랑 신부가 음식을 약소하게 준비해서 친정집에 간다. 규모가 성대한 결혼식에는 고급 웨딩카도 등장한다. 북한에서 승용차를 빌리는 것은 쉽지 않지만 갖은 방법을 동원하여 고급 승용차를 빌리는 것이다. 결혼 피로연에는 가까운 친구와 신랑 신부의 동료들을 초대한다. 결혼식은 보통 집에서 치른다. 최근 평양에는 결혼 피로연 전용 식당이 생겨나기 시작했다. 그러나 부르는 가격이 무척 비싸 성행하지는 않는 실정이다. 북한의 풍습에 따르면 결혼식에서 신랑 신부의 자리에는 보통 닭 두 마리가 서 있는데, 신랑 신부를 상징한다. 닭의 부리는 빨간 고추를 물고 있는데, 이는 아들을 많이 출산하게 해달라는 기원이 담긴 풍습이다.

평양의 만수대 예술극장은 가장 많은 신혼부부가 선택하는 촬영장소다. 어떤 날은 하루에 수십 쌍의 신랑 신부가 이곳에서 웨딩촬영을 한다. 분수대 앞을 나란히 걸으면서 신부는 신랑에게 담뱃불을 붙여주고, 신랑은 신부를 안고 한 바퀴 도는 것이 북한 웨딩촬영의 관례다.

제12장

늠름하고 아름다운
여자 교통경찰

평양 거리에서 가장 특색 있는 것으로
는 두말할 필요 없이 여자 교통경찰(이하 교통여경)을 꼽을 수 있다. 평양에
가본 사람에게는 거리에서 본 교통여경에 대한 인상이 강렬하게 남아 있을
것이다. 16년 전 처음 평양에 갔을 때, 사시나무와 버드나무의 푸르름 속에
서 늠름하고 아름다운 평양의 교통여경의 모습을 발견했던 일이 떠오른다.
당시 외국 관광객에 대한 감시와 관리는 퍽 까다로웠다. 차 안에 앉아 스쳐
지나가는 교통여경에게 카메라를 향하면 북한 측 수행요원이 단호하게 제
지하고는 했다. 교통여경은 뜻밖의 존재였다. 여경을 목격한 중국인은 하나
같이 그녀들을 '아름답다'고 치켜세우곤 했다. 그녀들은 여성이지만 남성에
게 전혀 뒤쳐지지 않는 당당하고 씩씩한 모습으로 늘 가까운 곳에서 반짝
인다.

2009년 8월, 평양 거리에 이채로운 구조물이 등장했다. 주요 교통로 입
구마다 새로운 스타일의 교통초소가 들어선 것이다. 남색 파라솔을 받치

　　　　　　　　　　　　　　　　　　　北韓이라는 수수께끼

고 있는 은색 기둥이 흰색 원형 밑받침에 꽂혀 있었다. 교통초소는 햇볕을 차단하고 비를 막을 뿐만 아니라 조명장치도 설치되어 있어 교통경찰이 야간근무시 여러모로 편리한 시설이다. 초소 내부에는 난방장치가 있어 겨울에는 교통경찰이 동상에 걸리는 것도 예방할 수 있다.

교통경찰은 교통 통제뿐 아니라 교통 법규를 위반한 운전자와 행인을 교육하는 책임도 진다. 초소 외부에는 여러 개의 교통표지판과 안전상식 홍보 포스터가 걸려 있다. 그 아래에는 긴 의자가 두어 개 있는데, 법규 위반자를 초소에 데리고 와 재교육을 실시할 때 사용한다. 교통여경들의 역할이 지휘에서 교사로 바뀌는 순간이다.

처음 평양에 도착한 그해, 나는 일정을 소화하면서 몰래 기회를 엿봐 그녀들을 촬영하려 했으나 여의치 않았다. 평양에서의 마지막 날 정오에 한 식당에 들어가 식사를 하려는데, 식당 건물에서 200미터 정도 떨어진 사거리 모퉁이에 서 있는 교통여경을 발견했다. 식사하는 동안 나는 화장실에 간다는 핑계를 대고 식당 윗층의 방에서 빠져나왔다. 곧바로 아래층으로 내려가 태연히 문을 열고 나와 빠른 속도로 200미터를 내달려 교통여경에게 향했다.

교차로 중앙에서 옅은 화장을 한 교통여경이 손에 경광봉을 쥐고, 흰 제복에 남색치마를 입은 채 왕래하는 차량을 주시하며 동서남북으로 민첩하게 차량을 통제하고 있었다. 날렵한 몸매에 재빠른 동작, 또한 아름다운 용모로 인해 마치 예술 공연의 한 장면을 보는 듯했다. 교통여경은 자신을 촬영하는 나를 보고는 미소를 한 번 짓더니 더 이상 다른 반응을 보이지 않은 채 계속 교통정리에 여념이 없었다.

다급하게 사진 몇 장을 찍고는 돌아서서 식당 가까이 갔을 때 북한 측 수행요원 두 사람이 나를 향해 걸어오는 것을 발견하고는 아차 싶었다. 그

교통초소 여자소장.

교통여경이 행인을 데리고 길을 건너는 모습.

두 사람은 분명 어느 부서의 요원인 듯했다. 그들은 숨을 가쁘게 내쉬며 내게 이렇게 외쳤다. "허가 없이 마음대로 움직이면 안 됩니다." 그 둘은 아예 내 말을 듣지도 않았고, 이미 화가 난 것 같았다. "다음부터는 이런 행동 용납하지 않겠습니다. 그렇지 않으면 필름을 압수할 겁니다."(당시에는 디지털 카메라가 유행하기 전이라서 내 카메라가 필름 카메라인 줄 알았던 것 같다.)

몇 년 뒤 다시 취재 왔을 때에야 교통여경의 자격요건을 알게 됐다. 교통여경은 16세에서 26세 사이의 고교 졸업생 중에서 엄격한 심사를 거쳐 선발한다. 단정한 용모를 지녀야 함은 물론이고 똑똑하고 건강해야 하며 신장은 165센티미터를 넘어야 한다. 교통여경의 제복은 계절별로 있다. 하복은 흰색 상의에 남색 치마, 춘추복은 남색 상의에 남색 치마, 동복은 남색 상의에 남색 바지로 되어 있다. 엄동설한에는 가죽옷, 가죽모자, 가죽바지를 착용하고 가죽신발을 신는다. 비가 내리는 날에는 투명한 재질의 우의를 입는다. 야간근무에는 안전을 위해 야광으로 된 띠를 몸에 두르고 형광색 경광봉을 사용한다.

평양의 주요 교차로에는 빠짐없이 교통초소가 있다. 평양시 전체에 60여 곳이 있으며 초소마다 5~6명의 교통여경과 남자 교통경찰로 구성된다. 매일 오전 7시부터 저녁 10시까지 여경은 교대로 교통을 통제한다. 조별 평균 근무는 30분으로 모든 여경은 매일 초소에서 2~3시간 동안 교통통제를 한다. 교통여경에게는 원칙적으로 휴일이 없고, 경축일과 휴일에도 근무를 한다. 경축일과 휴일에는 거리에 차가 없어 한산하기 때문에, 교차로 가운데 서서 통제할 필요 없이 길가에서 질서만 간단히 유지하는 데 신경쓰면 된다. 이 틈을 타서 일주일간 누적된 피로를 해소한다.

교통여경의 업무는 고되지만 국가의 특별한 배려를 받아 대우가 상당히 괜찮다. 정부는 이들에게 매일 800그램의 식량을 공급하는데, 일반인

교통여경의 여러 모습.

공급량보다 300그램이 더 많다. 계절에 따라 제복, 우의, 장화, 선글라스, 장갑, 신발과 모자 등 각종 용품을 나눠주기도 한다. 심지어 북한의 유명 브랜드 화장품도 국가에서 제공한다. 7~8년간의 복무기간이 만료된 뒤에는 정부가 그녀들의 희망에 따라 진학하거나 일을 선택할 수 있도록 안배해준다. 하지만 그녀들은 교통경찰대에 남기를 바란다.

주 북한 중국대사관은 평양 주재 외국대사관 가운데 가장 크다. 중국대사관은 평양시 모란봉구 개선문거리 장촌동에 위치한다. 대사관 차량이 시내로 가려면 반드시 중구의 창전 교통초소를 거쳐야 한다. 대사관 차량이 오랜 시간 통행한 덕에 대사관 요원과 교통여경은 서로 낯이 익다. 그래서 중국대사관 차량이 지나가면 우선적으로 통과시키는 특별예우를 해준다. 대사관 차량이 지나칠 때 중국대사관 직원이 차 안에서 여경에게 손을 흔들면 여경은 중국대사관 직원에게 한 차례 미소를 지으며 교통지휘봉을 가로로 가슴 앞에 대고 인사한다.

창전 교통초소는 대동강 동쪽 옥류교 부근에 있는데, 서쪽으로는 만수대의사당이, 북쪽으로는 조선혁명박물관이, 남쪽으로는 김일성 광장이 인접해 있어 가히 평양 심장부의 교통 요충지라 할 수 있다. 한번은 주 북한 중국대사를 역임한 류샤오밍劉曉明과 그의 부인 후펑화胡平華가 북한 인민보안성 호위국장인 한남철과 함께 창전 교통초소의 교통여경을 방문했다. 중국대사관 관계자의 사후 설명에 따르면 1965년 10월 18일 김일성이 초소를 시찰한 적이 있다고 한다. 김정일은 교통여경들에 대한 관심이 특히 높아 폭염으로부터 눈을 보호하도록 여경들에게 선글라스를 교부한 적도 있다고 한다.

창전초소의 소장은 스무 살 남짓의 여자 상위였는데, 그녀는 초소의 역사에 대해 소개했다. 당시 현장에는 네 명의 교통여경이 있었다고 한다.

그녀들은 단정하게 앉아 명쾌하고 시원스럽게 말했다. 류샤오밍은 업무 중 가장 즐거운 일은 무엇이냐고 그녀들에게 물었다. 5년 가까이 일한 여자 중위가 '교통질서를 지키고 인민의 생명과 재산, 그리고 안전을 확보하는 것'이 가장 즐거운 일이라고 답했다. 이어 류사오밍은 초소에 있을 때 가장 걱정되는 일은 무엇이냐고 물었다. 그 여자 중위는 어떻게 하면 교통사고를 예방하고, 수도의 안전을 확보할 것인가가 가장 큰 고민거리라고 대답했다. 또 류샤오밍은 미래에 어떠한 기대를 걸고 있느냐고 물었다. 네 명의 여경은 이구동성으로 '평생 인민을 위해 복무하는 사업에 종사하는 것이 진심으로 바라는 것'이라고 답했다. 이 일련의 대답을 듣고 분명 그녀들의 겉과 속은 다를 것이라고 여길지도 모른다. 어쩌면 세뇌를 받은 그녀들의 진심이었는지도 모른다. 류샤오밍은 평양 교통여경은 교통법규를 엄격히 집행하면서 아름다운 생명을 보위하는 수호천사라며 치하했다.

평양 사람들의 이야기를 들어보니, 교통여경은 남성 기사들의 절대적 우상이라고 한다. 사거리의 이 여인들은 숱한 화제와 이야기의 중심에 있다.

북한이라는 수수께끼

제13장

북한의 대표 여성 아나운서

　　　　　　 몇 차례 평양을 왕래하면서 사람들이
풀밭에서 산나물 캐는 모습을 자주 목격했는데, 언제부턴가 무슨 이유인
지 그 모습을 찾아볼 수가 없었다. 누군가는 평양이 결핍한 것들 가운데 으
뜸으로 웃는 얼굴을 꼽았다. 직업병인지 몰라도 내 생각에 북한에서 가장
결핍된 것은 정보다.

　북한에서 있으면 하루 동안 무슨 일이 발생하는지 모르는 경우가 허다
하다. 방안의 텔레비전에서는 조선중앙TV, 평양방송국, 1960년대 개국한
개성TV와 1980년 개국한 만수대TV에서 송출하는 프로그램만 방영한다.
저녁 10시에서 11시에는 이 방송국들만이 잇달아 시청자에게 취침 인사를
내보낸다. 일상적인 프로그램 내용은 지난 몇 번 북한에 왔을 때 봤던 프
로그램과 비슷비슷하다. 온통 김일성과 김정일 사적을 다루거나 이념적인
내용을 담은 드라마 혹은 체제를 찬양하는 노래와 춤이다. 보도되는 것은
북한을 긍정적으로 다룬 뉴스뿐이고 국제뉴스는 많지 않다. 가끔 외국 드

　　　　　　　　　　　　　　　　　　　　　　북한이라는 수수께끼

세계에서 가장 깊은 지하철.

태양절의 평양.

건국 60주년 사열식.

야간 사열식.

라마와 영화를 볼 수 있는데, 평양에 체류하는 4일 동안 20년 전에 제작된 제2차 세계대전을 배경으로 한 외국드라마 한 편밖에 보지 못했다.

조선중앙TV는 1963년 3월 3일 창립했다. 매일 오후 5시에 방송을 시작하고 저녁 10시 반이면 끝난다. 뉴스는 보통 5시 10분, 8시와 10시에 방송되는데, 8시에 시작한 '연합보도'는 전체 프로그램의 중핵에 있다. 평양과 베이징의 시차는 한 시간이다. 그래서 평양의 '연합보도'와 베이징 중앙TV의 '연합보도'는 공교롭게 동시에 방송한다.

조선중앙TV의 시작을 알리는 음악은 '김일성 장군의 노래'다. 웅장한 선율에 맞춰 이미 사망한 김일성 국가주석이 만면에 웃음을 띠고 있는 초상화가 화면에 등장한다. 이어지는 것은 '김정일 장군의 노래'다. 수백 명의 합창 장면이 웅장하고 아름다운 자태의 산천을 주제로 한 배경과 함께 등장한다. 그 다음 아나운서가 그날의 내용을 예고한다.

북한은 '연합보도' 중간에 그때마다 국내의 중요한 업무에 맞는 구호를 방송에 끼워넣는다. 예를 들면, 농촌의 모내기철에는 연합보도에서 "모든 역량을 모내기에 쏟아붓자" 등의 구호를 넣는 식이다. 북한의 최고 지도자 김정일의 시찰활동은 조선중앙TV에서 가장 중요한 보도 내용으로 하루 종일 반복해서 방송된다. 이것이 북한 방송의 가장 큰 특징이다. 또 하나의 특징은 프로그램과 프로그램 사이에 김정일의 명언을 내보내는 것이다. 프로그램 사이 막간을 보충하는 차원이 아니라 주요한 내용으로서 반드시 포함해야 하는 것이다. 두 토막의 김정일 명언을 방송하면서 남녀 아나운서가 나누어 한 토막씩 낭독하는데, 말하는 속도를 비교적 느리게 해서 시청자들이 그 속뜻을 충분히 이해할 수 있도록 한다.

지금은 북한이 외국인 여행객을 접대하는 호텔에 투숙하고 방에 들어가 TV를 켜면 중국의 중앙TV 1, 2채널, 평황鳳凰위성TV, BBC, NHK 등 9개의 TV채널이 나온다. 이제는 평양에 처음 몇 번 왔을 때처럼 3~4개의 북한 현지 TV채널만 방송하지 않는다.

북한의 주요 신문과 잡지로는 조선노동당 중앙위원회 기관지인『노동신문』, 내각정부 기관지인『민주조선』, 조선노동당 중앙위원회 기관 월간지인『근로자』, 이 밖에『조선인민군』『청년전위』『평양신문』등이 있다. 조선외문종합출판사가 여러 언어로 만드는『오늘의 조선』이라는 외문출판잡지와『조선』이라는 화보지가 있다. 이외에도 또 영어와 프랑스어로 발행하는 주간신문인『평양시보』가 있다. 조중사朝中社라는 약칭으로도 불리는 조선중앙통신사는 1946년 12월 5일 창립한 국가통신사로 일간『조선중앙통신』등을 발행한다. 조선중앙라디오방송국은 1945년 10월 14일 설립된 국영라디오방송국으로 북한말 이외에 여러 외국어로 된 대외방송을 제작하기도 한다.

북한에서 언론의 선전은 국가 건설을 촉진하는 강력한 무기다. 조선중앙TV부터 시골에서 활약하는 문예선전대까지, 모두 지도자와 당 중앙의 목소리를 전달하는 사명을 띠고 있다. 조선중앙TV의 '연합보도'를 예로 들어 보면, 프로그램 타이틀 화면에 먼저 평양 대동강변의 '주체사상탑'이 나타나고, '주체'라는 두 글자가 금빛으로 반짝이면 아나운서가 오프닝 멘트를 하면서 뉴스가 시작된다. 일반적으로 말하자면 '연합보도'의 내용은 대체적으로 김일성, 김정일, 김정은에 대한 세계 각국 인사의 찬양, 국내 각 전선의 사적과 경험, 한국의 민중이 외세를 반대하고 남북통일을 갈망한다는 소식, 일기예보 등이다. 국제뉴스가 '연합보도'에서 차지하는 비중은 매우 적고, 보통 다른 시사 프로그램에 배치된다.

북한의 가장 중요한 뉴스인 중앙 영도자의 활동과 정부 성명 발표는 조선중앙TV의 리춘희 아나운서가 도맡아 진행한다. 리춘희는 외국에서 가

북한이라는 수수께끼

장 유명한 북한의 뉴스 앵커이자 북한 사람들이 가장 신뢰하는 진행자이기도 하다. 김정일이 시찰 도중에 병사했다는 소식도 바로 그녀가 직접 전했다. 2011년 12월 19일, 리춘희는 검은색의 북한 전통의상을 입고 떨리는 목소리로 눈물을 흘리며 이 소식을 발표했다. "당의 최대 손실이고 우리 인민과 국가의 가장 큰 슬픔이다." 그녀는 흐느끼며 국가는 반드시 슬픔을 힘으로 변화시켜 어려움을 극복할 것이라고 말했다. TV는 평소의 프로그램 방송을 중단하고 리춘희의 이 뉴스를 여러 차례 반복해 내보냈다.

세계 각국은 북한의 주요 뉴스를 인용할 때 전통의상을 입고 방송하는 리춘희의 스틸을 종종 사용한다. 2006년 10월 9일 북한이 핵실험을 감행했을 때 리춘희는 미색 정장을 입고 성명서를 낭독했다. 2010년 11월 23일 오후에는 한반도에서 세계를 놀라게 한 포격사건이 발생했다. 이날 오전 조선중앙TV가 내보낸 뉴스에서 리춘희는 낭랑하고 힘 있는 목소리로 다시금 세계를 뒤흔들었다. 그녀는 반듯한 발음과 격앙된 어조로 말했다. "남조선이 조국의 영해를 0.001밀리미터라도 침범한다면, 조선인민군은 주저하지 않고 군사적인 타격을 가할 것이다."

어느 중국 네티즌이 이를 보고 댓글을 남겼다. "그녀의 입에서 나오는 것은 언어가 아니라 총알이다. 요즘 유행하는 말로는 랑쯔단페이讓子彈飛* 같다. 그녀의 한 마디 한 마디는 적에게 총알을 쏘면서 적을 두려움에 떨게 하는 것 같다. 그녀의 목소리는 TV 화면에서 뛰어나올 것처럼 강한데 요즘 유행어로 '쩐다'라는 표현을 써야 한다."

리춘희는 패기만만한 진행자다. 북한의 모든 사람이 알고 있는 이 여성

●　2010년 중국에서 개봉해 대중적 인기를 얻은 액션·코미디 영화의 제목이다. 저우룬파周潤發, 장원姜文 등이 주연을 맡았다.

진행자는 한국에서도 매우 유명하다. 그녀는 북한의 간판 앵커로, 북한의 대외 성명보도를 전권으로 책임진다. 누구나 그 표정만 봐도 북한에서 또 무슨 큰일이 발생했다는 것을 알아차린다. 종종 리춘희는 한·미·일을 호되게 규탄한다. 북한의 한 당국자는 그녀를 이렇게 평가한다. "그녀는 목소리가 낭랑하고 힘이 있다. 전대미문의 전달력을 과시하며, 풍격 역시 장중하고 진지하다. 아울러 호소력이 아주 뛰어나고 말재주가 출중해 매번 성명을 발표하고 연설할 때마다 적들의 간담을 서늘하게 한다."

북한 사람은 "리춘희의 목소리는 포탄 소리보다 더 힘이 있어 청중의 마음을 울린다"고 말한다. 탈북해 한국에서 방송인이 된 김용은 이렇게 말했다. "그녀의 목소리는 기개가 있고 목청에 힘이 있어 북한 사람들은 화면 전체를 진동시킨다는 표현을 씁니다. 제가 처음 한국의 아나운서가 뉴스 보도를 하는 것을 봤을 때 아버지와 어머니가 방에서 조용히 이야기를 나누는 것처럼 들렸어요. 한국의 아나운서는 가끔 말을 더듬을 때가 있는데 북한에서는 상상할 수 없는 일입니다. 북한의 아나운서는 절대로 그런 일이 없을 것이고, 만약 그런 일이 생긴다면 자리에서 물러나야 할 겁니다."

김정일에 관한 보도는 모두 리춘희가 담당한다. 그녀는 주로 조선중앙TV의 저녁 8시 뉴스 프로그램을 진행한다. 리춘희는 보도 내용에 따라 적절하게 어투와 어조를 바꾸는 것에 능숙하다. 미국과 한국, 일본과 관련된 보도를 할 때는 엄숙하고 격앙된 어조였다가, 김정일 위원장의 동향을 전할 때는 장중하고 유쾌하게 순식간에 바뀐다. 김정일이 군사기지, 논밭, 댐과 제강소에 있는 모습이 나오면 그녀의 방송 톤은 강한 자부심으로 넘쳐 흐른다.

리춘희는 아나운서란 모름지기 시청자가 한눈에 알아볼 수 있도록 개성을 갖춰야 한다고 생각한다. 방송 방식은 내용과 잘 어울려야 하는데, 어

북한이라는 수수께끼

떤 뉴스는 매우 전투적으로 읽어야 하고, 어떤 뉴스는 반드시 그럴 필요는 없다. 예를 들어 '조선민주주의인민공화국'을 읽을 때 과거에는 그저 고함만 칠 뿐 감정을 싣거나 어떤 대상을 상정하지 않았지만, 지금은 시청자를 대상으로 대화하는 것처럼 호소력 있게 해야 한다는 것이다.

리춘희의 동료는 모두 그녀를 본보기로 삼아 그녀를 연구하고 모방한다. 북한의 '연합보도' 아나운서들은 하나의 공통점이 있는데, 몸가짐이 단정하고 대범하며 발음이 정확하다. 특히 주요 뉴스를 보도할 때는 강개하고 격양된 분위기로 충만하다. 북한에는 이른바 '국민 아나운서'나 '유명 사회자'라는 표현이 없다. 이 나라는 집체주의를 표방하고 있어 일반적인 상황에서는 특정 아나운서 개인을 홍보하지 않는 것이다.

현재 69세의 리춘희는 1943년 강원도 통천군의 한 가난한 노동자 집안에서 태어났다. 평양연극영화대학 연극과를 졸업하고 1971년 2월부터 조선중앙TV에서 40년간 아나운서 생활을 해왔다. 일찍이 북한 아나운서 최고 영예인 '인민 아나운서'와 '노동영웅'의 호칭을 얻었다. 『월간 조선』에서는 왕년에 김일성이 따뜻한 사랑과 진심으로 리춘희를 키웠다고 밝힌 바 있다.

리춘희는 2011년 10월 19일 저녁 8시 '연합보도'에서 러시아의 국가통신사 타스TASS의 김정일 특별취재에 대해 보도한 다음 50일간 사라져 시종일관 얼굴을 드러내지 않았다. 그녀를 대신한 것은 한 남성 아나운서였다. 이렇게 장시간 화면에 등장하지 않은 것은 확실히 보기 드문 일이라 북한 시청자들의 궁금증을 야기했다. 12월 19일 김정일이 병사하고 나서야 그녀는 다시 얼굴을 내밀었다. 사실 그녀는 퇴직했던 것이다. 북한 법률이 규정한 퇴직연령은 남성 60세, 여성 55세다. 하지만 이런 '인민 아나운서'나 다름없는 인재는 건강만 허락한다면 계속 일을 할 수 있다. 당국에서는 이런 영웅이 풍부한 경험과 리더십을 발휘할 수 있어야 하며, 그것을 다른 사람은 대신할 수 없다고 생각한다.

2012년 1월 24일 설날 즈음 중국 중앙TV에서 보기 드문 그녀의 방중 소식을 보도했다. 그녀는 특별히 따뜻한 어투로 중국 인민에게 새해인사를 했다. "설날은 북중 양국 인민 공통의 명절입니다. 화면을 통해 중국 인민들에게 명절 인사를 드릴 수 있어서 매우 기쁩니다." 평소 익숙하던 리춘희 진행의 방송이 아니라서, 매우 보기 어려운 부드러운 어투의 방송이었다. 텔레비전 밖에서 그녀는 상냥하고 쾌활해 보였다. 나는 그때 그녀의 웃는 얼굴을 처음 봤다. 그녀가 TV 인터뷰를 받아들였을 때 조선중앙TV가 아나운서를 교체했던 이유는 신임 아나운서들을 교육하기 위함이었다고 털어놓았다.

북한 최고의 아나운서 리춘희는 말했다. "제가 이제 뉴스를 보도하는 일은 많지 않습니다. 젊은 동료를 보니 아주 아름답더군요. 화면에는 젊고 아름다운 사람이 필요해요."

조선중앙TV의 뉴스 앵커가 되는 것은 하늘의 별 따기만큼 어렵다. 중앙과 정책결정자의 동의를 얻어야만 화면에 등장할 수 있다. 그들은 직업적으로 뛰어나야 할 뿐만 아니라 정치적으로도 더욱 충성스러워야 한다.

리춘희는 영웅으로 특별한 대우를 받는다. 그녀의 집은 평양에서 훌륭한 환경을 갖춘 고급 주택단지에 있고 남편과 두 명의 자녀와 며느리, 손녀가 함께 생활한다. 현대식 주택과 고급 승용차는 모두 국가가 그녀에게 하사한 것이다.

북한에서 아나운서는 꽤 대접을 받기 때문에 정치적인 면이나 일상 생활 측면에서 누리는 혜택도 많다. 1990년대 북한이 '고난의 행군' 시기를 거칠 때 김정일은 다음과 같은 지시를 내렸다. "많은 어려움이 있더라도 아나운서들이 필요한 것들을 최대한 보장하라." 북한에서 TV 프로그램의 메인 앵커는 특급대우를 받는다. 주택, 가전제품, 승용차 모두 국가가 배급하거나 장려한 것들이다. 중요한 경축일과 기념일에 당 중앙은 뚜렷한 공헌이 있거나 업무에 뛰어난 사람에게는 장군이 하사하는 선물을 발송한다. 작게는 수입 식품, 크게는 가전제품이다. '인민 아나운서'는 국가가 선사하는 수입 자동차를 소유한다. 여자 아나운서들은 평양에서 가장 유명한 레저단지인 창광원의 미용실에서 우선적으로 머리를 할 수 있는 특권이 있고, 이곳에서 사우나와 미식 등을 즐길 수 있다. 평양 의류연구소가 제작한 신상의류 역시 그녀들이 먼저 무료로 입어보거나 저렴한 가격에 제공된다.

1990년대 나는 북한에서 공로를 인정받은 한 아나운서의 집에 초대받은 적이 있다. 그날은 마침 김정일의 생일을 맞아 정부가 이 아나운서에게 선물을 내렸는데, 그 가운데 해산물통조림, 양주 등의 고급 수입 식료품이 있었다. 그의 집안에 있는 컬러텔레비전과 VTR 등의 가전 역시 주관부서에서 표창한 것이다. 이 아나운서의 집 벽에는 김정일의 '한층 더 분발하자'라는 내용의 친필글씨가 걸려 있었다.

그날 조선중앙TV방송국 위원회 정원에 들어갔었는데, 정원 안에는 몇 대의 일본산 신차가 주차되어 있었다. 옆에 있던 친구가 몇 사람의 인민 아나운서에게 제공된 차량이라고 내게 알려줬다. 안전운행을 위해 정부는 기사를 배치해 그들의 차를 몰게 했다. 아직 자신의 승용차가 없는 아나운서는 직장에서 배정한 전용차량으로 출퇴근을 한다.

북한에서 이런 브라운관 속 엘리트들은 매우 높은 인기를 누린다. 북한 여성들은 여성 아나운서들의 새로운 헤어스타일과 패션을 종종 따라 하기도 한다.

북한의 아나운서는 주로 유명대학을 졸업한다. 그들은 대개 평양연극

영화대학 아나운서과, 김일성대학 어문학원 언어과를 졸업하는데, 매년 한 차례 개최하는 전국 아나운서대회나 말재주대회 수상자 중에서 선발되기도 한다. 평양연극영화대학 아나운서과는 1973년 개설되어 이미 수백 명의 졸업생을 배출했다. 학생의 선발과 모집은 모두 엄격한 절차를 거친다. 방송 테크닉, 외모, 발음 테스트 등의 예선을 거친 다음에야 정식 시험에 응시할 수 있다.

아나운서 업무 수행에 대한 요구사항은 상당히 많다. 발음의 정확성, 좋은 리듬감과 높은 소양은 그들이 반드시 갖춰야 할 조건이다. 아울러 사상의 선진성은 그들의 주요한 특징 가운데 하나다. 아나운서들의 업무 스트레스는 상당하고 경쟁 역시 치열하다. 우수한 아나운서가 되기 위해서는 업무와 관련한 자기계발을 지속적으로 해야 할 뿐만 아니라, 정치적인 면에서도 다른 사람을 리드해야 한다. 정기 혹은 비정기적으로 업무능력 심사를 받아야 하기 때문에 잠시라도 긴장의 끈을 늦출 수 없다.

리춘희를 제외한 유명한 아나운서로 북한 사람들은 이미 작고한 리상벽, 전형규 인민방송원을 거론할 것이다. 리상벽은 북한 방송이론의 창시자이자 북한 방송계의 권위자로 불린다. 리상벽이 저작한『화술통론』등의 언어 테크닉과 어법 관련 전문 저서는 북한 방송인의 교과서다. 리상벽은 북한 생중계를 개척한 대표적 인물이다. 그는 생전에 친절하고 가식적이지 않고 열정이 넘쳤다고 한다. 1966년 잉글랜드 월드컵에서 북한 대표팀은 이탈리아와 16강에서 만났는데, 바로 이 경기를 그가 현장에서 해설했다. 이 생중계가 북한에서 가장 전형적인 현장중계의 모범사례로 꼽힌다. 리상벽이 병세가 위중하여 병원에 입원했을 때 당과 정부가 전력을 다해 그의 병을 고치라고 병원에 지령을 내렸을 정도다.

다른 한 명의 남자 아나운서인 전형규는 1934년에 태어났다. 그는 주요 뉴스 프로그램의 앵커 외에도 조선중앙TV의 유명한 프로그램이었던 '노래경연대회' '퀴즈' 등을 맡았던 대표 진행자로 '인민방송원' '노동영웅' 호칭을 받았다. 김정일은 그를 여러 차례 만나 진행 실력을 높이 평가했다. 2006년 사망했을 때 김정일이 화환을 보내 이 방송영웅을 추억했다.

2012년 4월, 북한은 정식으로 김정은 시대를 열었다. 조선중앙TV는 새로 제작한 50분 길이의 김정은 다큐멘터리를 방송했다. 태양절 경축, 열병식, 공연관람 등 행사에 나오는 김정은 뉴스를 방송한 것이다. 의미심장한 것은 이 뉴스보도의 앵커가 북한 지도자 뉴스를 전문으로 하던 리춘희가 아니라 음색이 부드럽고 웃는 모습이 아름다운 싱그럽고 신비한 여성 아나운서라는 사실이다. 그녀는 분홍색 상의에 검은색 치마를 받쳐입었고 억양은 평온하고 차분했다. 과거 조선중앙TV 아나운서들의 격앙된 방송 톤과는 확연히 달랐다. 젊은 나이가 하나의 이유일지도 모른다. 김정일 시대에 찬사를 받은 아나운서가 설득력 있고 격앙된 어조로 프로그램을 진행했다면, 지금의 북한은 젊은 김정은 시대에 들어섰기 때문에 새 얼굴의 젊은 아나운서를 필요로 하는지도 모른다.

들기로는 이 여자 앵커의 나이가 20대 초반이라고 한다. 긴 머리를 한 이 아나운서는 단발을 한 리춘희에 견주어 싱그러운 면이 있고 어투도 편안하며 부드럽다. 김정은은 확실히 아버지와는 다른 새로운 이미지를 구축하고 싶어 하는 것 같다.

제14장

7개월간 치마를
입어야 하는 여성들

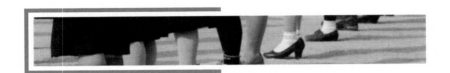

평양의 치안은 괜찮은 편이다. 도둑이 매우 적어 주택 창문에 도둑 침입을 막는 방범창을 설치할 필요가 없다고 한다. 공공장소의 여자화장실에는 줄이 매우 길어 문밖까지 늘어서기 일쑤다. 아마 아시아 국가에서 흔히 볼 수 있는 풍경일 것이다. 그런데 여성들이 자신의 가방을 문밖에다 걸어두고 화장실에 들어가는 장면이 곧잘 보였다. 도둑맞을 걱정을 전혀 않는다는 것이 매우 놀라웠다. 평양에는 마약중독자가 없고 거지나 부랑자도 볼 수 없다. 평양에서 생활하는 시민은 모두 정치적 검열을 거친 출신성분 좋은 사람이고 경제적으로도 잘 사는 편에 속한다. 유동인구가 없고 호적이 엄격히 통제되는 북한에서 외지의 사람이 평양으로 들어가려면 증명서와 추천서가 필요하다. 1980년대 초반 이전의 중국과 판에 박은 듯 똑같은 상황이다. 만약에 베이징에 공무로 출장을 가려면 반드시 직장의 추천서가 있어야만 여관에 숙박할 수 있었다.

평양 거리는 질서정연하고 드넓다. 시내 곳곳에 수십 층 높이의 아파트

북한이라는 수수께끼

가 있지만 여행객은 들어갈 수 없다. 공공장소에서는 큰 소리로 떠드는 사람이 없고 혼잡한 퇴근시간대 지하철 안도 질서가 잡혀 있다. 북한 사람의 이러한 높은 수준의 공공의식은 이 국가에 대한 이미지를 긍정적으로 만든다. 평양 대로에는 휴지통이 없다. 마음대로 쓰레기를 버리는 사람이 없기 때문이다. 평양에 여러 차례 머물면서 아무 데나 가래를 뱉는 사람 역시 보지 못했다.

태양절에 만수대의사당과 만수대예술극장 앞의 광장이나 김일성 광장을 걷노라면 한 무리의 북한 여성들이 명절에나 입는 화려한 색상의 한복을 입고 음악 반주에 맞춰 원을 그리며 춤을 추는 모습을 보게 된다. 나는 정부가 조직해 김일성 탄신일을 경축하는 것이라고 생각했는데, 알고 보니 자발적으로 나서서 지도자에 대한 그리움을 표현하는 것이었다.

비록 북한 경제가 어렵지만 평양 거리의 시민이 떠도는 말처럼 그렇게 영양상태가 불량하거나 옷이 남루한 편은 아니다. 10여 년 전에 평양에 와서 봤던 것과 비교할 때 변화가 가장 뚜렷한 것은 사람들의 옷차림이다. 여성들의 치장은 풍부하고 다채로워서 외국인의 상상을 뛰어넘는다. 다수의 남자들은 양복을 입는다. 북한 사람은 흰색을 좋아한다. 명절에 입는 전통의상 가운데 남자들은 우아한 두루마기를 입는다. 이전에는 허리를 꼿꼿이 펴고 걷는 군인이 길에서 가장 눈에 자주 띄었다. 군인이 아닌 남자는 거의 모두 어두운 국방색의 인민복을 입었지만 이제는 달라졌다. 여름에 남자들은 대부분 반소매 셔츠를 입고 파랑색이나 검은색 양복바지를 받쳐 입는다. 가을이 되면 통일된 디자인의 검은색 혹은 회색 반소매 외투를 많이 입는데, 군더더기 없이 깔끔하다. 여성들은 한결같이 검은색 치마에 흰색 블라우스를 외출복으로 즐겨 입었지만, 이제는 허리보다 높은 위치에 올라오는 치마를 입는다. 많은 중년과 젊은 여성의 옷차림은 상당히 현대적이고 하이힐도 좋아하는 것 같았다.

북한 여성들은 노소를 막론하고 화장을 하지 않거나 머리를 단장하지 않으면 절대로 외출하지 않는다. 따라서 화장품은 북한 아가씨들이 애지중지하는 물품이다. 북한의 대외무역이 증가함에 따라 중국의 대중 브랜드와 국제적인 명품 브랜드의 화장품이 앞다투어 시장에 들어오고 있다. 클렌징 크림, 클렌징 폼, 워터클렌징, 아이크림 등 북한 아가씨들도 기능성 화장품에 대한 이해가 생기기 시작했다. 이러한 조류에 발맞춘 북한의 화장품 가운데 가장 유명한 브랜드로는 '봄향기'와 '은하수'가 있는데, 최근에는 고기능성 시리즈를 내놓았다.

여성들이 입는 치마의 색상은 무척 다양하다. 뙤약볕 아래에서 쓰는 모자나 비 오는 날 신는 장화에도 패션 감각이 묻어난다. 여러 색상의 선글라스, 꽃무늬 양산, 분홍 원피스, 붉은 장화 등이 현재 북한에서 유행하고 있는 패션 아이템인데, 이런 종류의 품목을 북한 사람들은 부의 상징으로 여긴다. 대개가 수입품이기 때문이다.

평양에는 매년 4월부터 10월까지 성인 여성들이 외출할 때 반드시 치마를 입어야 한다는 규정이 있었다. 왜냐하면 북한의 최고 지도자인 김일성이 생전에 여자는 치마를 입어야 아름다움을 가장 잘 살릴 수 있으며 평양의 시내 모습에는 아름다움이 필요하다고 말했기 때문이다. 사실 평양의 4월과 10월의 밤 기온은 아주 낮아서 치마를 입은 여성들이 견디기 힘들다. 지금은 이 규정이 거의 사라진 것 같다. 여성이 입지 못하는 바지로는 몸에 꽉 붙는 바지, 핫팬츠, 나팔바지가 있다. 『노동신문』은 '입어서 편하고 또 보기 좋은 옷'이라는 제목의 기사를 실어 여자들이 단정한 바지를 입을 것을 요구하면서 입을 수 있는 것과 입을 수 없는 바지를 하나하나 열거했다. "선군시대에 생활과 문화가 나날이 아름다워지는 오늘, 우리 조선 인

10월에도 치마를
입어야 하는 평양의 여성.

평양 통일시장.

평양 이탈리아 패스트푸드점.

민의 복장 양식은 점차 다양해지고 있다. 여성의 단정한 바지와 남성의 티셔츠는 풍부하게 발전하는 복장문화 방면에서 중요한 역할을 하게 될 것이다."

어느 여성 통역에게서 북한 여성은 대부분의 시간 동안 치마를 입는다는 말을 들었다. 그렇기 때문에 상대적으로 남자를 '바지'라고 부른다고 한다. 미혼 남성은 '새 바지'라고 부르고, 이혼을 한 남성은 농담 삼아 '낡은 바지'라고 하며, 재혼한 남성은 '찢어진 바지'라고 한다. 하지만 이 말이 농담인지 진담인지 구별할 수 없었다.

예전에는 저녁이 되면 도시 전체에 가정집의 희미한 불빛을 제외하고 다른 밝은 등이라고는 없었지만 지금은 많이 달라졌다. 일부 큰 건물 외벽에는 조명이 있으며, 주요 대로에도 네온사인이 설치되어 있다. 그러나 평양의 전력은 여전히 부족해서 몇몇 대로를 제외한 가로등은 거의 켜놓지 않는다. 북한 관리의 말에 의하면 핵발전소와 광산 지역에 지열발전소를 건설할 준비를 하고 있다고 한다.

북한의 전력은 시종일관 불안하다. 수력발전은 북한의 전력생산을 높이는 주요 수단이다. 북한 최대의 수력발전공장은 희천수력발전소로, 평양에서 동북으로 184킬로미터 떨어진 자강도 희천시에 위치한다. 김정일의 특별 지시 아래, 북한 당국의 표현으로는 전당·전군·전민의 힘을 모아 건설했다. 발전소에서 생산하는 전력은 주로 평양에 공급된다. 댐 기초공사는 콘크리트를 붓는 공정으로, 원래 계획으로는 5년의 시간이 필요했는데 불과 5개월 만에 끝냈다. 김정일은 건축 담당자를 높이 평가하고 이 공정의 건설 속도를 '희천 속도'라고 명명했다. 댐은 2012년 김일성 탄신 100주년 내에 완공될 예정이다.

당국은 2012년 평양에 10만 호의 주택을 건설할 계획인데 희천수력발전소는 마침 이 규모에 걸맞은 전력을 공급할 수 있다. 2012년은 당국이 강성대국 원년으로 삼은 해다. 최초 계획에 의하면 평양에서 대규모의 도시 개조를 전개해, 2010년 말에 3만5000호, 2011년 말에 3만 호, 2012년 4월에는 3만5000호의 주택을 차례대로 준공할 예정이었다. 그러나 수십 억 달러에 달하는 비용 때문에 당국은 부득이 계획을 축소하여 건축 목표를 2만5000호로 하향 조정했다. 하지만 작고한 김일성과 관련된 건설 공정은 어떠한 영향도 받지 않는다. 2011년 1월부터 4월까지 당국은 김일성의 시신을 안치한 금수산기념궁으로 통하는 도로를 새로 닦았고 5월에는 금수산기념궁 앞에 우뚝 솟아 있는 높이 23미터의 김일성 동상을 보수했다. 만수대 지역은 77층 높이의 초고층 아파트를 새로 짓는 계획 외에도 극장, 공원 등의 생활 오락시설을 짓고 있다.

당국은 희천수력발전소를 강성대국의 최전선이자 가장 위대한 상징적 표지로 생각한다. 얼마 전 외국인 관광객이 먼 곳에서 수력발전소 공사현장을 사진 촬영한 적이 있었는데 경비원에 의해 제지를 당했다. 앞에서 언급했듯이 외국인 관광객의 촬영 통제는 10년 전만큼 엄격하지 않다. 그러나 내가 북한 최대의 재래시장인 평양 통일거리시장을 취재할 때 북한 측 요원이 거듭 사진을 찍어서는 안 된다고 내게 경고했다.

북한의 시장은 점점 활성화하고 있다. 평양에는 규모를 갖춘 여러 개의 자유무역 시장이 속속 들어서고 있는데, 북중 협력 파트너 세 곳이 경영하는 대형 백화점, 협력 파트너 두 곳이 경영하는 호텔 등이다. 협력 파트너 경영은 중국이 물건을 들여오고 북한이 판매와 경영관리를 책임져 발생한 이윤을 나누는 방식이다. 그 가운데 한 농산물 시장은 낙랑구의 통일거리에 있다.

통일시장의 주요 부분에는 거대한 벽돌을 쌓은 아치형 하우스 3개가 서로 붙어 있다. 총 면적은 1만 제곱미터이고 약 1300개의 매장이 입점해 있다. 소형 점포들이 시장 주변을 에워싸고 있고 자동차 주차장과 자전거 주차장이 따로 있다. 시장의 3개 홀은 세 거래 구역으로 구분된다. 첫 번째 홀은 채소, 가금류와 육류, 수산물을 판매하는 곳, 두 번째는 부식과 신발, 모자, 의류를 판매하는 곳, 세 번째는 금속, 가전, 가구와 공예품을 판매하는 곳이다. 홀마다 모두 관리처가 설치되어 있고 환전소와 식당이 있다.

한 중년 여성을 따라 시장에 들어갔는데 사람이 매우 많았고 공기도 좋지 않았다. 매장 주인들은 모두 용모가 단정한데, 자세히 보면 모두 엷은 화장을 한 것을 알 수 있다. 나는 그 중년 여성을 바짝 뒤따라 채소 매장으로 갔다. 그녀는 고개를 숙여 풋고추 몇 개와 배추 한 포기를 골랐고, 점포 주인과 잠시 얘기를 나눴다. 아마도 가격을 흥정하는 것 같았다. 현금을 지불한 뒤 인파를 뚫고 한 작은 매장에 들어가 명태를 두 마리 샀다.

재래시장 안에는 가전, 일상잡화, 입고 쓰는 것, 먹는 것으로는 냉동, 냉장, 수산물, 떡, 소시지, 컵라면, 초콜릿 등 물건이 모두 갖춰져 있었다. 하지만 보통의 대형 백화점은 텅 비어 있었다. 시장은 만화경처럼 식품 수급, 의류 유행의 변화와 같이 북한 사람의 다양한 생활의 면면을 드러낸다.

귤맛 사탕, 동물 모양 과자의 부식품은 대부분 포장되어 있지 않다. 지난 1950~1960년대의 중국을 생각해보면, 이곳의 판매 상황은 괜찮은 편이다. 북한의 각종 인삼제품인 인삼주, 인삼차, 인삼탕, 인삼가루는 흔히 볼 수 있다. 어림해보면 이곳의 채소 가격은 중국보다 20퍼센트 비싸고 수산물 가격은 20퍼센트 저렴하다. 당시 북한 사람의 평균 임금은 3000원에서 1만 원 사이였다.(당시 암시장 환율로 300원은 1위안에 해당했다.) 통일시장의 상품은 결코 싸지 않았다. 그러나 적지 않은 북한 사람들이 크고 작은 가방을 손에 들고 시장으로 향했다. 통일시장은 북한에서 인구 밀도가 가장

북한이라는 수수께끼

높은 장소다. 동시에 수천 명이 이곳에서 거래를 한다. 몇 년 전의 불황을 생각하면 현재 시장의 상품은 풍부한 편이다. 일요일에 시장 구경하는 것은 평양 사람들의 여가활동이기도 하다.

통일시장의 부지는 2003년 3월 9일 김정일이 직접 선정했다. 김정일은 평양시 낙랑구 통일대로 측면 공터에 대형 재래시장을 만들도록 지시했다. 4월 1일, 북한 당국은 '농민시장'이라는 이름을 '시장'으로 변경했고 가전, 경공업 등의 제품 거래를 허가했다. 9월 1일에는 정식으로 대외에 개방했다. '시장'은 상품경제의 새로운 형태로서 정부의 인가를 받았다. 최근에는 변화가 생겨 외국인이 통일시장에 가서 쇼핑하는 것을 당국이 허가했다고 한다.

농산품 외에 통일시장 안의 제품은 적어도 80퍼센트 이상은 중국에서 온 것으로 특히 의류, 신발, 모자 등의 물품이 많다. 이 가운데 일부는 북한 현지기업이 생산한 것이고, 또 일부는 중국의 의류업체가 투자한 북한 기업에서 생산한 것이다. 그외 상표가 부착되지 않은 의류는 모두 한국에서 온 것들이다. 한국의 대북 원조물자 가운데 의복이 차지하는 비중이 높다. 그리고 한국에 있는 친척이 부쳐온 옷과 액세서리를 여러 경유지를 거쳐 받는 경우도 많은데, 이런 식으로 한국 옷이 점점 시장에 유입되고 있다. 상인들이 상표를 잘라내고 판매하다보니 상표 없는 것이 북한에서 한국 제품의 상징이 되었다.

통일시장에는 오래된 스타일의 중고 가전제품 가격을 묻는 사람이 적지 않다. 백화점에서 중국산 창훙長虹 25인치 컬러텔레비전 신제품 가격은 정부의 일반 간부 수입 1년 반치에 상당한다. 그렇기 때문에 중고 가전제품의 수요가 높다. 요즘 유행하는 중국의 신페이전기新飛電器는 이곳에 전문 매장을 차렸는데 문전성시를 이룬다. 중국경공업연합회가 2009년도 중국

경공업 업종 베스트 10 기업을 발표했을 때 신페이전기는 업종 10위 안에 들었다. 황허 강에 인접한 허난河南에 위치한 신페이전기유한공사의 냉장고와 에어컨은 2006년 북한 시장에서 40퍼센트의 점유율을 보였다. 신페이 냉장고는 북한 시장에 가장 먼저 들어간 중국의 가전제품이다.

평양 교외에 있는 평성시장은 북한 최대의 비공식 도매시장이다. 여러 해 지속된 기근으로 정부는 음식물 공급과 다른 주요 경제활동에 대한 통제를 일부 완화했고, 인민들이 자발적으로 식품과 상품을 교환하는 과정에 비공식 시장경제가 새롭게 나타났다.

북한 인민들은 중국산 TV, 세탁기, 선풍기에 각별한 애정을 가지고 있다. 시장의 구매력으로 판단하건대 평민 생활의 수준이 향상되어 구매하는 물품의 품질도 향상된 것을 알 수 있다. 이전에 유통되던 상품의 품질은 상대적으로 낮았다. 주로 흑백TV처럼 제품의 품질이 괜찮으면서 가격이 저렴한 물건을 찾았지만 지금은 컬러텔레비전과 냉장고를 많이 찾는다.

북한의 상점은 네 종류로 나눌 수 있다. 첫 번째는 거주민 지역에 가까운 상점으로, 주로 식용유, 소금, 간장, 식초와 같은 기본적인 일상용품을 판매한다. 한번은 화장실 간다는 핑계를 대고 거주민 지역 내의 한 가게에 가본 적이 있다. 작은 상점에는 잡다한 물건들이 많았다. 큰 봉지에는 마른 오징어, 아동 완구, 문구가 들어 있었다. 치킨 한 마리가 문구 옆에 놓여 있었고, 그 옆에는 뜻밖에도 VCD가 있었다. 카운터 맞은편에는 컴퓨터 두 대가 있었는데 어떤 사람이 게임을 하고 있었다. 두 번째는 길가에 있는 소형 매점이고, 세 번째는 백화점이다. 그리고 마지막으로 대외 상점이 있는데, 외국인이나 외화를 보유한 특권계층을 위한 물품을 판매한다. 외국인 여행객에게 가장 인기가 좋은 것은 담배와 인삼이다. 외화를 가진 현지인은 주로 중국산 과자, 사탕, 전자제품을 구매한다. 북한의 국영 백화점에 진열된 제품은 예전에 비하면 그 수량이 매우 많아졌다. 수입품이 매우 빠르게 늘어났기 때문이다.

통일로 농산물시장 가는 길에 사진을 찍을 수 없다는 고지를 수차례 받았다. 농산물시장은 북한의 거대한 변화를 반영한다. 그런데 왜 사진을 찍을 수 없는 것인가. 나는 수행요원에게 사진을 찍게 해달라고 졸랐다. 수행요원이 상부기관에 전화를 건 지 30분이 지나자 어디에서 온 지령인지는 모르지만 시장 안은 촬영할 수 없고, 다만 시장 밖 100미터 지역에서 시장 건물의 외관을 촬영하는 것은 허가한다고 했다. 아쉽기는 했지만 이게 어디냐 싶었다. 그래서 부리나케 파란색 건물인 농산물시장을 몇 장의 사진에 담았다.

어느 날 오후 참관활동이 좀 일찍 끝나는 바람에 한 시간 정도의 틈이 있었다. 나는 또 몰래 호텔을 빠져나와 거리와 골목을 쏘다녔다. 북한 측 요원은 내가 호텔방에 없는 것을 발견하고는 나를 이리저리 찾아다녔다. 내가 막 호텔에 들어섰을 때 이 요원은 애써 웃는 척하면서 나를 엄하게 타이르고 나서는 이번에는 봐주겠다고 했다.

북한을 떠나기 전날 초저녁에 그 요원이 말했다. "당신이 며칠간 찍은 필름을 우리에게 주셔야 합니다. 인화해서 검사를 하려고 합니다. 위에서 당신이 여러 차례 마음대로 외출한 것을 알고 있기 때문이에요." 한 북한 친구가 옆에서 중국어로 조용히 알려줬다. "관행에 불과해요. 적당히 어물쩍 위에 보고하면 끝납니다. 그러니 전부 제출할 필요는 없고 필름 몇 통 골라 제출하고 심사받으면 끝납니다." 하지만 나는 디지털카메라를 포함하여 필름을 모두 제출하는 성의를 보였다. 현상한 필름과 디지털카메라의 사진도 모두 검사했는데, 정치적으로 별다른 문제가 발견되지 않았다는 통지를 받았다. 나를 상당히 배려해준 것이라고 친구가 알려줬다. 관례대로라면 독자적으로 외출하여 구경다닌 외국인은 반성문을 한 통 써야 하는데 나는 다행히 이 상황을 모면했다.

외부인은 어떻게 북한에 시장경제가 존재하는지 이해하지 못한다. 사실 시장은 북한에서 예전부터 존재했다. 초창기 북한 사람이 말하는 '농민시장'이라는 곳은 농민이 직접 생산한 농산물과 부업 생산물을 판매하여 생활비를 보태는 장소다. 농민들은 감자 한 광주리나 달걀 한 바구니를 가지고 도시에 들어와 좁은 골목길에서 팔았다.

북한의 식사상에서 된장과 간장은 빠질 수 없는 품목들이다. 된장과 간장에 대해 이야기하는 것이 어쩌면 북한의 시장경제와 계획경제를 더 깊이 이해하는 데 도움이 될지 모르겠다. 1993년 북한은 각 도시와 군의 식품공장 명칭을 '기초식품창'으로 모두 바꾸었다. 1994년 7월 김일성의 사망 후, 연속된 경제 위기는 식량을 주 원료로 하는 기초식품창의 전면적인 조업 중단을 초래했다. 14년이 지나서야 전국 각 도 기초식품창의 생산이 재개되었고, 된장과 간장 공급도 다시 시작되었다. 양강도, 함흥시, 평성시 등지의 각 도에 소재하는 기초식품창은 2008년 10월부터 생산을 시작했다. 매달 집집마다 간장과 된장을 각각 1킬로그램씩 공급하는데, 이 공급량은 1990년대 김일성이 생존해 있을 때와 거의 비슷한 수준이다.

10여 년 동안 당국은 간혹 외국이 원조하는 대두와 완두 등을 사용해 된장과 간장을 만들어 돌격부대와 평양시에 특별 공급했다. 2008년 12월에는 일반 시민에게도 전면 공급했는데 김일성 사후 최초였다. 당국의 말을 빌리자면 "국가는 이처럼 인민 생활에 관심을 가지고 있다. 올해 농사가 괜찮았기 때문이다." 주민들은 이후 간장과 된장이 공급될 것을 기대했고 원래대로 돌아올 수 있었다.

혜산 기초식품창은 매일 총 22톤의 대두와 밀과 같은 원재료를 생산

북한이라는 수수께끼

하는데, 이 정도 수준을 유지해야만 혜산시 주민에게 매월 간장과 된장 각 1킬로그램씩 공급할 수 있다. 혜산 기초식품창이 발효시킨 항아리의 용량은 60톤이지만, 식량 공급 상황을 고려하여 매일 22톤의 원재료만 공장에 들어간다. 따라서 일부 생산 설비만이 가동되었다. 당시 집집마다 할당되는 정부의 정찰가는 된장 1킬로그램에 150원, 간장 1킬로그램에 80원이었다. 기초식품창에서 생산한 된장은 자유시장에서도 1킬로그램에 300원, 개인이 집에서 만든 고추장은 1킬로그램에 900원에 판매되었다. 2009년 초반까지 도 소재지의 기초식품창에서만 생산이 가능했기 때문에 군이나 농촌의 모든 가정은 당시 간장과 된장의 정부 배당을 받지 못했다.

물론 10여 년이 지난 오늘날, 된장과 간장의 공급에는 상황의 변화가 있었다. 평양의 거리나 주민 거주 지역에서 일용잡화를 파는 작은 가게나 매점이 흔하다. 파란색과 흰색의 줄무늬로 된 포장마차는 평양 거리의 명물이다. 매점은 식품을 비롯해 담배와 일상잡화를 주로 파는데 종류는 적어도 편리하다. 채소를 판매하는 작은 차, 익힌 음식을 전문적으로 파는 매점 등은 평양에서 흔히 볼 수 있다. 여름에는 각종 청량음료를 판다. 10~20원짜리 아이스케이크, 60~70원 하는 계란아이스크림 한 쌍도 인기가 있다. 겨울에는 이런 포장마차에서 군고구마와 군밤을 파는데 뜨끈뜨끈하고 달달한 냄새가 좋다.

처음 두 번 평양에 왔을 때에는 주민 거주 지역에 문을 연 작은 가게에서는 오직 지정 구역 내의 거주민들에게만 상품을 공급했다. 구매자에 대한 엄격한 규정이 있어 외국인은 절대로 살 수가 없었다. 지금은 이런 제한이 사라졌고 상인은 손님이 어떤 사람인지 묻지 않는다.

또 한국 인스턴트 라면의 대표 상표인 신라면의 인기가 아주 좋다. 컵라면 가격은 3500원 정도이고 봉지라면은 2500원 정도다. 간부 가정이나 돈 있는 사람은 중국 라면과 한국 라면을 비교했을 때 후자를 더 좋다고 생각한다. 신라면 면발은 북한 사람들이 자주 먹는 옥수수 면발보다 더 부드럽다. 북한 사람들의 미각은 매운 맛이 비교적 강한 탕면에 각별하게 끌린다.

한국의 인스턴트 라면은 2000년대 초반부터 북한에 들어왔다. 당시 한국이 제공하는 대북 원조물자 중에는 포장마차 우동같은 봉지라면이 포함되어 있었지만, 훗날 중국에 있는 친척을 방문하는 북한 주민들은 열심히 신라면을 사서 북한에 가지고 돌아갔다.

당시 북한의 세관은 한국제품에 대해 많은 제한을 두지는 않았다. 중국의 친척을 방문하거나 중국에서 일하는 북한 사람들은 신라면을 상사나 친한 벗에게 선물했다. 밀수업자가 신라면을 대량으로 북한 시장에 반입시켜 판매함으로써 북한에 널리 알려지기 시작했다. 특히 2004년 용천 열차 폭발사고 이후 한국이 북한에 제공한 구호물자 가운데 대량의 중국산 신라면이 포함돼 있었는데, 3만 상자, 60만 봉지가 넘었다. 비록 대부분 군대에 유입됐지만 적지 않은 라면이 군대에서 다시 민간시장으로 흘러들어갔다.

북한 사람들의 말로는 신라면의 인기가 높아지자 2007년 당국은 신라면을 판매금지 상품의 명단에 포함시켰다고 한다. 판매금지 상품이 된 신라면은 사람들의 욕구를 더욱 자극했다. 곧 당국은 한국제품의 단속을 강화했고, 상인들은 그저 은밀히 판매할 수밖에 없었다. 사려는 사람은 많고 파는 사람은 적으니 신라면의 인기는 한층 높아져갔다.

인스턴트 라면 한 봉지의 가격은 2500원으로 북한 일반 노동자의 보름치 급여에 맞먹는다. 그러나 간부 계층과 돈 있는 사람들은 대부분 한국산 신라면을 좋아한다. 일반 시민들은 돈이 생겨야 맛볼 수 있다. 그래서 사람들은 신라면을 '돈라면'이라고 부른다.

북한이라는 수수께끼

평양에서 돈 있는 사람이 즐겨찾는 곳은 2008년 말 생긴 정통 이탈리아 식당이다. 글로벌 풍미의 미식이 처음으로 북한에 자리잡은 것이다. 이식당은 시민들에게 오리지널 이탈리아 피자와 마카로니를 내놓는다. 식당에서 필요한 밀가루, 버터와 치즈 등의 원재료는 모두 이탈리아에서 수입한다. 주방장은 나폴리와 로마에서 조리기술을 배운 북한 사람이다. 북한의 첫 번째 패스트푸드점은 2009년 6월 평양에서 개업했다. 이곳은 모란봉 구역 장마을2동에 자리잡고 있는데, 사거리를 사이에 두고 4·25문화회관이 있다. 이곳을 찾기는 쉽지 않다. 1층은 다른 상점이고, 2층이 '삼태성'이라는 이름의 패스트푸드점이다. 식당 내부 인테리어와 구성은 중국의 서양식 패스트푸드점과 대동소이하다. 매장 내 면적은 크지 않아 손님 40명 정도를 수용할 수 있다. 소형 미끄럼틀을 구비한 아이들 놀이공간이 있고, 고객 좌석은 대체로 창가에 위치하고 있어 음식을 즐기는 동안 창 밖의 경치를 감상할 수 있다.

카운터로 다가가자 두 명의 여종업원이 친절하게 인사하며 그림이 들어가 있는 메뉴를 내 앞에 놓아주었다. 20여 종의 세트로 햄버거, 감자튀김, 와플, 치킨 윙 외에 북한 김치와 생맥주 등 북한 특유의 식품을 포함하고 있었다. 세트의 명칭은 모두 북한말로 기재돼 있었다. 그중 햄버거는 '소고기가 들어간 빵'으로, 피시버거는 '생선살이 들어간 빵'으로 번역되어 있었다. 북한 고객들이 음식에 대해 쉽게 이해하도록 특별히 이처럼 번역했다고 종업원이 말했다. 가격대는 중국 패스트푸드점과 비슷하다. '소고기가 들어간 빵+감자튀김+김치' 한 세트는 40위안이었다. 이곳은 햄버거 등 20여 종의 세트와 사이다 등의 음료수를 주로 파는데 매우 호황을 누리고 있었다. 매일 평균 고객 수는 250명이며, 북한 사람 입맛에 맞춰 현지 원료로 만든다고 한다.

평양의 식당 여종업원.

평양 삼태성 패스트푸드점 내부.

이 식당은 북한과 싱가포르의 한 회사가 공동으로 경영하는 곳이다. 후자는 직원교육과 설비 제공을 맡고, 북한 측은 장소, 인력과 주요 식재료를 제공한다. 박씨 성의 여종업원 말에 따르면 외국인 손님도 있지만 주로 북한 손님이 찾는다고 한다. 매장 안에는 모두 8명의 종업원과 4명의 조리사가 있고, 종업원은 모두 20세 전후의 여성이다. 삼태성 패스트푸드점은 주 북한 중국대사관 가까이에 있다.

외국 식당이 평양에 들어가면서 평양 식당도 외국으로 진출하기 시작했다. 2012년 1월 말 '평양 해당화'라는 식당이 네덜란드 암스테르담에 개업을 했다. 북한 사람이 서구 국가에 세운 첫 번째 식당이다. 식당의 요리사와 종업원은 모두 북한에서 왔다. 식당은 정가 49유로와 79유로의 세트 메뉴만 제공한다. 그리고 북한 가무공연이 있다. 이 식당은 두 명의 네덜란드 기업인이 북한 측과 합작하여 설립한 것이라고 한다.

제15장

양각도 카지노와 세계 최대
공사 중단 건물 유경호텔

평양의 양각도 국제호텔 안에 평양 유일의 마카오 리스보아식 카지노가 있고, 또 '특별한 서비스'의 마사지숍이 있다고 들은 것이 2005년의 일이다. 당시 중국인 여행객이 이 호텔에 투숙하는 일은 많지 않았지만, 지금은 많은 중국 본토 관광객이 이곳에 숙박한다. 다만 그 '특별한 서비스'가 여전히 존재하는지는 모른다.

당시 나는 북한의 '특별한 서비스'가 매우 궁금했다. 먼저 지도를 보면서 평양호텔에서 양각도로 가는 길을 찾아봤다. 그때 평양에는 택시는 매우 드물었기 때문에 걸어가야 했다. 그리고 외국인이 만약 북한 요원의 동반 없이 혼자 택시를 타고 양각도로 가면 기사는 즉시 관련 부서에 보고할 것이고, 그렇게 되면 일을 성사시킬 수 없었다. 만일 양각도 국제호텔에서 나오더라도 북한 측 요원의 수행이 없으면 택시기사는 출발하지 않을 것이었다.

저녁 10시 나는 혼자 호텔을 나와 지도에 의지해 길을 나섰다. 가로등

북한이라는 수수께끼

이 켜져 있지 않아 매우 캄캄했다. 그날 밤은 운 좋게도 달이 떠 있어 어렵지 않게 대동강 연안을 따라 오탄강안거리와 김책공업종합대학을 지나 양각교를 넘어 양각도에 들어설 수 있었다.

양각도 국제호텔은 북한에서 가장 호화스러운 3개의 특급호텔 가운데 하나다. 다른 두 곳은 고려호텔과 묘향산호텔이다. 고려호텔은 대동강 서안의 번화한 평양 시내에 있고 양각도호텔과는 강을 사이에 두고 마주보고 있다. 묘향산호텔은 평양에서 차로 두 시간 거리의 묘향산에 있다. 북한의 호텔은 등급을 나누지 않지만, 특급호텔은 5성급에 상당하고 1급 호텔은 3성급에 상당한 숙박시설이다. 특급호텔은 외국 손님을 접대하는 데 사용된다. 대동강 가운데 양뿔 모양을 한 섬 위에 건설되어 경치가 일품인 이 호텔은 1995년 7월 2일 준공되었으며, 바닥면적이 10만 제곱미터, 총 건축 면적은 약 9만 제곱미터인 170미터 높이의 47층 건물이다. 9000제곱미터에 이르는 골프장과 보트장, 낚시터(유람선도 운항한다)는 양각도 국제호텔의 자랑거리다.

호텔에서 평양 시내로 가는 유일한 통로는 양각교다. 그해 북한 시민은 양각도호텔에 들어가기가 매우 어려웠다. 홍콩 사람들은 상상하기 힘든 일이겠지만, 사실 1970년대의 상하이에서도 외국인 여행객과 동행하는 경우가 아니라면 일반 시민이 궈지호텔國際飯店, 허핑호텔和平飯店에 투숙하기가 어려웠다.

양각도에는 3개의 대형건물이 있다. 평양국제영화회관, 양각도체육장과 양각도호텔이다. 그중 가장 눈에 띄는 것은 양각도호텔로, 높이 솟은 양각도호텔을 먼 발치에서도 볼 수 있다.

평양의 밤길은 안전하다. 강도, 절도, 살인과 같은 범죄가 거의 없다. 45분을 걸어 5성급의 양각도 국제호텔에 들어서니 로비와 상점, 슈퍼마켓 모두 텅 비어 있었다. 1층에 있는 카지노에 북한 사람은 입장할 수 없다. 카지노에서는 중국어를 사용해야 하고, 영어를 쓰는 경우는 거의 없다.

양각도호텔에는 사우나, 가라오케, 서점, 상점, 여러 가지 풍미의 식당이 있다. 2층에 있는 호텔의 로비는 매우 화려하다. 엘리베이터를 타고 내려갈 때 늘 습관적으로 1층을 누르게 되는데, 기실 1층은 지하 1층이고 2층이 로비다. 1층을 누르는 바람에 지하 1층에 잘못 들어서게 되면 중국어, 영어, 북한말의 세 가지 언어로 된 '마카오식당' '금천도 사우나' '이집트 황궁 가라오케'라는 안내판을 보게 된다.

문이 굳게 닫힌 한 룸의 입구에는 '평양오락장'이라는 간판이 걸려 있었다. 나는 플래시를 터뜨리지 않고 카메라로 몰래 사진 한 장을 찍었다. 닫힌 문을 밀어젖혀 보니 내부는 휘황찬란했고 금색 천장은 눈부셨다. 대리석의 로마식 기둥과 인테리어에 매우 심혈을 기울인 것 같았다. 대략 50제곱미터 면적의 맞은편 방에는 슬롯머신이 늘어서 있었다. 다시 한 칸을 더 들어가니 300~400제곱미터 정도로 매우 큰 방이 나타났는데, 흑록색의 직사각형 테이블이 여러 개 놓여 있었다. 마카오나 베트남의 카지노와 비교했을 때 이곳은 그다지 인기 있는 곳은 아니었다. 몇 사람이 직사각형 테이블 주위에 둘러앉아 도박에 빠져 있었다. 이 카지노는 마카오 기업인이 투자해 만들었다. 카지노를 즐기는 사람 가운데 95퍼센트 이상은 중국인이다. 한 테이블에서 중국인 여성 한 명이 게임을 하고 있었다. 다른 쪽에서는 거칠게 생긴 중국 남성 세 명이 배팅하고 있었다. 한 사람은 팔뚝에 문신이 있었고, 다른 한 사람은 얼굴에 깊게 패인 칼자국이 있었다. 이곳에서 서비스를 하는 젊은 남성과 여성은 거의 중국인이었고 매니저는 북한 여성이었다.

카지노를 나와 오른쪽으로 돌아가면 화려한 인테리어를 자랑하는 사우나가 나온다. 중국에서 건너왔다는 여직원에게 사용료를 물으니 '특별서비스'가 있다고 했다. 그녀에게 다시 중국 어느 지방에서 왔냐고 물었다. 하얼빈哈爾濱과 베이징이라고 했다. 다시 사용료를 물어보니 '특별서비스'는 한 시간에 132유로이고, 마사지와 음료수 한 잔이 나온다고 했다. 베이징의 두 배 가격이었다. 중국 대륙에서 온 여성이라면 내가 '서비스'를 받을 필요는 없었다.

양각도호텔의 설비는 완벽했다. 호텔 내에는 각기 분위기가 다른 호화로운 식당이 있고, 비즈니스센터, 기프트숍, 우체통 등이 있다. 관리하고 서비스하는 직원들은 거의 모두 북한 사람들이었고, 소수의 외국인이 있었다. 호텔 룸 안에는 중앙집중식 냉난방장치, 침대, 주류 저장고, 옷장, 화장대, 소형 금고, TV, 전화 등이 구비되어 있었다. 화장실은 매우 컸다. 욕조에는 배수구가 잘 갖춰져 있었고, 대리석 세면대와 흰색 세라믹 좌변기도 있었다. 다만 화장실 바닥을 시공하면서 배수구를 설치하지 않았던 것 같지만, 배수에 문제는 발생하지 않았다. 그리고 세면대 위에는 치약, 칫솔, 샤워캡, 비누, 빗, 목욕 타월, 수건, 컵 등 있어야 할 것은 모두 갖춰져 있었다. 하지만 매일 한 번 양치도구를 바꿔주는 것은 아니었다. 손님이 숙박하고 3일 안에 별다른 요청이 없으면 한 세트의 양치도구만 제공한다. 절약과 환경보호 차원에서 나온 규정인데, 외부 세계에는 북한에 양치도구가 부족하다고 와전되었다.

특급호텔은 모두 각자의 발전설비를 두고 있다. 평양은 항상 전력이 부족해서 정전이 잦지만, 특급호텔은 영향을 받지 않는다. 1급 호텔에는 특급호텔 객실에 설치되어 있는 중앙집중식 냉난방장치가 없다. 예를 들어 서산호텔은 평양시 교외의 서산에 있는 1급 호텔인데, 객실 내에 선풍기만 있다. 호텔의 모든 하수관은 플라스틱관이 아닌 구리관이다. 구리는 북한이

평양 개선문.

많이 채광하는 광물이기 때문이다. 평양 만수대의 높고 큰 김일성 동상도 전부 구리로 주조했고 묘향산의 국제우의전람관의 1톤에 달하는 대문도 모두 구리로 제작한 것이다.

양각도호텔의 꼭대기 층에는 회전식당이 있다. 그곳에서는 대동강 위의 다른 섬 두 개를 볼 수 있다. 양각도의 북쪽으로는 능라도가 있다. 양각도보다 두 배 크다. 양각도의 남쪽으로는 두로도가 있는데 세 개의 섬 가운데 면적이 가장 크다. 이곳에서는 평양 시내를 내려다볼 수 있으며 대동강 경치를 감상하는 데 최적의 장소다. 회전식당에는 손님이 없어 적막했다. 일반 시민은 들어올 수도 없으니 돈을 쓸 수도 없다. 호텔에 투숙하는 외국인 여행객은 대부분 여행사에서 제공하는 세트 메뉴를 주문한다. 이곳은 국영식당이어서 원가를 따지지 않는다. 양각도호텔에는 1001개의 객실과 1963개의 침대가 있다. 그 가운데 특급객실은 10개, 1등 객실은 23개, 2등 객실은 90개, 3등 객실은 878개다.

양각도 국제호텔은 평양 대동강 지역의 상징적 건축물이다. 대동강 양안에는 주체사상탑, 인민대학습당, 천리마동상, 혁명박물관, 중앙역사박물관, 민속박물관 등 기념비적 건축물이 즐비하다. 북한의 기념비적인 건물과 빌딩숲, 지하철은 예전 한동안 돋보였던 경제력을 느끼게 한다. 그러나 오늘날 북한 지도자 기념물의 사치스러움은 일반 시민들이 겪는 곤궁함과는 그 격차가 너무나 크다.

평양은 '북한 혁명의 수도' '북한의 심장'으로 불리는 만큼 웅장하고 으리으리한 기념비적인 건축물이 많다. 다수의 건축물과 지명은 김일성과 그의 사상에서 따온 것이다.

주체사상탑은 김일성 주석 탄생 70주년을 기념하기 위해 세운 것으로, 1982년 4월 15일 김일성 탄생 70주년에 완공되었다. 탑신은 150미터이고 콘크리트 건축의 탑 꼭대기 횃불의 높이는 20미터다. 45톤에 달하는 이 횃불은 특수한 천연연료로 착색했다. 낮에는 화려한 생김새가 사람들의 눈길을 끌고, 밤에는 위에서 아래까지 반짝여 마치 활활 타오르는 불꽃같다. 주체사상탑 앞에는 높이 30미터, 중량 33톤의 조각 군상이 서 있다. 노동자, 농민, 지식인 3인의 입상이다. 각각 쇠망치, 낫, 붓을 들고 전진하는 모습인데, 북한 인민이 노동당의 영도 아래 용감하게 앞으로 나아간다는 의미를 담고 있다.

주체사상탑 앞에는 대동강 물이 유유히 흐른다. 이 탑은 밑바닥에서 위까지 천연 백색의 큰 화강암을 한 층 한 층 심혈을 기울여 새겨 만든 것이다. 자세히 관찰하면 탑신의 앞뒤는 각 18개의 층으로 되어 있다. 좌우측은 각각 17개, 합계 70개의 층으로 구성된다. 이것은 역시 김일성의 70세 생일을 상징한다. 70마디의 석층에 모두 2만5550장의 화강암을 사용했다. 이 숫자는 바로 70년 일수의 총계다. 70과 2만5550이라는 숫자는 김일성 주석 70세 생일에 대한 북한 인민의 맹목적 숭배를 상징한다.

북한 당국은 숫자를 우상화에 활용하는 데 고수다. 북한 주민의 일상생활에서도 70, 216 등과 같은 숫자를 쉽게 발견하게 되는데, 지도자에 대한 인민의 숭배를 의미한다. 북한의 많은 건축물에는 특별한 정치적 의미가 있다. 건축물 설계와 시공 중 일부 숫자를 포함함으로써 지도자에 대한 존경을 직접적으로 나타낸다.

개선문은 김일성이 인민을 영도하여 일본 제국주의를 타도한 것을 기념하기 위해 만든 것이다. 1945년 10월 14일, 평양에 막 돌아온 김일성은 이곳에서 중요한 연설을 발표했다. 그는 "힘이 있으면 힘을 쓰고, 지식이 있으면 지식을 쓰고, 돈이 있으면 돈을 쓰고, 민족 전체가 긴밀히 단결하여 새로운 국가를 건설하자"는 유명한 구호를 제창했다. 개선문의 높이는

묘향산.

묘향산 안내원.

60미터, 폭 52.5미터로 세계의 개선문 가운데 가장 높다. 건설 규모와 바닥 면적 모두 파리와 로마의 개선문을 뛰어넘는다. 북한 사람들은 이렇게 자랑한다. "우리의 개선문은 파리의 개선문보다 10미터가 높아요." 평양 개선문의 남북 방향에는 아치형 문이 있다. 그 가장자리에는 70개의 진달래를 새겨 넣은 돌덩어리가 있는데, 개선문이 김일성 주석 탄신 70주년 사이에 지어졌다는 것을 나타낸다.

영생탑은 북한 인민이 김일성 사망 후 그를 그리워하는 마음을 표현하기 위해 지은 것이다. 영생탑의 탑신 전후로는 구리로 주조한 "위대한 지도자 김일성 동지는 영원히 우리와 함께한다"는 구호가 새겨져 있다. 좌우에는 각각 82송이의 진달래를 부각浮刻했는데, 김일성이 평생 지나온 82번의 봄과 가을을 상징한다.

우의탑은 1959년 10월에 지어져서 북중 간의 우의를 상징한다. 탑 높이 30미터, 1025개의 화강암과 대리석으로 층을 쌓았는데, 이는 중국의 인민해방군이 한국전쟁에 참전한 10월 25일을 기념하는 것이다. 탑신 정면에는 '우의탑'이라고 크게 도금된 세 글자가 새겨져 있는데, 글자마다 중량은 40킬로그램이다. 탑 꼭대기에는 구리로 도금한 오각별이 있는데 중량이

500킬로그램에 달한다. 탑 바닥의 기념실 삼면에는 초대형의 유화가 있다. 인민해방군이 북한 인민군과 함께 미군에 맞서 싸우는 모습과 전후 국가를 재건하고 귀국할 때 북한 인민이 배웅하면서 석별의 정을 나누는 장면을 그린 그림이다. 탑 내부에는 원형의 석실이 있어 탑신에 들어갈 수 있다. 석실 중앙에는 1톤 중량의 대리석 받침대가 놓여 있는데 안에는 지원군의 명단 원본 10권을 보관하고 있다. 120만 명의 중국 지원군이 참전하여 30만 명의 용사가 자신의 생명을 이 땅에 남겼다. 우의탑 정면 받침대에는 비문이 새겨져 있다. "중국 인민지원군 열사여! 당신들은 가정을 보위하고 나라를 지키는 '항미원조'의 기치를 높이 들고, 우리와 이 국토에서 어깨를 나란히 하며 전투를 벌여 공통의 적을 무찔렀다. 당신들이 남긴 불후의 업적과 조·중 인민이 선혈로 뭉친 국제주의 우애는 이 번영의 땅 위에서 영원히 빛을 발할 것이다."

기업의 이름에도 마찬가지로 곧잘 숫자가 들어간다. '7.28공장'이나 '10월 5일 자동화종합기업' 등이 그 예다. 외국인은 이런 숫자에 어떤 의미가 담겨있는지 아예 모를 것이다. 김일성, 김정일이 공장을 시찰한 날을 기념하기 위해, 기업의 업무에 대해 두 명의 최고 지도자가 중요한 지시를 내린 것을 나타내기 위해 저런 이름을 붙이는 것이라 한다. 평양 시내의 대로에서는 차량번호 세 자리가 '216'인 벤츠 승용차를 자주 볼 수 있는데, 이는 북한 당정군 지도자와 중앙 각 부문 책임자의 전용차량이다. 한 정부 관료가 내게 이렇게 설명해줬다. "2월 16일은 김정일 장군님의 탄신일입니다. 216은 고급 영도간부 전용차량의 차량번호로 사용합니다. 우리 전당全黨, 특히 고급 영도간부의 장군님에 대한 존중과 충성을 십분 보여주는 것을 의미합니다. 고급 영도간부는 무조건적으로 장군님이 인도하는 방향을 향해 전진합니다."

북한이라는 수수께끼

옛 이름이 '유경'인 평양의 시내 지역에서 하늘을 찌를 듯한 거대한 건축물인 유경호텔을 쉽게 발견할 수 있다. 크리스마스트리 같은 모양인데, 피라미드를 떠올리게 한다. 경사각은 75도, 콘크리트 구조로 건축 면적은 36만 제곱미터, 330미터 높이의 105층짜리 회색 건축물이다. 1987년에 착공되어 3000여 개의 룸, 7개의 회전식당을 갖춰 1992년 완공할 예정이었다. 평양에서 가장 두드러지는 랜드마크가 될 것이었고, 세계에서 일곱 번째로 높은 빌딩으로 뉴욕, 시카고의 마천루를 제외하고는 가장 높은 100층 건축물이 되었을 것이었다. 그랬다면 북한은 세계에서 가장 높은 호텔, 세계에서 가장 큰 호텔, 세계에서 가장 큰 피라미드형 건축물, 세계에서 가장 많은 층수의 건축물 등 4대 항목에서 건축 기록을 보유할 수 있었을 것이다.

북한 사람은 세계 최대, 최고, 최장, 제일에서 자부심을 느낀다. 그러나 이렇게 세계 제일을 맹목적으로 추구하다가 그 결실을 맺지 못하게 되면 바로 약소국의 심리 상태로 접어들게 된다. 약소국 심리 상태의 특징은 첫째, 자신의 성취와 장점을 과대 포장한다. 둘째, 자신의 결점과 부족한 점을 언급하는 것을 싫어한다. 셋째, 다른 사람의 비판에 매우 신경을 쓰고 냉정하게 반성할 줄 모른다. 약소국 심리 상태의 본질은 자신감 결여다. 이 심리 상태는 국민 개개인에게로 확장되어 허영, 열등감, 질투, 반발 등 약소 국민의 심리 상태로 전이된다. 현실을 직시하지 못하고 자신을 바로 볼 수도 없다. 북한 사람들이 '강한 국가 강한 국민'의 건강한 심리 상태를 견지하려면 아직도 아주 오랜 길을 가야만 한다.

다시 유경호텔 이야기로 돌아가보자.

1987년 착공되면서 당초 계획은 1992년에 영업을 시작하는 것이었다. 그러나 구소련 해체로 자금줄이 끊기면서 이후 줄곧 공사가 중단되었다.

1990년대 북한 경제가 한층 더 추락하면서 세계 최대의 공사 중단 건물이 되었다. 1992년 구조공정이 완성된 뒤 공사가 중단되어 근 20년 동안 콘크리트 껍데기 상태를 유지했다. 아직까지 창문 및 외벽 시멘트 거푸집을 설치하지도 못했고, 다른 어떤 내부장치도 없다.

북한 당국은 한동안 유경호텔에 대한 자부심으로 가득했다. 이로써 대외적으로 북한의 실력을 뽐낼 수 있게 되었다는 것이었다. 유경호텔의 최초 예산은 7억5000만 달러로, 북한 GDP의 2퍼센트에 상당했다. 당시 아시아에는 마천루 건설이 한창 신드롬이었다. 특히 한국이 싱가포르에 투자해 스탬포드Stamford 호텔을 짓는 것을 보고 확실히 달갑지 않았을 것이다. 사실상 유경호텔을 짓기로 결정했을 때 평양을 방문하는 외국인 관광객이 매년 수천 명 정도에 불과해서 도대체 왜 룸이 3000개나 되는 호텔을 건설하는지 이해하기 어려웠다. 북한이 서양 투자자를 끌어들이려는 목적으로 호텔을 지었다거나 한국과 올림픽 공동개최 준비를 위해 지었다는 추측이 무성했다.

공사가 아직 시작되지도 않았을 때 북한은 새로 제작하는 지도에 유경호텔의 위치를 표시했다. 시공하는 기간에는 유경호텔 우표를 발행하기도 했다.

이 거대한 건물의 건설이 중단된 주요한 원인은 자금부족과 전력이다. 당시 북한은 심각한 기근을 겪고 있었으며 에너지 부족 현상도 나타나기 시작했다. 또한 공사에 여러 문제가 존재한다는 지적도 있었다. 지반이 무너졌다거나 콘크리트가 규격에 맞지 않는다던가 심지어 빌딩이 구조적으로 문제가 있다는 의혹도 있었다. 어느 한국의 건축 전문가는 붕괴 위험성을 제기했다. 이렇게 오랜 세월 유경호텔의 건설은 재개되지 못하고 있다. 맨 꼭대기에 빈 기중기 하나만 덩그러니 남겨져 있을 뿐이다.

북한이라는 수수께끼

미완성의 유경호텔.

유경호텔의 새로운 면모.

유경호텔의 다른 경관.

멀리서 바라본 유경호텔.

1991년 소련 해체 이후 북한은 경제적 후원자를 잃었고 호텔 공사는 중단되었다. 1990년대 북한 경제가 밑바닥으로 추락하자 유경호텔은 실패의 상징으로 부각되었다. 정부 지도에서 호텔의 위치 표시는 사라졌고, 유령호텔이라는 별명을 얻었지만, 구글어스Google Earth의 위성사진에서는 여전히 또렷하게 볼 수 있다. 북한은 가장 비밀스러운 국가지만 평양에는 정부조차도 은폐하기 어려운 비밀, 바로 유경호텔이 있다. 이 105층 높이의 거대한 건축물을 감추는 것은 불가능한 일이다. 지난 20년 동안 북한 사람 가운데 외국인에게 이 유경호텔을 언급하는 사람은 거의 없었다. 착공 전에 지도상에 존재했던 이 건축물은 현재 지워진 상태다. 현지 가이드는 대개 호텔의 위치를 모른다고 말한다. 대부분의 북한 사람은 철저하게 이 일을 부인하든지 이 주제를 피하려고 할 것이다.

20년 동안 황폐한 몰골로 서 있는 이 수수께끼 건물은 언제나 준공될 수 있을 것인가.

기이한 외형의 유경호텔은 세계에서 가장 거대한 공사 중단 건물로 불린다. 『에스콰이어Esquire』는 "인류 역사상 최악의 건물"로 평가하기도 했다. 공사 중단 16년 뒤인 2008년 봄과 여름 사이에 마침내 공사가 재개됐다. 이집트 최고의 전신회사인 오라스콤이 투자하여 유경호텔을 계속 짓기로 한 것이다. 이 그룹은 공사 중단 공정을 넘겨받아 호텔 꼭대기층을 새롭게 하는 것에서 시작하여 유리창 및 통신 안테나를 추가로 달았다. 오라스콤 산하 통신회사가 현재 북한에서 휴대폰 네트워크를 구축하고 있기 때문이다. 유경호텔을 이용해 휴대폰 네트워크를 받아들인 것으로 보인다. 오라스콤 그룹은 이 콘크리트 껍데기에 유리를 설치했고, 통신 안테나를 설치했다. 또 한 예술가를 초빙해 호텔 외관을 새롭게 구상하기로 했다고 공표했다. 유리창 공사는 2010년 9월에 완성되었다. 전문가의 예측으로는 전체 공정

북한이라는 수수께끼

을 완성하려면 20억 달러 넘게 재투자해야 한다고 한다. 이는 북한의 한 해 GDP의 10퍼센트에 맞먹는 금액이다.

북한은 2012년 이전에 평양을 국제화 도시로 건설할 계획이다. 유경호 텔 외에도 '금강거리'라 불리는 상업거리를 조성하려는 계획이 있다. 50층 높이의 쌍둥이호텔을 평양에 시공 중이다. 동시에 비즈니스센터, 현대화된 백화점 및 오피스텔을 건축할 계획이다. 평양에서 남포항으로 가는 도로변 에는 10만 호를 수용할 수 있는 종합아파트를 건설 중이다.

7월에 개선문에서 남쪽으로 향해 평양제1백화점에 도착하니 만수대 지역의 철거가 이미 완료되어 있었다. 현장에는 대형 기중기와 각종 공사 기계가 갖춰져 있었고, 공사 진행으로 무척 시끄러웠다. 평양에는 수많은 새로운 건축물이 잇달아 솟아오르고 있다. 당국은 유경호텔은 2012년 4월 15일 전에 완공해* 김일성 탄신 100주년을 기념하려고 하지만, 그 꿈이 이 루어질지는 미지수다.

- 유경호텔은 이집트의 국영통신사 오라스콤 그룹이 2008년 4월 2억1500만 달러를 투입해 공사가 재개된 것으로 알려지고 있다. 이후 프랑스의 시멘트 생산업체인 라파즈도 투자자로 나섰다. 그 리고 아랍에미리트의 에마르 디벨롭트 사가 호텔 외벽에 유리를 붙이는 시공을 하여 2011년 7월 에 외부공사가 완료되었다. 현재는 내부공사가 진행되는 중이다. 한편, 유경호텔의 경영권을 인 수한 세계적 호텔체인 캠핀스키 그룹은 꼭대기 부분에 150개의 객실을 2013년 7~8월 경에 먼저 개장할 계획을 가지고 있었다. 하지만 북한의 3차 핵실험 이후 2013년 4월 브리지트 홀 캠핀스키 그룹 대변인은 AFP통신을 통해 현재로서는 북한에서의 호텔시장 진입이 가능하지 않다고 판단 되어 당초 예정됐던 개장을 잠정적으로 중단한다고 발표한 바 있다.

제16장

북한의 정치언어가 된 '아리랑'

대형 매스게임mass game인 '아리랑'과 같은 공연은 세계적으로 유일무이하다. '평양모델'이라고 불리는 이 공연, 오로지 중앙집권적 전제국가에서만 이런 기적을 만들어낼 수 있다.

한반도의 형세가 여전히 복잡한 상황 속에서 10만 명이 공연하는 '아리랑'은 해외의 주목을 받았다. 2010년의 이번 공연은 8월 초에서 10월 중순까지 2개월이 넘게 계속되었다. 예년처럼 공연 연습은 4월 1일부터 전면적으로 시작됐다. 각급 기관과 학교 단위로 매주 세 차례 두 시간씩 연습에 참가한다. 5월 이후부터는 매일 오후 연습한다. 그런 다음 각 장면에 따라 조별로 연습을 하고, 7월 초에는 전체 리허설을 한다.

김금룡 '아리랑' 공연 국가준비위원회 연출실 실장은 말했다. "6·15 공동선언 10주년을 앞두고 한국과 미국은 천안함 사태를 날조했습니다. 이명박 집단은 우리의 목을 조르려고 합니다. 우리 민족은 전쟁의 위험에 처해 있습니다. 우리는 평화를 사랑합니다. 올해 공연은 바로 평화통일 조국의

북한이라는 수수께끼

정의로운 기세를 한층 더 북돋을 것이에요. '아리랑' 공연은 조선 인민의 일심단결의 위력과 평화통일의 의지를 충분히 드러낼 것입니다."

공연은 정치적 무기가 된다. 일부 남북 문제 전문가라는 홍콩과 타이완의 학자들은 '아리랑'에 대해 얘기를 하면서 늘 공연의 경제적 비용과 가치를 꼼꼼하게 계산하려고 하는데, 공허한 짓이다. 그들은 이 국가를 이해하지 못하고 있다. 국가의 크고 작은 일을 물질적 잣대로만 재단할 수 없다.

김금룡은 아리랑 민족의 100년 민족사를 반영하는 2010년의 공연은 장면과 예술적 주안점에 있어 일부 수정이 이루어질 것이라고 밝혔다. 2010년은 북한의 '조국해방전쟁' 발발 60주년이면서 중국 인민지원군의 참전 60주년이기도 하다. 따라서 2010년 판 아리랑 공연에는 '우의 아리랑'이라는 부분을 추가했다.

김금룡은 말했다. "김일성 주석은 스물 몇 살의 나이에 중국 동지들과 함께 항일무장투쟁을 전개했고, 중국의 동지들과 두터운 혁명 전우의 우정을 맺었습니다. 이 과정 자체가 우리에게 분명히 알려줍니다. 북중 우의는 주석이 남기신 귀중한 유산이라는 사실을요."

2009년 10월 5일 밤, 김정일은 방북한 중국 원자바오 총리와 '아리랑'을 감상했다. 김정일과 원자바오는 전날 밤 가극 「홍루몽」을 관람했다. 2009년은 북중 수교 60주년이었고 양측이 정한 북중 우호의 해였다. 이날의 '아리랑'은 중국적 요소를 특별히 많이 넣었다. 공연이 끝났을 때 연기자들은 한목소리로 "원 할아버지, 만나서 반갑습니다"라고 중국어로 외쳤다. 이와 동시에 카드섹션으로도 표현해내 장내는 고함으로 가득 찼고 분위기는 정점에 달했다. 대규모 집단체조는 북한이 세계에 떳떳하게 내세우는 특기 가운데 하나다.

2008년 9월, 조선민주주의인민공화국 성립 60주년을 맞이해 당국은

'아리랑'을 다시 공연했다. 이 공연은 세계에서 가장 거대한 규모의 단체체조 예술이자 북한 사람들의 자긍심을 이끌어내는 문화행사다. 단체체조는 사람들의 집체의식을 불러일으킬 필요가 있는 장소에 나타난다.

'아리랑'은 북한 민족이 광범위하게 듣고 즐겨 부르는 전통 민요다. "아리랑 아리랑 아리리요……." 소박하고 느린 멜로디는 듣는 사람의 심금을 움직여 강렬한 공명을 불러일으킨다. 애잔한 순애보를 통해 북한 민족의 섬세한 정감과 순결한 정서를 표현한 이 민요는 오래도록 생명력을 지니고 있다. '아리랑'은 이미 세상 사람들에게 이 동방의 민족을 대표하는 상징이다. 북한 민족은 아리랑 민족이다. '아리랑'의 한 연기자는 이렇게 말한다. "이것은 문예공연에 그치는 것이 아니라 김일성 동지와 함께 조국통일의 실현을 바라는 전체 인민의 결심을 알리는 것입니다."

'아리랑'은 김정일의 제안으로 2002년 세상에 등장했다. 작품은 초장初章 및 '아리랑 민족' '선군 아리랑' '아리랑 무지개' '통일 아리랑'의 네 가지 주제의 중장中章, '강성 부흥 아리랑'의 종장終章으로 구성된다. 모두 13개의 장면으로 구성되어 있으며 공연시간은 90분, 참여인원은 10만 명이다. 북한에서 유명한 국내외 음악 경연대회 수상자, 문예 종사자, 운동선수, 청소년, 군인, 어린이 등 다양한 계층에서 참여한다. 2002년의 첫 공연은 4개월간 계속되었고 4만 명의 외국인 관람객과 500만 명의 인민들이 이 대형 집단체조를 관람했다. 출연자 숫자는 매 공연 관중의 두 배다. 평양의 사계절 가운데 가장 날씨가 좋은 4월에서 10월 사이에 공연을 진행하고, 어떤 때는 4월에서 5월, 8월에서 10월로 두 번으로 나눠 공연한다.

2007년 4월 14일 밤은 북핵 시설의 폐쇄라는 1단계 목표의 마감 날짜이자 북한 민족의 가장 중요한 명절인 태양절의 전야이기도 했다. 평양 시민들은 시내 각 지역에서 지하철과 버스를 타고, 또는 도보로 10여 킬로미

북한이라는 수수께끼

아리랑. 건당 65주년 평양 5·1체육관 공연.

아리랑.

아리랑 공연 장면.

터를 걸어 능라도 5·1경기장에 도착해 아리랑 공연에 참가했다. 당시 한국의 종합위성 아리랑 2호가 평양 시내의 시민이 대규모로 이동하는 모습을 촬영하기도 했다.

현대 체조의 일종으로서 단체체조는 19세기 유럽에서 기원한 것이다. 집체 동작의 정연함과 통일성을 강조함으로써 청년들의 힘, 용기와 단결된 '체육과 예술'을 나타낸다. '아리랑' 공연장은 평양 5·1경기장으로 대동강의 중앙인 능라도에 있으며, 1989년 5월 준공되었다. 전체 경기장은 타원형으로 부지면적은 2만5000제곱미터, 건축면적은 20만7000제곱미터다. 위아래 모두 8층으로 나뉘며 15만 명의 관중을 수용할 수 있다. 이 방대한 규모의 경기장은 아리랑 공연의 영예로움을 한층 더 빛나게 한다.

당초 매년 공연을 할 계획이었지만 기근과 국제사회의 봉쇄로 북한은 이와 같은 대규모의 공연을 매년 연출할 수가 없었다. 2003년과 2004년의 공연은 모두 취소되었고 2005년 다시 2개월간 공연했다. 2006년 공연이 또 취소되었고, 2007년에야 다시금 공연을 무대에 올렸다.

'아리랑'은 여러 예술 형식을 종합적으로 운용한다. 공연 중에는 무술, 체조, 곡예, 무용이 질서 있게 어우러지고 조명, 음악, 세트, 특수효과가 끊임없이 바뀌면서 아주 높은 조화로움과 일체감을 나타낸다. 깊은 감동이 있고 눈부시게 아름다운 장면을 연출해내는 전체 공연 장면은 그야말로 장관이다.

공연 가운데 아역배우의 연기가 특히 출중하다. 1000명이 넘는 어린 배우들이 공연장에서 동시에 물구나무서기, 공중회전, 받쳐 올리기, 회전 등의 경쾌한 무용과 고난도의 곡예동작으로 아이들만의 (명랑한) 즐거움과 행복을 표현한다. '시양양喜洋洋'이라는 부분에서 관중들은 그들의 생기발랄함과 활력 넘치는 공연에 열화와 같은 갈채를 보낸다.

공연에서 가장 우아한 부분은 확실히 '금강산 팔선녀'가 속세로 내려오는 장면이다. 한 선녀가 인간 세상의 나무꾼과의 사랑을 천신만고 끝에 이뤄 행복하게 살았다는 내용, 하늘에서 내려온 팔선녀가 금강산의 그림 같은 풍경에 도취되어 삼천리 금수강산을 차마 떠나지 못해 다시 하늘나라로 돌아가지 않고 이 인간계에 오래 머문다는 내용 등이다. 공연에서는 금강산의 가을 경치를 배경으로 은백색의 구룡폭포가 산에서 떨어지고 선녀와 나무꾼이 구성진 선율에 따라 나풀나풀 춤을 춘다. 아리랑 민족의 사랑 이야기가 관중의 가슴에 기나긴 여운을 남긴다.

아리랑 공연에서 4만 명으로 구성된 거대한 카드섹션을 본 관중들은 절찬을 아끼지 않는다. 카드를 뒤집는 배우는 주로 평양 시내 각 지역에서 온 학생들이다. 그들은 주석단의 맞은편 관람 스탠드에서 10여 명의 지휘자 깃발 신호에 따라 일사불란한 동작으로 다른 색깔의 카드를 끊임없이 만들어낸다. 다채롭고 생생한 배경 도안이 전체 공연의 줄거리를 팽팽하게 하나로 꿰어내면서 공연의 주제는 더욱 선명해진다. 이런 작업은 어린이만이 완성할 수 있다. 왜냐하면 어린이는 체형이 작아 카드 뒤에 숨기 쉬워 조화롭고 아름다운 장면을 만드는 데 알맞기 때문이다.

다른 6만 명은 경기장 위의 배우들인데, 몇 개의 조로 나뉜다. 대다수는 청년과 소년이다. 청년들은 집체무용에 특히 뛰어나고, 소년들은 고난도의 체조 동작을 소화해야 하고 많은 운동량을 필요로 하는 대형 변환을 잘 보여준다. 물론 갓난아기를 품에 안은 어머니, 인민군의 군사훈련 동작 등을 보여주는 라인업도 있다.

배우들은 또한 보통 커다란 초상화를 한데 모으는 도구를 가지고 있다. 장과 절의 끝부분에 대형 초상화를 모아 이미지를 만들어낸다. 2005년 10월, 후진타오가 방북했을 때 김정일과 동반하여 공연을 관람했다. 후진

북한이라는 수수께끼

타오와 김정일은 두 차례 일어서서 아이들을 위해 박수를 쳤고, 관람객도 동시에 우레와 같은 박수로 회답했다. 공연 후반부에는 경기장에 특별히 2만 명의 배우를 배치하여 다른 색상의 생화로 북중 양국 국기의 형상을 만들어냈다. 카드섹션에는 '과거를 회상하며 현재를 생각한다. 북중 우의의 꽃은 영원하다'라는 문구가 있었다.

'아리랑'의 마지막 장에 이르자 경기장 내에 노랫소리가 터져나왔다. "장군님의 손길 따라 주체강국 나래친다. 아리 아리랑, 스리 스리랑, 태양 조선 강해가니 존엄 높아 아리랑, 태양 조선 흥해가니 살기 좋아 아리랑……."* 단체체조는 북한의 정치언어가 되었다. 북한 관중은 전체 기립하여 김일성 찬가를 소리 높여 불렀고, 해외 관중의 환호성도 터져나왔다. 가장 안절부절 못하는 사람은 한국 관중들이었다. 통일조국은 한국 관중들도 바라는 염원이지만, 한반도의 공동 지도자로 김일성을 찬양할 수는 없는 노릇이다. 비록 이미 수만 명의 외국인이 '아리랑' 공연을 관람했지만 북한 당국은 시종일관 외국 언론의 현장중계나 아리랑에 대한 취재 요청을 거절해왔다.

단체체조는 젊음과 강인함이 긴밀하게 연결된 공연이다. 수천 명의 어린 배우가 펼치는 공연은 고된 훈련의 결과라는 사실을 미루어 짐작할 수 있다. 평양의 각 중학교와 초등학교 학생들은 예외 없이 각종 형태의 단체체조 활동에 참가해야 한다. 아리랑 배우의 선발 과정은 매우 엄격하다. 정치심사 외에도 적합한 신체 조건 역시 요구되어 신장과 체중에서 일정한 기준을 통과해야 한다. 일단 선발되면 1년 내내 수업을 마친 오후에 훈련을

---

* 이 노래는 '강성부흥아리랑'이란 곡으로 윤두균 작사, 안정호 작곡, 오란희가 노래한 것이다. 2001년 8월 26일자 「노동신문」 2면에서 '온 나라 인민이 즐겨부르는 새로 나온 노래 강성부흥 아리랑'이란 제하에 악보와 함께 노랫말 3절이 발표되면서 세상에 알려졌다.

받는다. 공연 1개월 전부터는 수업을 아예 하지 않고 리허설만 한다.

　무용 팀은 1년 동안 오후부터 심야까지 훈련을 계속한다. 저녁식사 대신 밤 8시에 사탕과 빵을 한 차례 나눠준다. 북한 아이들은 사탕을 먹을 수 있는 기회가 극히 적기에 사탕을 받으면 매우 좋아한다. 앉은 자리에서 카드를 뒤집는 학우들은 인내심을 단련해야 한다. 그 카드 아래에 앉아 있는 초등학생들은 관람석 위에 몇 시간 동안 앉아 있어야 한다. 또한 작은 병 하나만 휴대할 수 있다는 규정이 있어 배뇨를 줄여야 한다. 많은 학생이 참지 못하고, 앉은자리에서 볼일을 해결하고는 한다. 5·1경기장의 화장실 수용 인원에 한계가 있다 보니 휴식시간에 배우들은 그저 관람석의 모퉁이에서 소변을 해결할 수밖에 없다. 그래서 배우들 쪽 관람석은 1년 내내 지린내로 가득하다. 이러한 단체체조 공연은 '체육단련'이라고 불리는 문서에 기록된다. 양호한 체육단련 기록은 대학 입학 심사에 유리하고, 일단 단체체조 중에 태도가 좋지 않으면 대학에 들어갈 자격을 잃을 가능성이 높다.

　'아리랑' 공연에 투여된 인력과 자금의 대차대조를 이런 중앙집권적 국가에서는 계산하기 어렵다. 그러나 당국의 발표에 따르면 '양호한 경제적 효과를 획득했다'고 한다. 2002년의 4개월 공연에서 해외 관중은 2만 명을 동원했고, 입장권 수입은 1900만 달러에 달했다. 2005년의 2개월 공연에서는 해외 관중 가운데 한국인을 제외한 외국인은 1만 명, 한국인이 9000여 명이었다. 1등석 가격은 장당 150달러였고, 2등석은 80달러 이상이었다. 입장권 판매수입만 해도 매회 285만 달러에 달한다.

　10만 명이 공연하는 아리랑은 몇 달 동안 아주 많은 인력과 물자를 소모해야 한다. 2002년 아리랑 공연이 열렸을 때 북한 당국은 공연에 필요한 학생들의 의류와 식품 등의 물자를 대량으로 수입했다. 모든 연기자와 스태프에게 돌아가는 보수가 없기 때문에 이들의 노동은 북한 당국이 한 푼도

쓰지 않는 의무 노동이다. 북한 주민은 무료로 관람할 수 있고, 한국인과 해외교포 및 외국인은 표를 구입해서 관람한다. 북한의 '아리랑 초청과 접대위원회'가 전 세계의 일부 지정된 여행사에 초청장을 발송하면 여행사가 모스크바, 베이징, 스톡홀름 등의 도시에서 관광객을 모집한다.

2007년 8월 15일의 공연은 전례 없는 규모와 높은 수준의 예술적 표현으로 기네스북에 등재되었다. 북한 정치언어의 최고봉인 단체체조는 과연 세계 인민에게 '자주, 평화, 우애'의 이념을 전달하는 무대였을까. 세상 사람들이 스스로 판단할 것이다.

제 17 장

해외유학을 통한 외부세계 관찰

　　　　　　　　　　김씨 일가를 기념하는 건축물을 제외
하면 북한에서 가장 좋은 건축물로는 학교를 꼽을 수 있다.

　　처음 북한에 방문했을 때 들은 이야기다. 1975년 9월 1일부터 북한은
10년제 초등학교, 중학교 의무교육과 1년제 취학 전 의무 교육제도를 전면
실시했는데 합쳐서 11년제 의무교육제도라고 부른다. 취학 전 교육 1년, 초
등학교 4년, 중학교 6년이다. 1990년에서 1995년까지 북한의 교육비 지출
은 매년 평균 5.7퍼센트씩 늘어났다. 모든 취학 연령의 어린이는 중등 일반
교육을 받는다. 규정에 의하면 학생이 학교에 다니는 기간에는 학비와 잡
비 등을 일률적으로 면제받으며 교과서와 책가방 등은 국가에서 무상 지
급된다. 초등학생에게는 2년마다 교복 한 벌이 지급되고, 중학생의 교복은
가정에서 가격의 20퍼센트, 국가에서 나머지 80퍼센트를 부담한다. 그래
서 북한에는 학비를 납부하기 위해 매혈을 하거나 탄광에 가서 아르바이트
를 하는 현상이 존재하지 않는다. 아이들을 학교에 다니지 못하게 하는 부

　　　　　　　　　　　　　　　　　　　　　　　　북한이라는 수수께끼

모와 후견인은 법에 의해 처벌을 받는다.

당시 나는 1993년 한 해에 평양시 아동에게 공급된 두유가 1만8000톤에 달하고, 정부는 이를 위해 1100만원을 지출했다는 한 북한 관료의 얘기를 들었다. 나는 그의 말이 사실이라고 믿는다. 평양의 한 가장도 아이가 무료로 두유를 마신다는 사실을 내게 알려준 적이 있다. 그렇지만 이것은 어디까지나 평양에 국한된 것임을 안다. 평양은 특수한 지위에 있고 앞에서 언급한 것처럼 어떤 북한 사람도 마음대로 평양에 와서 거주할 수 없다.

정치 혹은 지정학적 요소 그리고 역사적인 이유 때문에 북한의 젊은 이들이 주로 유학 가는 국가는 중국이다. 중국인은 종종 북한에서 유학 온 유학생을 통해 그들의 학습 분위기를 느끼고는 한다. 그들은 공부에 집중하고 언행을 조심한다. 의견을 겉으로 드러내는 경우가 극히 드물고, 외국 학생들과 친해지는 것을 원하지 않는다. 북중 관련 협의에 따르면, 북한은 매년 200명의 유학생을 중국에 보내 공부하게 하는데, 대부분 이공계열이다. 일부는 과학 엘리트로 공부를 마치고 귀국하면 주로 당정기관, 군대, 외교부서와 상무商務 계통에 배치된다. 이 때문에 외국 유학은 젊은이들의 꿈이기도 하다.

한번은 차를 타고 평양과학기술대학* 앞을 지나가는데 무심코 앞에 앉은 수행요원에게 대학에 들어가볼 수 없겠냐고 청했다. 그 요원은 어떤 대화를 하는지 알아들을 수 없었지만 어디론가 전화를 걸어 이에 대해 상부에 보고했다. 그는 고개를 돌려 "들어가셔도 됩니다. 하지만 사진을 찍을

●   남북이 공동으로 설립한 특수대학이다. 2009년 9월 16일에 평양시 낙랑구역 승리동의 캠퍼스에서 개교했다. 한반도의 평화와 북한 경제의 자립을 도모하고 국제학술교류의 장을 마련하는 것이 주된 설립 목적이다. 이 대학에는 미국, 캐나다, 영국 등 4개국에서 파견된 교수와 직원들이 북한 학생들을 지도하고 있다.

수는 없습니다"라고 말했다. 강의실은 넓고 환했다. 바닥은 대리석이었고 유리창은 깨끗하고 컸다. 이곳은 서울도 도쿄도 아닌 평양이었다. 이 대학은 북한과 한국이 공동으로 세운 국제사립대학이다. 2층 교실에서는 단정한 와이셔츠에 넥타이를 맨 한 남학생들이 중년의 외국인 교수가 진행하는 영어 강의를 듣고 있었다.

이 대학에는 30여 명의 외국인 교수가 있다. 이곳 학생들은 북한 각지에서 선발되어 온 엘리트다. 전체 수업은 영어로 진행된다. 이곳은 북한 학생들이 외부와 연결되는 하나의 창구 역할을 한다. 수업이 끝나자 수십 명의 학생이 잇달아 교탁 앞을 둘러싸고 교수에게 이것저것 질문하기 시작했다. 교수는 많은 질의에 답하느라 분주해 보였다. 북한 학생들은 얻기 어려운 학습의 기회를 놓치지 않으려 했다.

홍콩에서 학생으로 공부하는 5명의 북한 관료를 취재한 적이 있다. 2007년 11월 26일에서 12월 22일까지 이 5명의 학생은 홍콩과기대학에서 UN기금을 받아 단기 속성교육 과정을 이수했다. 홍콩과기대는 인구조사 연구방법, 정보 수집 및 통계 등 다양한 커리큘럼을 통해 북한에서 처음 실시하는 인구주택총조사를 위한 준비에 도움을 주었다. 북한 통계국에서 홍콩으로 교육을 받으러 온 이 대표단의 단장은 리문호였다. 북한 관료가 해외에서 인구통계학 관련 교육을 받는 것은 이번이 처음이라고 했다. 이 다섯 명의 관료는 모두 처음 홍콩 땅을 밟은 것이었는데, 그 가운데 두 명은 2006년 태국에 가서 1개월간 교육을 받은 적이 있지만 다른 3명은 첫 외국 나들이였다. 이들은 단정한 양복을 입고 똑같은 구두를 신었다. 머리도 아주 깔끔하게 이발하여 마치 한 어머니 배에서 나온 쌍둥이 형제 같았다.

북한은 1992년 인구 조사를 한 차례 시행한 적이 있다. 교육, 취업, 주

북한이라는 수수께끼

택, 인구와 관련된 사항 일체를 포괄했다. 당시 북한은 2008년 말 첫 번째 인구주택총조사를 시행할 계획이었다. 이 5명의 북한 관리는 여러 차례의 엄격한 선발을 거쳐 홍콩에 왔다. 그중 가장 젊은 한 명이 설명하기를, 북한 의무교육은 11년제라서 대학 신입생의 나이는 대체로 17살이라고 했다. 그들 5명은 대학에서 공부할 때 정말 고생을 많이 했다고 말했다. 매일 공부하는 시간은 평균 16시간 정도였고, 컴퓨터, 통계 등 전공 분야도 다양했다. 한 명은 의학박사 학위를 취득하고도 통번역 학위과정도 수료하여 영어가 상당히 유창했다.

이 특별한 학생들은 각고의 노력으로 공부에 임해 홍콩과기대학의 교수진과 학생들에게 강렬한 인상을 남겼다. 홍콩과기대학은 매일 오전 8시에서 오후 2시까지는 수업을 하고 오후에는 토론과 실습 등으로 구성된 짜임새 있는 커리큘럼을 제공했다. 영어가 가장 유창한 김광진은 매일 수업이 끝난 뒤 도서관에 가서 공부를 하거나 인터넷으로 자료를 찾는다고 했다. 새벽 1~2시까지 공부하는 것은 그들에게 흔한 일이었다. 홍콩과기대학에서 방문교수로 있는 한국 국적의 학자 김연은 이들의 선생이었다. 그는 이렇게 말했다. "매우 능동적이고 열심히 공부합니다. 늘 질문을 많이 하고, 수업이 끝나고 나서도 열심히 공부하죠. 내가 봤을 때 홍콩 학생들을 비롯하여 중국 본토에서 온 학생들 가운데서도 이렇게 열심히 공부하는 학생들은 거의 보지 못했습니다." 이 학생들은 이번 홍콩에서의 수학 기회를 매우 소중히 여겼다. 주말에도 공부했고 여가활동이라고는 간혹 탁구 치는 것이 전부였다. 시간이 워낙 촉박했고 당국의 대외적 규율도 있어서인지 그들은 거의 학교 밖으로는 나가지 못했다.

북한 학생들은 긍지가 굉장히 강하다. 만약 선생님이 어느 학생을 나무라면, 이 학생은 다른 네 명의 학우와 모여 자아비판을 한다. 예전에 북한에서 베이징으로 유학 온 학생에게 이런 얘기를 들은 적이 있다. 선생님의 질책을 한 차례 받으면 학생 모임에서 자아비판이 이뤄지는데, 두 번째 질책 땐 대사관에 보고하고, 세 번째 질책을 받으면 바로 본국으로 송환된다는 것이다. 베이징의 선생들이 이런 상황을 알고 나서는 북한 학생을 꾸짖거나 나무라는 일이 없었다고 한다.

북한 관료들은 공부 외에 중국의 발전경험, 특히 인구정책, 부녀자 권익과 환경오염 상황에도 관심을 가졌다. 그들은 자신의 시각으로 외부 세계를 관찰한다. 처음 홍콩에 왔을 때 이들은 매우 조심스러웠고 부자연스러워 보였다. 시간이 조금 흘러서야 좀 긴장이 풀리는 것 같았다. 하루는 홍콩과기대학 교수들이 재차 권하자 이 5명이 홍콩 1일 투어를 나가 태평산 정상, 빅토리아 항과 해양공원 등지를 구경했다. 홍콩 거리에서 가슴에 김일성 배지를 착용한 일군의 북한 남성들은 남달라 보였다. 그들은 자신의 시각으로 홍콩 사회의 현안들을 관찰했다. 졸업식이 끝난 뒤 학교 측은 그들을 데리고 선전深圳으로 야유회를 갔다. 그들은 홍콩과 선전의 번화함에 경탄했다. 홍콩에 오면서 비교적 적은 외화수당을 받았지만, 그들은 돈을 아껴서 가지고 돌아가거나 한국, 일본, 홍콩의 식품을 구매했다.

엘리베이터에 들어가기 전 그들은 꼭 영어로 '레이디 퍼스트'를 외치고는 했다. 관련하여 말을 거니 그들은 모두 웃으면서 자신들은 공처가라고 했다. 한 명은 "홍콩 사람은 게으르다"고 농담 삼아 말했다. 위아래 층을 오갈 때 그저 계단 몇 개만 오르면 될 텐데, 홍콩 사람이 엘리베이터나 에스컬레이터를 타려는 걸 봤기 때문이다. 그들 중 하나가 이렇게 물었다. "홍콩 여자들은 반바지에 부츠를 신는데 당신은 이런 조합이 이상하게 느껴지지 않나요?"

홍콩의 부유함에 대해 김광진은 말했다. "홍콩이 무엇이든 좋은 것 같지는 않아요. 예를 들어 우리가 김 교수님과 함께 버스를 탄 적이 있어요. 그런데 아무도 노인에게 자리를 양보하지 않는 거예요. 만약에 북한이었다면 이런 일은 아예 있을 수 없지요." 중국 본토와 홍콩의 여성문제를 말할 때 그들은 자부심을 느끼는 것처럼 보였다. 북한 여성의 지위는 아주 많이 향상되어서 국가에는 이를 위한 특별한 정책이 있고, 여성의 지위를 보호하는 데 노력을 아끼지 않는다고 한다. 북한의 정부에 관료로 진출한 여성 수는 상당한 비중을 차지한다.

이들에게 대학 졸업 뒤의 취업에 대해 물었다. 그들은 북한의 대학생은 취업에 있어 어려운 문제가 없다고 말했다.

상하이의 한 친구가 예전에 북한 사람 10명과 나눴던 대화를 전해준 적이 있다. 그는 북한의 유학 상황에 대해 많이 알고 있는 친구로, 상하이의 한 독일계 기업에서 일한다. 북한 당국이 다른 국가로부터 독일의 설비를 구매했는데, 독일이 북한에 선진 설비를 판매하는 것을 허가하지 않았다. 그러자 그 독일 제조업체는 한 아프리카 국가를 통해 북한에 되파는 방식으로 임기응변을 발휘했다. 그리고 독일 측은 무상으로 북한 기술자를 교육시켜주기로 약속했다. 이 제조업체는 같은 모델의 설비를 상하이의 한 독일계 기업에 팔았고, 북한의 기술자는 상하이에 와 교육을 받았다. 친구는 이 독일계 기업의 인력자원부에서 근무하며 북한 사람들에게 생활 편의를 제공했는데, 기술 훈련은 린林씨 성을 가진 한 엔지니어가 책임을 맡았다. 통역은 조선족 여성 한 명을 고용하여 맡겼다.

이 10명의 북한 사람은 선양瀋陽에서 기차를 타고 상하이에 유학을 왔는데 7명은 남자였고 3명은 여자였다. 모두 짙은 남색의 양복을 입었고 자홍색의 넥타이를 했다. 좌측 가슴에는 같은 모양의 배지를 착용했으며 한 종류의 검은색 가방을 메고 있었다. 인솔자는 리씨 성을 가진 중년 남성이었다. 리씨 성의 인솔자는 교육을 받지 않고 나머지 9명을 그림자처럼 따라다녔다. 내 친구는 인솔자가 감시자란 것을 나중에야 알아차렸다고 했다.

점심식사를 함께하면서 내 친구가 그 인솔자에게 생활 편의 제공에 대한 의견을 물었다. 이 인솔자는 몇 마디 인사말을 하고는 바로 세 가지 의견을 제시했다. 첫 번째는 호텔 객실에서 외부로 연결되는 전화를 모두 끊고, 인솔자 객실의 전화만 연결해달라고 요청했다. 교육생들이 마음대로 전화를 사용하여 접대 경비가 늘어나는 것을 막기 위해서라고 했다. 두 번째는 객실 안의 TV채널을 중국 CCTV의 음악채널과 스포츠채널만을 남기고 모두 막아달라고 했다. 훈련 요원들의 휴식을 보장하기 위한 이유라고 했다. 세 번째는 출퇴근용 버스에서 앞의 좌석을 그들이 쓸 수 있도록 남겨달라는 것이었다. 한마디로, 가능하다면 외부와의 접촉을 줄여달라는 것이다. 내 친구는 웃으면서 그대로 처리했다.

친구는 그들의 식사량이 정말 많다고 말했다. 조식은 뷔페식이었는데 열 사람이 먹는 양이 중국인 30명이 먹는 식사량보다 더 많았다고 했다. 또 그들은 매우 잘 마신다고도 말했다. 미리 그들에게 접대하는 측에서 계산을 할 것이니 방안 냉장고에 있는 음료수를 마음대로 마셔도 된다고 알려줬더니, 이틀도 지나지 않아 냉장고의 음료수를 다 마셔버렸고 덕분에 종업원은 매일 음료수를 채워넣어야 했다.

그들이 상하이에서 실습하는 동안 여러 사건이 있었다. 열심히 공부하던 한 북한 여성은 회사에서 늘 기술문제에 대해 이것저것 물었고 린씨 성의 엔지니어는 그럴 때마다 자세하게 설명해주었다. 그리고 그녀에게 상하이도서관에 가면 관련 자료를 검색할 수 있다고 알려주면서 기회가 되면 같이 가자고 했다. 한 주말에 그 여학생과 통역자 김씨, 인솔자 리씨가 함께 작은 버스를 타고 상하이도서관에 갔다. 린 엔지니어는 집에서 준비하고

북한이라는 수수께끼

있다가 도중에 합류하기로 했다. 상하이도서관 부근에는 여러 국가의 총영사관이 있다. 차가 주 상하이 미국 총영사관에 멈췄을 때 인솔자는 갑자기 차를 멈춰서는 안 된다고 크게 소리쳤다. 버스를 타고 있던 사람들은 모두 무슨 일이 일어난 것인지 몰라 당황해 했다. 인솔자가 큰 소리로 왜 미국영사관에 온 것이냐 물었다. 운전기사가 얼떨떨해하며 이곳에서 린 엔지니어가 탑승하기로 약속했고, 조금만 더 가면 도서관에 도착한다고 답했다. 이때 마침 차를 기다리고 있던 엔지니어가 올라탔다. 인솔자가 도서관은 얼마나 더 가야 하는지 물었다. 기사는 걸어서 몇 분이면 도착하는 멀지 않은 거리라고 대답했다. 인솔자는 그럼 갈 수 없다면서 숙소로 돌아가자고 했다. 엔지니어는 화가 나서 이렇게 말했다. "당신 도대체 뭐 하는 겁니까? 기왕지사 도서관에 가기로 해놓고 이제 와서 다시 돌아가자고요?" 인솔자는 미안하다고 연거푸 말하면서 설명했다. "출국자들에 대한 규정이 있습니다. 무조건 다른 국가의 대사관에서는 멀리 떨어져야 합니다. 특히 미국과 남쪽 반동정권의 대사관은 더욱더 피해야 합니다. 도서관이 미국 영사관에서 이렇게 가까우면 갈 수 없습니다. 여러분이 이해해주셨으면 합니다." 도서관에는 결국 갈 수 없었다.

주말 이틀 동안 북한 사람들은 딱히 할 일도 없어 보였는데, 마음대로 외출할 수도 없어 그저 호텔 안에서만 머물렀다. 마음씨가 착한 통역이 예원, 동방명주, 와이탄, 중국공산당 제1차대회 개최지, 난징루 산책로 등을 언급하면서 주말에 상하이의 관광명소를 도는 게 어떻겠냐고 제안했다. 인솔자는 중국공산당 제1차대회 개최지만 제외하고 다른 곳은 모두 동의했다.

우스꽝스러운 장면은 난징루 산책로에 막 도착했을 때 벌어졌다. 화려한 광고판, 떠들썩한 인파, 각양각색의 옷차림을 보고는 북한 사람들은 어안이 병병했다. 인솔자 리씨는 거리의 풍경을 구경하면서 한편으로 그가 담당하는 사람들을 주시했다. 끝내 속옷 광고판을 보더니 북한말로 크게 말했다. "수정주의, 자본주의의 물건이다. 더 이상 구경할 필요 없으니 호텔로 돌아갑시다." 그래서 모든 사람은 차를 타고 돌아갔다.

3개월이 지나서 귀국길에 오르게 되었다. 친구는 그들을 배웅하러 기차에 올라탔다. 올 때는 모두 같은 여행가방 하나뿐이었는데, 갈 때는 먹을 것으로 가득 찬 여러 개의 가방과 짐을 멨다. 역사의 보안검색대를 통과하던 가방 하나에 문제가 발생했다. 검사원의 요청으로 가방을 열었더니 200~300개의 1회용 라이터가 들어 있었다. 그렇게 많은 수량의 라이터를 가지고 기차에 탈 수는 없었다. 내 친구가 모두 몇 개냐고 묻자 젊은이는 236개라고 신속하고 정확하게 답했다. 친구는 남겨두고 가라면서 240위안을 꺼내 그 청년에게 쥐어주었다. 그는 연거푸 감사하다는 말을 건넸다. 그렇게 생긴 라이터를 나중에 흡연하는 친구들을 만날 때마다 몇 개씩 줬는데 1년이 지나서야 다 없어졌다고 한다.

북한 사람과 세상 사이의 거리는 멀다. 대체로 유학이든 실습이든 외국에 나오면 북한 사람들은 외국인이 이해하기 힘든 일들을 행하고는 한다.

오래 전에 평양외국어대학에 취재를 간 적이 있다. 이 고급 학부는 적지 않은 북한 젊은이들이 동경하는 곳이다. 1949년에 설립됐고 네 개의 과와 20여 개의 전공, 2000여 명의 재학생이 있다. 부속중학교도 있는데 김일성이 1958년에 이곳에 시찰 나와 부속중학 교실 건물 앞에 기념비 하나를 세웠다. 운동장 한 곳에는 바람에 나부끼는 붉은 깃발의 이미지가 그려진 담장이 있는데, "장군님을 따라 천만리"라고 적혀 있었다. 담장의 다른 한편에는 "목숨을 걸고 위대한 영도자 김정일 장군님을 지키는 총과 포탄이 되자"는 큰 구호가 마주보고 있었다. 강의동 건물마다 정문 입구에는 김

책가방을 멘 소년들.

평양1중학교.

평양 소년궁 무용소녀들.

평양1중학교 교사.

평양의 여학생들.

일성과 김정일이 함께하는 모습이 담긴 커다란 유화가 걸려 있었다. 그리고 교실과 교무실 정면의 벽에는 김일성, 김정일의 두상과 두 사람이 함께 찍은 사진이 걸려 있었다. 학교가 주입하는 개인숭배는 학생들의 마음에 지워지지 않는 흔적으로 깊게 남을 것이다.

평양외국어대학의 캠퍼스는 크지 않지만, 깨끗하고 깔끔해서 꽤 인상에 깊게 남는다. 강의동 건물은 오래되었지만 새로 회색 페인트를 칠했다. 책상과 의자는 매우 청결했다. 강의실은 TV, DVD 플레이어 등의 교육기자재를 갖추고 있었고, 학교 내부에는 유선TV가 갖춰져 있어 학생들은 강의실에서 3개의 채널을 시청할 수 있다. 또 강의동에는 시청각실과 랩실이 있는데 녹음기, 컴퓨터, VTR 등 웬만한 기자재가 모두 있었다.

대학 1학년 학생들이 수업을 받는 한 교실에 들어가봤다. 50세 전후의 교수가 마침 녹음기로 중국어 한 단락을 틀어주고 학생들은 따라 읽고 있었다. 교수는 학생들이 따라 읽는 것이 만족스러워 보이지 않는 듯 했다. 그는 아주 또렷한 중국어로 말했다. "문언문을 배우려면 이태백 시기의 중국어를 쓸 줄 알아야 한다. 다른 사람들에게는 가혹한 요구겠지만, 너희한테는 필요한 최소한의 것이야. 문학은 너희의 전공이기 때문이다." 입학한 지 반 년 정도 된 신입생들의 중국어 수준은 이미 상당했고, 발음도 정확한 편이라 외국인이 중국어를 말하는 것 같지 않았다. 평양외대 박정진 총장의 설명으로는 평양외대의 중국어과 졸업생은 수요가 많아 진로 전망이 밝다. 현재는 중국어를 배우고 싶어 하는 학생이 갈수록 많아져 교수와 강의실 모두 부족한 편이다.

박 총장에 따르면 중국어과는 평양외국어대학에서 두 번째로 큰 학과이고, 영어과의 학생 수가 가장 많아 전체 정원의 절반이다. 하지만 그들의 제2외국어는 모두 중국어다. 한규삼 북한교육성 국장의 소개에 따르면 북한에는 300여 곳의 대학이 있고, 수천 곳의 전문학교가 있는데, 거의 모든 학교가 중국어를 제1외국어 혹은 제2외국어 전공으로 채택하고 있다. 그래서 북한 학생이 중국어를 공부하는 것은 보편적인 현상이 되었다.

최현민은 평양외국어대학 중국어과 4학년 학생이다. 그는 뜻밖에 중국에서 현재 전개하는 '펑리다馮理達 학습'*에 대한 이야기를 꺼냈다. '한마음으로 당을 뒤따르고, 평생 당을 사랑하고, 한결같이 당에 충성하고, 모든 것을 당에 바친' 이 해군 의학전문가의 선진적 사적을 매우 알고 싶어 했다. 최현민은 중국에 많은 관심이 있어 류샤오밍 주 북한 중국대사의 국제정세 관련 강연을 들을 만큼 꾸준히 중국 국제정세를 공부해왔다. 중문과 학생으로서 중국어를 듣고 말하고 읽고 쓰는 것 외에 최현민은 또 주체철학, 김일성과 김정일혁명사, 심리학, 논리학 등을 공부한다. 그의 말로는 보통 오전에 수업을 진행하고 오후에는 자율학습을 한다. 과외활동으로는 농구와 축구를 좋아한다고 했다.

북한 대학생은 일을 찾기 위해 고민하지 않는다. 졸업 뒤 정부가 업무를 배치해준다. 평양외대 졸업생은 북한의 교육, 무역, 과학기술, 외교 등 정부 부문 및 인민군으로 진로가 정해진다. 중국 대학생과 비교하기는 어렵지만, 그들은 어쩌면 취업과 관련해서는 좋은 운명을 타고난 사람들이라 할 수 있다.

● 펑리다馮理達는 민국 시기 중국의 군인이자 정치가였던 펑위샹馮玉祥과 중화인민공화국 초대 위생부장을 역임한 리더추안李德全의 장녀다. 안후이安徽 사람으로 1925년 출생하여, 신중국의 첫 소련 유학생 가운데 한 명으로 소련에서 의학 박사학위를 받았다. 중국에서 권위 있는 면역학 전문가였으며, 해군총병원海軍總醫院 부원장을 역임했다. 2008년 사망 후 언론매체를 통해 그녀의 업적이 공개되면서 널리 알려졌다. 펑리다의 고향인 안후이 성에서는 여러 형태의 펑리다 따라 배우기를 정부 차원에서 전개한 바 있다.

북한이라는 수수께끼

제18장

김정일 집무실의 지하통로

다음은 정식판본의 '김정일 어록'에 나오는 말들이다.

"외교는 마음속으로 답답하더라도 웃음을 가장해야 하는 일종의 교제다."

"의지가 굳센 사람에게는 불가능한 일이란 없다. 만약 불가능한 어떤 것이 있다고 말한다면 그것은 조선말이 아니다."

"효심을 벗어난 유명 인사가 존재하지 않는다면 충성을 벗어난 위인도 존재하지 않는다."

"충성의 신념과 정의情義를 지키는 사람이 바로 충신이고, 그것을 버리는 사람은 간신이다."

"지도자에 대한 충성은 신념화, 양심화, 도덕화, 생활화해야 한다."

"위대한 사상은 위대한 시대를 창조한다. 위대한 사상은 위대한 실천을 창조한다."

북한이라는 수수께끼

"일단 사상이 발동하면 만사가 순조롭고 사상이 깊이 잠들면 공든 탑이 무너진다."

"주체사상은 인민 지도자의 철학이다."

"공산주의자의 인생은 투쟁에서 시작하고 투쟁으로 끝난다."

"만약 영명한 지도자의 영도가 없다면 대중은 대뇌가 없는 육체와 다를 바 없다."

"만일 탁월한 지도자가 없다면 인민은 부모 없는 고아나 마찬가지다."

"우리 사회주의 조국은 김일성 조국이고, 우리 민족은 김일성 민족이다."

"애국은 주체이고, 주체는 애국이다."

이 어록을 통해 북한의 정치생활을 엿볼 수 있다. 이곳은 날조된 신화의 국가다. 김일성은 신이고, 김정일 역시 신이다.

김일성이 아들 김정일에게 자리를 물려주기 전 비밀리에 베이징을 방문한 적이 있다. 1991년의 일이다. 이해 소련에서는 '8·19 사태'가 발생했다. 야나예프 부통령의 쿠데타가 실패로 돌아가고 소련이 해체된 것이다. 김일성은 이 소식을 접하고는 애가 탔다. 1991년 10월에는 다시 비밀리에 중국을 방문하여 중국과 전략을 조율했다. 당시 중국의 최고 지도자인 장쩌민, 양상쿤楊尙昆과의 회담에서는 이미 물러난 덩샤오핑도 사적인 친구의 신분으로 김일성을 접견했다.

김일성은 소련 해체와 동구권의 변화, 미국의 걸프전 승리 등으로 야기된 상황을 타개해나갈 수 있는 전략을 취하면서 남아 있는 사회주의 국가 간에 긴밀히 결속해야 한다고 거듭 주장했다. 아울러 중국은 마땅히 국제 공산운동 지도의 책임을 지고 북한, 베트남, 쿠바 및 이란을 이끌고 미국에 맞서야 한다고 강조했다. 그는 북한의 탄도미사일 개발에도 중국이 협조해

주기를 바랐다. 김일성은 1950년대부터 핵무기 연구개발에 착수했다. 덩샤오핑이 미리 장쩌민에게 언질해둔 대로, 장쩌민은 중국은 경제발전이 급선무라 앞장서지 않을 것이고, 현재의 다극적 세계에서 미국이 마음대로 하기는 어려울 것이라는 명확한 입장을 김일성에게 밝혔다.

김일성은 중국 방문에서 덩샤오핑, 장쩌민에게 자신의 후계자 문제를 꺼냈다. 고령인 자신은 정계 일선에서 물러나려 하며, 아들 김정일이 권력을 장악하고 일을 맡는 데 있어 장쩌민, 덩샤오핑이 계속 돌봐주기를 부탁한 것이다.

김정일의 집무실은 평양시 중구에 위치한다. 1976년 금수산 의사당으로 이전한 김일성의 집무실을 리모델링한 뒤 김정일이 사용하도록 한 것이다. 이 집무실은 콘크리트로 지은 3층 건물로, 내부는 화강암과 대리석으로 꾸몄다. 폭격에 대비하여 벽의 두께는 80센티미터로 설계했고, 7개의 입구에는 40톤 이상의 자동철문이 있어 리모컨으로 개폐를 조종한다. 북한 군인의 말에 따르면 탱크라 하더라도 이 자동문을 부술 방법이 없고, 핵폭발의 복사열도 막아낼 수 있다고 한다. 중심 건물 3층은 김정일의 사무실이고, 2층은 부부장 사무실, 1층은 서기실이다. 집무실에서 엘리베이터를 타고 지하로 100미터를 내려가면 지하 통로로 15호 관저에 갈 수 있다. 이 지하 통로는 대리석으로 만들었고, 폭 4미터, 높이 3미터로 5분 정도 걸어가면 관저가 나타난다.

김일성 사망 100일 추도대회 이후, 조선노동당 중앙은 수백만 민중의 편지를 받았다. 조속히 김정일을 당과 국가의 최고 지도자 즉, 당의 총서기와 국가주석으로 추대하자는 각계각층의 요청을 전하는 편지였다. 국내 정세 보고에서 이 내용을 보고받은 김정일은 말했다. "급하지 않다. 인민들의 수령 동지에 대한 슬픔이 아직 그대로 남아 있으니 아직 최고 지도자를

북한이라는 수수께끼

선출할 수는 없다. 큰 소리로 만세를 외치는 것은 도의에 어긋나고 불합리한 처사다. 다시 말해, 수령이 살아 있을 때 이미 당과 국가의 영도기구와 체제를 확립해놓아 나는 어떤 추대의식도 필요하지 않다. 인민들도 당의 바람에 따라 일하고 생활할 것이다." 북한 정계에는 김정일이 대권을 장악하고 있어서 그의 지위에 도전할 수 있는 사람은 없었다.

김정일은 삼년상을 치르기로 결정했다. 전통 풍습에 따르면 자식의 충효를 나타내기 위해 부모가 사망하면 삼년상을 치른다. 이때 3년은 보통 햇수를 일컬어, 이 경우 1996년까지 상을 치르면 되는 것이다. 이 시간 동안 그는 공개된 장소에 얼굴을 드러낸 적이 없다. 상을 다 치르고 나서도 그는 여전히 공개석상에 나타나지 않았다. 서구와 일본 및 한국 언론은 북한 정국에 이변이 생겨 김정일이 권력을 다른 사람에게 빼앗겼고, 그러므로 체제가 붕괴될 것이라는 등 갖가지 추측성 기사를 내보냈다. 사실 김정일은 삼년상은 반드시 3년이라는 기간을 꼭 채워야 한다고 강조해 1997년 7월 8일까지 상을 치렀던 것이다.

김일성의 사망은 갑작스러운 변고였다. 김정일 역시 아무런 대비를 하지 못한 상태였다. 그는 자신의 세력을 공고히 하기 위해 조직에 인사이동을 실시했다. 그리고 상을 치르는 기간에 핵문제 해결에 관한 북미 간 공동성명에 서명했을 뿐, 모든 중대한 대외활동을 중단했다. 김일성이 살아 있을 때 실시했던 일부 신경제대책 역시 잠정 중단했고, 대승은행과 영국의 합자경영 프로젝트만을 비준했다. 김정일이 노동당 총서기와 국가원수의 직무를 넘겨받는다고 정식으로 선포하지 않았기 때문에 남북정상회담도 지지부진했다. 이 3년 동안 남북관계도 사실상 휴지기에 들어갔다.

외국인들은 한 국가의 원수가 삼년상을 치르면서 나랏일을 돌보지 않는다는 것을 이해할 수 없었다. 그러나 북한 당국이 수십 년간 만든 신화를 통해 인민들은 김일성을 어버이로 여겼다. 따라서 돌아가신 어버이를 기리는 삼년상은 매우 합당한 일로 이해되었던 것이다. 김정일은 삼년상을 치르면서 북한 민중의 이해와 동정, 높은 지지를 얻어냈다.

1997년 7월 8일, 북한은 김일성 삼년상을 모두 마쳤다. 그 당시 조선노동당 중앙위원회, 중앙군사위원회, 국방위원회, 중앙인민위원회와 정무원은 김일성이 민족의 태양으로 떠오른 1912년을 원년으로 삼아 주체연호를 제정하기로 공동 결정했다. 김일성 탄생일인 4월 15일은 북한 사람들에게 가장 큰 명절인 '태양절'이 되었다.

10월 8일, 조선노동당 중앙위원회와 중앙군사위원회는 김정일을 노동당중앙위원회 서기로 추대한다는 특별보도를 발표하면서 당의 최고 영도자를 확립하고 이어서 최고 행정 권력기구를 확정했다. 당시 각국의 여론은 김정일이 국가주석을 맡을 것이라는 의견이 지배적이었는데, 그의 행보는 이런 짐작을 뒤엎는 것이었다.

1998년 9월 5일 북한 최고인민회의 제10기 제1차 회의가 만수대의사당에서 거행됐다. 이 회의에서는 헌법을 수정했는데, 이미 작고한 김일성은 공화국의 영원한 주석으로 하고, 기존에 있던 국가주석, 부주석과 중앙인민위원회에 관한 조항을 삭제했다. 그리고 중앙인민위원회, 최고인민회의 상설회의를 폐지하고, 최고인민회의 상임위원회를 신설해 최고인민회의 휴회기간 동안 국가 최고 권력기구로 했다. 본래 국가주석, 부주석과 중앙인민위원회의 직권에 속했던 것을 새로 설립된 최고인민회의 상임위원회 및 위원장과 내각으로 넘겼다.

신헌법에서 사람들의 가장 큰 주목을 받았던 것은 국방위원회에 관한 수정이었다. 장군을 가장 위에 두는 통치 방식의 '선군정치시대(선군우선정치)'를 연 것이다. 모든 국가 사무는 군사 우선 정치의 노선 아래에서 집행

북한이라는 수수께끼

된다. 수정 전 헌법에서는 '국방위원회는 최고 군사영도기관'으로 규정했지만, '총괄적인 국방관리기구'와 '국방위원회 위원장은 국가 최고 영도권을 행사한다'로 고쳤다. 회의에서 김정일은 국방위원회 위원장에 선출되면서 북한의 최고 영도자가 되었다. 김정일이 거친 직함은 총서기, 국방위원회 위원장, 인민군 최고사령관이다.

1997년 2월 15일, 평양의 4·22 문화회관에서 개최된 김정일 55세 탄신일 공연에서 북한 인민군 공훈합창단 100여 명의 남성 성악가가 '김정일 장군의 노래'를 불렀다. 1945년 북한 사람들은 '김일성 장군의 노래'를 불렀다. 한 곡은 '백두산 줄기줄기 피어린 자욱'으로, 다른 한 곡은 '백두산 줄기 내려'로 시작해 두 노래 가사 모두 백두산을 언급하며 시작한다. 이 두 곡은 서로 한데 어우러져 북한 3000리 강산에 울려퍼졌다.

김정일 시대는 이렇게 시작됐다.

나는 가까운 거리에서 김정일을 본 적이 있는데, 2009년 10월 원자바오가 북한에 방문했을 때다. 중국 총리가 북한에 방문한 것은 18년 만의 일이었고, 원자바오 총리로서는 처음 북한에 방문한 것이었다.

외신 기자들은 공항에서 원자바오의 특별기가 도착하기를 기다렸다. 공항의 환영식은 북한의 김영일 내각총리가 주관하기로 되어 있었는데, 김정일이 직접 현장에 모습을 드러냈다. 갑자기 군중들의 우레와 같은 함성 소리가 터져나왔다. 김정일이 현장에서 원자바오를 맞이하리라고는 아무도 예상치 못했다. 김정일은 몸이 수척해 보였지만 정신은 또렷해 보였다. 그는 전용차에서 내려 동행한 관료와 대화를 나누며 멈춰진 비행기 아래 계단으로 걸어갔다. 비행기에서 내린 원자바오는 김정일과 함께 3군 의장대의 사열을 받았다. 김영남 최고인민회의 상임위원장과 김영일 총리가 그 뒤를 따랐다. 원자바오를 태운 차 행렬이 천천히 움직이는 것을 보고 나서야 김정일도 자신의 차에 탔다. 안색과 걸음걸이로 보건대 김정일의 건강 상태는 당시 외부에 알려진 것보다 더 좋아 보였다. 이 등장은 건강 이상설이 전해진 이후 처음으로 외부 매체에 모습을 비춘 것이었다. 종전에 사람들은 TV 뉴스나 신문 기사를 통해 김정일이 몇몇 외국 대표단을 접견하는 것을 봤지만 모두 사진을 통해서였다. 북한 당국에서 촬영한 사진이었고, TV 영상은 없었다. 따라서 김정일이 직접 모습을 드러낸 것은 외국 언론에게는 매우 뜻밖의 일이었다.

김정일은 시종 수수께끼와 같은 지도자였다. 북한에서 주체사상은 수십 년 동안 정권의 합법적인 유일한 통치의 원천이었다. 북한 헌법에 따르면 주체사상은 공화국의 지도강령이다. 김일성 말년에는, '김일성 장군은 조선 민족의 완전무결한 수령이고, 김일성과 완전히 같은 사상과 품성을 가진 사람만이 조선사회주의혁명을 영도할 수 있고, 수령 승계자의 가장 중요한 조건은 지도자에 대한 충성'으로 주체사상이 확대된다.

이것이 김일성 후계자론이다. 북한 사람들은 수령의 아들이 어렸을 때부터 수령 곁에서 생활했기 때문에 수령의 사상에 대한 이해가 가장 깊다고 생각한다. 따라서 수령의 아들은 유일한 적임자다. 김정일은 삼년상을 지낸 뒤 헌법을 고쳐 김일성을 북한의 영원한 주석으로 떠받들었다. 그러고는 '주체사상'을 발전시켜 '인민 대중은 역사를 창조하고, 지도자는 모든 것을 결정한다'는 자신의 '지도자 체제'를 수립하기 시작했다.

개인사를 살펴보면, 김정일에게는 몇 명의 부인이 있었지만 이에 대해 북한 당국은 여태껏 아무런 설명이 없었다. 북한에 갈 때마다 북한 친구들에게 물어봐도 누구도 명확하게 대답하지 못했다. 국가기밀이라고 솔직하게 털어놓은 사람도 있다. 그래서 인민의 마음속 북한 제일의 가정은 늘 신화적인 기운으로 가득하다. 김정일과 여러 아내의 이야기는 더욱 신비한 베일에 싸여 있다. 김정일에게는 홍일천, 성혜림, 고영희, 김영숙라는 네 명의 부인이 있었던 것으로 알려져 있다. 언론에 따르면 손희림, 김옥이라는 다른 두 명의 여성도 있었던 듯하다. 김정일의 본처는 홍일천이다. 홍일천은 혁명 선열의 핏줄이지만 부모를 일찍 여의었다. 아버지의 소개로 김정일은 1967년에 그녀와 결혼했고 이듬해 딸 김혜경을 낳았다. 하지만 이 결혼은 고작 3년밖에 지속되지 못했고, 두 사람의 정은 다시 이어지지 않았다.

이후 김정일은 자신보다 다섯 살 많은 영화배우 성혜림을 만났다. 성혜림은 학창시절부터 영화에 출연해 전국적인 명성을 얻은 여성이었는데, 김정일과의 인연 이전에 이미 한 번 결혼해 딸 한 명을 두고 있었다. 그녀는 남한에서 태어나 아버지를 따라 월북했으며 이미 한 번 결혼한 터라 김일성은 이 결혼을 반대했다. 성혜림은 1971년 김정일의 장남인 김정남을 출산했으나 김일성과 김정일의 인정을 받지 못했고, 오랜 기간 병에 시달리다가 모스크바에서 2002년 5월에 사망했다.

재일 조선인 가정 출신의 고영희는 김정일의 세 번째 부인이 되었는데 김정일보다 11살 아래였다. 고영희의 부친은 제주도에서 태어나 훗날 일본에 머물렀던 유명한 유도선수였다. 1953년 6월, 고영희는 일본 도쿄에서 태어나 나중에 오사카에서 살았다. 1960년대 초반 가족을 따라 일본을 떠나 북한에서 정착했고 1972년에는 만수대예술단 무용단원이 됐다. 1970년대 중반 김정일은 부친 김일성이 연 파티 석상에서 고영희와 알게 됐다. 고영희는 2남 1녀를 낳았는데, 김정일의 차남인 김정철, 3남인 김정은, 딸 김여정이다. 2004년 8월 고영희는 유선암으로 사망했다.

북한 당국은 고영희를 '김정일의 가장 충성스러운 전우'라고 선전한다. 13년 넘게 김정일의 전속요리사를 역임했던 일본인 후지모토 겐지藤本健二는 자서전에 이렇게 썼다. "김정일의 고영희에 대한 사랑은 의심할 여지가 없다. 고영희는 김정일의 진실된 연인이었다."

한편 김정일에게는 곁에서 일을 거들던 김설송이라는 또 한 명의 딸이 있다. 그녀의 모친이 누구인지에 대해서는 갖가지 추측과 분석이 무성하다. 그 가운데 김설송이 김영숙의 소생이란 설이 지배적이다.

김정일은 1974년 김영숙과 결혼해 김설송을 낳았다. 김설송은 머리를 매우 길게 길렀다고 전해진다. 긴 머리는 북한의 전통미에 부합하지 않고, 외국자본주의의 폐단이라고 말한 김정일이 정작 딸의 두발 단속은 하지 못한 셈이다. 김설송의 키는 165센티미터로 김정일보다 컸다. 큰 눈에는 생기가 돌았으며 우아하고 쾌활한 성격으로 어렸을 때부터 김정일이 애지중지했다. 그녀는 예의를 갖춰 사람을 대했으며, 공식석상에 나선 적이 없다. 늘 아버지 뒤에서 멀찌감치 따랐다. 종종 손에 든 작은 가방에서 아버지의 안경집과 전용 컵을 꺼내 도왔기 때문에 많은 사람이 줄곧 그녀를 김정일의 수행 간호사이거나 여성 수행경호원으로 생각했지만, 나중에 김정일의 딸임이 확인됐다.

김설송은 김일성종합대학 정치경제학과를 졸업한 뒤 당 중앙위원회 선전선동부로 보내져 문학 분야의 업무를 맡았다. 그녀는 어렸을 때부터 예술에 대한 이해가 높고 감성이 풍부하여 문학적 소양이 뛰어났다. 선전선동부에 올라온 문학작품 가운데 김정일 서명이 있는 것은 모두 김설송이 대신 처리한 것이다. 1990년대 말부터는 김정일의 경호 업무와 일정관리 업무를 총괄하기 시작했다. 김정일의 현장지도 혹은 군대시찰 활동 등은 모두 그녀가 수행했다. 김설송은 김정일의 외부행사를 수행할 때 인민군 복장을 하고 중령 견장을 달았다. 한번은 김정일이 공장 현장지도에서 공장 간부들과 악수를 나눈 뒤 몸을 돌리자마자 김설송이 차에서 내려 소독한 손수건을 김정일에게 건네 손을 닦을 수 있도록 했다고 한다. 김정일이 2002년 8월 러시아 극동 지역을 방문했을 때도 마찬가지로 김설송이 따라갔다. 김정일 총서기는 여러 차례 이와 같이 말했다. "나는 설송을 유달리 좋아하는데, 그녀는 두뇌가 좋고 능력이 뛰어나며 나를 아주 많이 닮았기 때문이다."

이후 김정일은 그보다 22살 어린 김옥을 마지막 아내로 맞았다. 김옥은 1964년에 태어나 평양 음악무용대학을 졸업했는데, 전공은 피아노였다. 1980년대 초반부터 그녀는 김정일 옆에서 서기 업무를 담당하며 김정일의 국정을 보좌했다. 2000년 10월에 조명록 국방위원회 제1부위원장이 김정일의 특사로 미국을 방문했을 때, 김옥은 국방위원회 과장으로 미국에 동행했다. 2005년 7월 김정일이 한국의 현정은 현대그룹 회장을 접견할 때에도 참석했고, 2006년 1월 김정일의 중국 방문 때에도 국방위원회 과장으로 곁에서 수행했다. 연회에서 북한 측 인사들이 중국 측 인사들에게 "이분은 과장이자 부인"이라며 특별히 인사를 시키기도 했다고 한다.

김정일은 '은둔의 지도자'로 불린다. 외국 매체는 그의 거처에 대해 온갖 추측을 쏟아놓는다. 내가 아는 바로는 그의 공식 관저는 16호 주택으로, 평양시 중구 노동당 본 청사 옆에 위치하며 2층 높이의 건물로 위락시설을 고루 갖추고 있다. 면적 2헥타르인 관저 주위로는 11미터 높이의 담이 있다. 정문은 당 창건 건물 뒤쪽에 있고, 후문은 중앙당사연구소 뒤쪽에 있다. 관저 지하에는 외부와 연결되는 비밀통로가 있다. 당시 김정일의 거주지는 사실 평양시 중구에 위치한 창광산 관저였다. 이곳 외에도 간혹 보통강 구역의 서장동 관저에 기거할 때도 있다. 15호 관저는 평양시 중성동에 있고, 지하 통로를 따라 사무실과 조선노동당 중앙위원회 청사가 연결되어 있다. 이곳은 그가 성혜림과 같이 생활했던 곳이기도 하다.

김정일은 국제사회에 은둔형 외톨이로 비춰지고는 했지만, 국내에서는 보름에 한 번씩 시찰에 나섰다. 북한에서는 고위층 지도자의 시찰과 지도 업무를 위한 숙소가 전국 각지에 분포되어 있는데, 이를 별장이라고 부른다. 평양에서 40킬로미터 떨어져 있는 순천군 자모산별장(장수별장)은 1976년 착공하여 1982년 준공되었다. 김일성의 둘째 부인인 김성애가 예전에 이곳에서 6개월간 거주했다. 평양 교외지역에 있는 용성의 21호는 또 다른 별장이다. 미국의 경제학자인 커티스 멜빈은 위성사진을 통해 북한의 비공개시설을 추적해왔다. 21호 관저가 사진으로 포착되자 그는 김정일이 보유한 수많은 주택 가운데 하나라고 생각했다. 사진으로 촬영된 이 주택은 4826제곱킬로미터로 주택 내부에는 길이 15미터, 너비 60미터의 수영장과 잘 정돈된 정원이 있고 시설은 매우 고급스러웠다. 한국의 국가정보원은 이곳이 김정일이 평양에서 주로 거주하는 곳이라는 결론을 내렸다. 그런데 내가 알기로 이곳은 지하전을 대비한 사령부에 불과하다. 이곳은 핵 복사열을 막을 수 있는 곳으로 1983년에 준공됐다. 주변에는 대공무기를 보유한 방어부대가 배치되어 있다. 일단 전쟁이 나면 북한 최고사령부, 정무원 및 노동당 각 기관이 신속히 입주할 수 있으며, 전쟁대비물자가 외부와 연락이 끊어진 채로 5년간 버틸 수 있는 양이 내부에 저장되어 있다. 21호 관저에는 사통팔달의 지하도로가 있어 평양과 인접한 곳의 주요 건물로 연결된다. 또 지하철로가 설치되어 있어 자모산별장으로 연결된다.

김정일의 수면시간은 4~5시간을 초과하지 않는다. 새벽까지 일하고 잠들었다가 오전 11시 전에 기상하는데, 날이 밝은 뒤에야 집에 돌아가 쉬었다. 김일성과 수시로 대화를 하거나 보고를 했기 때문에 버릇이 된 탓이라고 주 북한 중국대사관의 관료에게 말한 적이 있다고 한다.

북한에서 그는 21세기의 태양이라고 여겨진다. 당국의 보도는 그가 30년 동안 밤낮으로 혁명 활동에 몰두함으로써 노동당을 수많은 시련을 이겨낸 백전백승의 혁명당으로 발전시켰고, 흔들리지 않는 신념과 의지를 가진 자주적인 인민을 길러냈다고 언급한 적이 있다.

그러나 최근 몇 년간 탈북하여 한국으로 간 북한 고급관료들이 증언하는 김정일은 완전히 다른 사람이다. 부패하고 성생활이 문란하면서 술주정이 심하다고 한다. 김정일이 1만 병이 넘는 고급 와인을 저장한 거대한 저장고를 보유하고 있고, 금발 미녀를 좋아하며, 마쯔차-RX7 스포츠카를 수집한다는 증언도 있다.

김정일에 대한 보도는 늘 상호모순적이다. 서구 언론은 진위를 가리기 어려운 정보를 가지고 김정일을 테러분자나 미치광이 사탄으로 묘사한다. 한국의 국가정보원은 김정일의 정신이 불안정하고 감정기복이 심하다고 말한다. 하지만 김정일과 몇 시간 면담했던 몇몇 외국 지도자들, 즉 한국의 김대중 전 대통령, 미국의 올브라이트 전 국무장관, 스웨덴 페르손 총리는 그를 세상과 차단된 사람이라고 묘사한 적이 없고 정신이 불안정하다고 여기지도 않았다. 그들이 김정일을 만나고 나서 밝혔던 인상은 놀랍게도 한결같았다. 김정일은 정보가 밝고, 대화에 열정적인 회담 파트너라는 것이다. 고이즈미 준이치로 일본 전 총리는 김정일이 "침착하고 낙관적인 사람이고 가끔 농담도 던질 줄 알며 머리회전이 아주 빠른 사람"이라고 말한 바 있다. 김대중 전 대통령은 "이해가 빠르고, 현실에 안주하지 않는 사람으로 아시아인 특유의 유교적이며 도덕을 중시하는 성향을 가지고 있다"고 말했다. 2007년 10월 2일, 노무현 전 대통령이 방북 길에 올라 10월 4일, 김정일 국방위원장과 정상회담을 갖고 '남북관계발전과 평화번영을 위한 선언(10.4 남북공동선언)'을 발표했다. 이 정상회담은 2000년 6월 김정일과 김대중 전 대통령 사이의 정상회담 이후 7년 만의 열린 두 번째 남북정상회담이었다. 당시 남북정상회담에 참석한 권오규 경제부총리는 회담 기간인 3일 동안 모두 여섯 차례의 식사를 하고 난 뒤 김정일이 미식가임을 밝혔다. 식탁 위에 올라온 요리 가운데 생후 2주 된 비둘기로 만든 '비둘기구이'와 북한의 전통적인 방법으로 만든 블루베리 아이스크림이 가장 인상적이었다고 한다. 권오규는 "비둘기구이는 비둘기를 뼈째 튀겨내 바삭바삭한 식감이었어요. 참새구이와 비슷했고 양은 아주 적었습니다." 김정일 위원장은 당시 한국 방북단에게 이렇게 말했다. "태어난 지 2주 된 비둘기가 가장 맛있습니다. 만약 그 이상 넘어가면 맛이 달라지지요. 많이 드십시오!"

김정일의 후계자가 누가 될 것인지는 시종일관 국제사회의 뜨거운 관심사였다. 북한은 대외에 공개하는 정보가 극히 적고, 바깥세상 또한 북한에 대한 이해가 얕을 수밖에 없다. 그러니 북한에 관한 추측이 나날이 쌓여가 사람들의 호기심을 자극한다. 수십 년간 북한은 고도로 집중된 권위주의 체제를 유지했다. 최고 지도자 한 사람의 성향이 국가 전체의 중대한 내정과 외교전략을 좌우한다. 북한의 최종 결정권자 한 사람이 북한은 물론이고 동북아의 정세에 결정적인 영향을 주는 것이다.

제19장

물거품이 되어버린 김정남
김정철 후계구도

　　　　　　　　　　북한의 지도층은 대부분 고령의 노인
들이어서 젊고 참신한 사람들이 무대 전면에 나서는 것이 급선무다. 30년
전 노동당 제6차 대회에서 확립한 그룹 가운데 다수가 세상을 떠났거나 정
치 일선에서 물러났다. 정치국 상임위원회 구성원 다섯 명 중 이미 넷이 이
세상 사람이 아니며 정치국 19명의 위원 중 4분의 3 정도가 사라졌다. 게다
가 김정일의 건강 문제도 도마 위에 오르내렸다.

　　최근 북한은 거의 모든 영역에서 세대교체의 보폭을 넓혀가고 있다. 인
민군 일선의 각 군단장이 40~50대로 교체되었을 뿐 아니라 그 이하 급의
간부들도 젊은 군관들로 물갈이되고 있다. 북한이 이처럼 '연소화' 혁신을
가속화하는 것은 김정일 자신이 후계를 이어받았던 경험에 기댄 결과다.
점진적으로 정권을 장악하고 정치적 영향력을 확대하며 여론을 조성해 후
계자에게 유리한 국면으로 전개하기 위해서다.

　　전 세계 사회주의 국가 가운데 북한만이 유일하게 아들이 부친의 사업

을 이어받는 봉건왕조체제를 견지하고 있다. 김일성 직계 친족이 아닌 사람이 북한 정권을 장악하게 되면 북한 건국의 근본 이념이 균열에 직면하게 될 것이다. 김일성이 확립한 주체사상과 상호 충돌할 것이기 때문이다.

김정일의 후계자는 오로지 그의 세 아들 가운데 나올 수밖에 없다.

장남 김정남, 모친 성혜림, 1971년 출생.

차남 김정철, 모친 고영희, 1981년 출생.

삼남 김정은金正恩(이전에 김정운金正雲, 김정은金正銀으로 불림), 모친 고영희, 1983년 출생(1984년 또는 1985년생이라는 설도 있음).

김정일의 후계자 문제는 늘 핫이슈였다. 2001년의 한 언론에서는 김정일의 장남 김정남이 정권을 승계할 가능성이 있다는 소식을 보도한 적이 있다. 2004년에는 김정일이 62세 생일을 맞이하자 수많은 언론이 또다시 후계구도에 대해 갖가지 억측을 내놓고는 했다. 당시 한국의 『아시아타임즈』는 가장 먼저 김정일의 후계자는 장남이 아니라 삼남인 김정운(지금은 김정은이라 불림)이 될 것이라고 시사한 바 있다.

2008년 9월 10일, 김정일이 지병 때문에 건국 60주년 축전에 참석하지 못했을 때에도 국제사회는 술렁였다. 2010년 6월, 북한 당국은 돌연 9월 초에 노동당 대표자회의를 소집할 것이라고 발표했다. 44년 만에 노동당 역사상 세 번째 대표자회의가 개최되는 것이었다. 첫 번째와 두 번째 대표자회의는 1958년과 1966년에 있었다. 대표자회의는 당의 노선과 정책 및 인사이동 등의 사항을 주로 토론하고 결정한다. 세 번째 대표자회의는 김정일의 후계자 문제를 해결하기 위한 자리로 여겨졌다. 비록 북한에 여러 번 드나들었지만 나는 북한 정부로부터 후계자와 관련된 어떤 단서도 얻지 못했다. 왜냐하면 북한에서 이 문제는 가장 민감한 주제이기 때문이다. 여러 해 동안 북한 매체 역시 김정일 아들의 어떠한 동향 정보도 보도한 적이 없다.

한국과 일본에서 가장 처음 전해진 소식은 김정남이 아버지의 뒤를 이어 북한의 국가원수가 되리라는 것이었다. 김정남은 1971년 5월 10일에 태어나 어렸을 때부터 아버지의 각별한 총애를 받았다. 김정일은 공무에 바빴지만 짬을 내서 김정남을 데리고 두뇌개발 활동을 비롯해 사격과 운전을 가르쳤다. 김정일의 매제 장성택은 현재 북한 국방위원회 부위원장으로 일찍부터 김정남의 후견인을 맡아왔다. 김정남은 러시아와 유럽에서 유학한 뒤 1999년 봄에 북한으로 돌아와 권력 승계 수업을 받기 시작했다.

김정남은 노동당 중앙호위총국에서 김일성의 충성스런 호위병이라 불리는 호위총국 국장 요직을 맡았는데, 군 원로인 리을설이 직접 지도했다. 김정남은 또 컴퓨터 마니아이기도 해서 2001년 조선컴퓨터위원회의 책임자로 북한 정보기술정책의 제정을 이끌었다. 김정남에게 제일의 과제는 북한 경제의 재건이었다. 어린 시절 9년 동안 스위스 제네바에서 생활한 데에서 나온 확고한 신념이다. 일본과 한국에서는 김정남이 장남이지만 후계자의 자리에 오르지 못했던 것은 2001년의 일본 밀입국 사건 탓이라고 생각한다. 공식석상에 모습을 드러낸 경우가 거의 없는 김정남에 대한 정보는 거의 없었기 때문에 일본 측은 입국한 남성이 김정일의 장남인지 몰랐다. 2001년 5월 1일, 일본 도쿄 나리타 국제공항에서 세관은 위조여권을 소지한 남성 1명과 여성 2명 그리고 4살짜리 어린 남자아이를 구금했다. 이 남성은 하는 수 없이 통역을 통해 자신은 김정일의 장남인 김정남이며 여성 중 한 사람은 아내인 신정희이고 동행한 남자아이는 아들이라고 일본 세관원에게 알렸다. 더불어 아들에게 도쿄의 디즈니랜드를 구경시켜주기 위해 일본에 입국했다고 말했다. 의심스러운 점은, 일본 측이 네 사람에 대한 진상조사와 추적조사 없이 그들을 즉각 북으로 송환했다는 것이다.

김정남은 이 사건으로 김정일을 화나게 했다. 그리고 김정남은 아버지

북한이라는 수수께끼

35세의 김정남. 2008년.

김정남의 부인과 아들(앞).

의 마음속에서 점차 멀어져 다시는 관계를 회복하지 못했다. 이때부터 후계자가 되는 꿈이 물거품이 된 김정남은 긴 세월 국외에서 생활하며 평양의 권력 중심으로부터 점점 멀어졌다. 하지만 이들에 대해 잘 알고 있는 관계자의 견해는 조금 다르다. 김정남이 아버지에게 중국의 개혁개방 모델에 근거한 경제개혁을 간언했기 때문에 눈밖에 났다는 것이다. 김정남은 1990년대 후반 해외유학을 마치고 평양에 돌아와 전국을 시찰하고 나서야

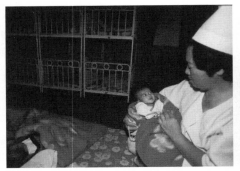

고아원.

선전포스터(꽃전시회).

"지도자 동지가 왔다."

김정일의 매제 장성택.

북한 경제의 고질적 병폐를 확실히 깨달았다. 그리고 아버지에게 개혁개방을 강력하게 제안했다. 전해지는 바에 의하면 김정일은 이런 의견을 듣고서 더욱 경계를 강화하기 시작했다고 한다. 이밖에도 김정일의 마음이 이미 성혜림에게서 떠나 재일교포 출신의 고영희를 향하고 있었다는 점을 들 수 있다. 김정일은 고영희와의 사이에서 두 아들을 낳았는데, 이들을 매우 예뻐했다.

1996년 김정남은 북한 국내에서 점차 발전하고 있는 자본주의적 단체집회에 참가하고 집회에서 중국식 개혁의 필요성을 언급했다. 이와 같은 언행은 아버지를 화나게 했다. 북한의 대남 정보기구인 노동당 통일전선부의 장진성은 1996년 8월에 자본주의를 지지하는 단체집회 석상에 한 우람한 체격의 젊은 남자가 나타나 자신 있게 말을 꺼냈다고 증언했다. "아버지는 내게 말하기를 '네가 국가 경제를 한 번 재정돈해보라'고 했습니다. 내 생각에는 경제를 일으키기 위해서는 중국식 개혁개방이 아니면 다른 방법이 없습니다. 우리는 먼저 기업을 설립하고, 그 다음 이 기업의 자회사를 세워야 합니다. 이렇게 확장시켜나간다면 굳이 자본주의의 길을 걷지 않아도 되지 않겠습니까?" 그 현장에서 김정남의 발언을 듣고 자못 감동을 느꼈던 장진성은 이렇게 말했다. "김정남의 말을 들었을 당시 저는 다른 세상에 와 있다고 생각했습니다."

김정남의 행보는 매우 신속했다고 한다. 집회가 끝난 지 일주일도 채 지나지 않아 평양 중심의 대동강 지역 한 아파트 부근에는 '광명성총공사'라는 간판이 걸렸고, 회사 건물도 올라오기 시작했다. 김정일은 장남의 이런 행동들에서 위험한 사상이 싹트고 있음을 예감했다. 그래서 그를 경제 부문에서 전출시켜 정치를 더 많이 배우도록 했다. 이어 김정일이 아들의 심복을 잡아들이면서 관련 활동 개최가 제한되었다. 그후 김정남은 실제로 비밀경찰기구인 '국가안전보위부'로 배치되었고 부부장의 직위를 맡았다. 김정남이 이런 결정에 얼마나 실망했는지는 상상하기 어렵지 않다. 장진성은 김정남이 이 일 때문에 자신을 경계하는 아버지의 완고한 결정을 깨닫고는 의기소침해져 해외이주를 결심했다고 봤다.

2012년 5월 홍콩의 신스지新世紀출판사에서 『아버지 김정일과 나: 김정남 단독인터뷰父親金正日與我: 金正男獨家告白』*라는 중국어판 책을 출간했다. 저자는 54세의 고미 유지五味洋治로 일본 『도쿄신문』의 편집위원이다. 그는 마카오와 베이징에서 김정남을 두 번 독대해 각각 2시간에 걸친 독점 인터뷰를 진행했다. 중국어판이 출판되기 전에 나는 이 원고를 읽어봤다. 고미 유지는 이 책의 일본어판을 김정남이 읽었고, 별다른 반응은 없었지만 출판이 좀 빨리 됐다는 언급을 남겼다고 내게 알려줬다.

고미 유지의 책 안에서 김정남은 기존의 방탕아 이미지를 씻어냈다. 책은 김정남이 사람을 대하는 태도를 비롯해 인생철학, 생활 신조 등에 대해 세밀하게 묘사했다. 김정남은 말했다. "나는 서구식 교육을 받아서 어렸을 때부터 자유 누리는 것을 대체로 좋아했는데, 이는 널리 알려진 사실이다. 지금도 난 여전히 자유분방한 생활을 좋아한다. 내가 도박에 빠졌다는 루머에 대해 말하자면, 만약 어느 신문 기사처럼 내가 매일 밤 마카오의 VIP 카지노를 드나들었다면, 나는 지금쯤 길거리를 유랑하면서 구걸로 나날을 보내고 있을 것이다. 예전에 마카오로 여행 왔을 때 카지노에서 슬롯머신을 해본 적은 있지만 그때뿐이었다. 마카오에 살고 있지만 나는 카지노에 가지 않는다. 내가 마카오로 간 것은 그곳이 가족이 거주하는 중국에서 보

●　　이 책은 한국에서도 출판되어 소개된 바 있다. 고미 유지, 이용택 옮김, 『안녕하세요 김정남입니다』, 중앙M&B, 2012)

　　　　　　　　　　　　　북한이라는 수수께끼

자면 거리가 가장 가깝고 자유롭게 개방된 지역이기 때문이다. 북한 여권을 소지하고 무비자로 입국할 수 있는 나라가 얼마나 되겠는가? 만일 북한 여권으로 자유롭게 세계를 돌아다닐 수 있다면 내가 무엇 때문에 위조된 도미니카공화국 여권을 가지고 일본의 디즈니랜드에 가려 했겠는가?"

고미 유지는 김정남의 출생은 기밀이고 그의 아버지는 일관성 없는 최고 지도자로 비춰진다고 내게 말했다. 김정남은 어린 시절 매우 외로웠지만 붙임성이 좋았다. 늘 북한 관련 외신을 보면서 아주 냉정하고 객관적으로 자신의 조국이 직면한 상황을 분석하고 국가의 미래를 걱정한다는 것이다.

한국 국가정보원이 공개한 것에 따르면 김정남은 베이징과 마카오에 세 명의 여인과 세 명의 자녀가 있다. 베이징 북쪽 교외지역의 아파트에 본처인 신정희와 아들 김금솔이 살고 있다. 마카오에는 두 번째 부인인 리혜경과 아들 김한솔, 딸 김솔희가 있다. 고려항공 승무원 출신인 서영라라는 동거녀도 마카오에 거주하고 있다.

마카오의 에스트라다 거리加思欄馬路 8~10호의 쟈안거嘉安閣 아파트 12층이 김정남의 두 번째 아내인 리혜경과 두 아이가 살고 있다는 곳이라고 한다. 한번은 마카오에 볼 일이 있어 이 아파트에 찾아간 적이 있다. 아파트에 들어갔다가 60세가량의 남성이 예전에 한동안 12층에 사는 남매를 본 적이 있었는데, 최근에는 보이지 않는 것 같다고 말했다. 나는 그에게 김정남의 사진을 건네줬다. 그는 사진을 받더니 곧바로 이 사람은 본 적이 없다고 대답했다. 이 두 남매는 마카오 타이파氹仔島의 렌궈聯國 국제학교에 다녔는데, 한 일본인 기자가 학교에 찾아온 다음부터 두 남매는 더 이상 등교하지 않았다. 한국 국가정보원이 파악한 정보에서는 마카오의 콜로안路環 섬 최남단의 주완하오위안竹灣豪園 361호도 리혜경과 두 아이의 거주지다. 하지만 주완하오위안의 주민은 여태까지 한 번도 그 사람들에 대해 들어본

적도 본 적도 없다고 했다. 국가정보원 관계자에 따르면 김정남과 두 번째 부인은 이미 따로 산다고 한다.

김정남의 장남이자 김정일의 손자인 김한솔은 2011년 10월 한국과 일본에서 일시에 주목받는 시사인물로 떠올랐다. 2011년 9월 30일, 페이스북, 트위터 및 유튜브에서 김정남의 아들 김한솔로 의심되는 사람이 발견되었다. 북한 문제에 대해 상당히 활발한 의견을 올렸는데, 한국과 일본의 언론이 이를 알게 된 뒤 난리법석이 났다. 다음 날 그의 사진, 글은 모두 삭제됐다. 이틀 뒤 유튜브에 있는 그의 계정 역시 잠금 상태가 되었고, 정보는 '친구 공개'로 설정되었다.

김한솔은 보스니아의 국제학교인 유나이티드 월드 칼리지 모스타르 분교를 나왔다. 예전에 보스니아의 한 석간 신문에서 막 입학한 김한솔의 아버지가 북한 지도자 김정일의 장남 김정남이라고 보도한 적이 있다. 모스타르 분교의 대변인도 김한솔의 국적이 북한이라고 확인해주었으며, 영어가 매우 유창하다고 덧붙였다. 김한솔은 다른 학우들과 마찬가지로 학교 기숙사에서 생활했는데, 알려진 바에 따르면 이 국제학교의 연간 학비는 2만5000달러로 북한의 1인당 연 평균수입의 100배가 넘는다.

SNS에 그가 영어로 남긴 자기소개의 취미란에는 사진촬영, 여행, 와인, SPA 따위가 적혀져 있다. 좋아하는 영화로는 「러브 액츄얼리Love Actually」와 「리멤버 타이탄Remember the Titans」 등을 꼽았으며, 선호하는 정치체제로 공산주의가 아니라 민주주의를 골랐다. 그는 또 이런 글을 남겼다. "나는 북한 사람이지만 지금은 마카오에 산다. 북한에도 인터넷이 있다. 북한의 인터넷은 위성통신시스템을 활용한다. 조선민주주의인민공화국은 영원히 번영할 것이다. 우리 집의 생활수준은 북한에서 중간쯤 된다. 하지만 맛있는 요리가 있어도 제대로 먹지 못한다. 왜냐하면 북한 인민들에게 미안

북한이라는 수수께끼

한 마음 때문이다. 나는 북한 인민들이 굶주림의 고통에 시달리고 있다는 것을 잘 알고 있으며, 그들을 위해 무언가를 하고 싶다." 김한솔의 대화 기록에는 김철이라는 친구와 나눈 이야기가 있는데, 김철은 마카오에 거주하는 김정남이 싱가포르, 홍콩 등지의 동남아 호텔을 예약할 때 자주 쓰는 가명이다.

아마도 김한솔은 눈부신 외부세계의 모습을 가장 먼저 깨달은 북한 소년일 것이다. 그는 마카오 국제학교에서 공부하면서 한국의 아이돌 그룹인 '빅뱅'을 흉내내 머리를 노랗게 물들이고 꽉 끼는 양복 입기를 좋아했으며, 한쪽 귀에는 귀걸이를 했다. 게다가 소냐라는 이름의 여자친구에게 'I Love You' '여보yeobo'라고 말하는 것을 보면 정말 개방적이며 자유분방하다. 14살 적에는 친구들과 함께 마카오에서 열린 한국인 가수 '비'의 콘서트에게 참석해 열광한 적이 있다. 짧은 머리에 흰색 티셔츠를 입은 김한솔은 홍콩과 마카오의 중학교에 다니는 다섯 명의 한국인 친구들과 함께 비의 노래를 따라불렀다. 김정남이 좌석 하나 가격이 29만원 하는 입장권을 구매해 아들에게 주면서 친구들을 초청하게 했다고 한다. 마카오의 북한 교포에 따르면 김한솔은 짜장면, 탕수육, 돼지고기 볶음, 북엇국, 냉면을 좋아하고 자주 한국 식당에 들렀다고 한다. '강남홍' '서울관' '한성회관'이 그가 자주 찾았던 곳들이다.

장남인 김정남은 언론 노출이 그렇게 많지 않았지만 이복동생들에 비해서는 잦았다. 일본에 잠입했던 사건이 발생하고부터는 외국에 머물면서 줄곧 외국 언론들에게 추적당하는 신세가 된 것이다. 그의 옷차림은 일반적으로 떠올리는 북한 사람의 이미지와는 명확히 달랐다. 외신 영상이나 사진을 보면 그는 늘 캐주얼 한 회색 바지와 보스BOSS 티셔츠를 입고 있다.

김정일의 두 번째 아들 김정철은 평양에서 태어났다. 그는 상당히 소극적인 성격의 소유자다. 어머니인 고영희가 일 처리를 꼼꼼하게 하는 스타일인 만큼 사람들의 시선에서 그를 발견하기란 매우 어렵다. 1994년에서 1996년까지 김정철은 스위스의 수도 베른의 한 국제학교에서 공부했다. 세상의 이목으로부터 숨기 위해 그는 북한 대사관의 운전기사이자 미화원의 아들 박철로 위장했다. 스위스 측 역시 김정철의 양친이 그를 늘 정중하게 대하는 행동이 부모가 아들을 대하는 태도 같지 않아 이상하게 여겼다. 김정철은 학업을 마치고 북한에 돌아가 선전부서의 업무를 맡았다. 2004년 4월에는 노동당 조직지도부 제1부부장에 임명되었다. 김정철은 미국 프로농구 NBA의 열렬한 팬이어서 아버지 김정일이 시골별장 옆에 농구장을 만들어주기도 했다고 한다. 김정철은 서방세계에 대한 이해도가 높아서 지금까지 매년 아버지가 제공하는 전용기를 타고 한두 차례씩 서유럽 여행을 가곤 했다. 하지만 그는 몸이 허약하고 잔병이 많다. 김정일은 여러 차례 다른 사람들 앞에서 김정철을 이렇게 평가했다. "이 아이는 안 된다. 너무 단순하고 결단력이 없다. 패기가 없고 남자다운 맛도 없어 늘 여자아이 같다."

한동안은 김정철이 어머니 고영희의 권력에 기대어 후계자 경쟁에서 김정남을 앞지르기도 했다. 차남 김정철과 삼남 김정은의 어머니 고영희가 살아 있을 때 군부를 중심으로 '우리 어머니 따라 배우기 운동'이 전개되다가 이후 중단되었다. 당시 군부의 고영희 칭송 작업은 군부의 김정철 지지파가 그의 후계자 내정을 염두에 두고 벌인 것이었다. 당시 군부는 '김정일은 백두산의 정기를 받았고 고영희는 고향이 제주도이기 때문에 백두와 한라의 정기가 합쳐진 김정철이 후계자로 적격'이라며 본격적인 선전에 들어가려 했지만, 고영희의 사망으로 모든 계획은 중단되었다.

제20장

김정은 후계체제를 위한
김정일의 보호와 배려

　　　　　　　　　　　김정일은 셋째 아들인 김정은을 더 아
꼈던 것 같다. 그는 주위에 있던 사람에게 이렇게 말했다. "김정은이 아직
어리지만, 통찰력과 추진력을 갖추고 있어 미래의 지도자로서 전혀 손색이
없다. 군사적으로도 탁월한 능력을 가지고 있다. 또 각종 정치문제 토론에
적극 참여하여 남다른 문제제기를 하곤 하는데, 이는 지도자의 자질을 갖
추고 있음을 보여준다."

　　1998년부터 2000년까지 김정은은 둘째 형처럼 박은朴恩이라는 가명으
로 스위스 베른의 슈타인 횔츨리 공립중학교에 다녔다. 그는 영어에 능숙
했고, 독일어도 할 줄 알았다. 김정은의 학우와 선생님은 김정은이 북한 최
고 지도자의 아들이란 사실을 까맣게 몰랐다.

　　김정은은 가장 친했던 포르투갈 출신 조앙 미카엘루에게 자신의 진짜
신분을 털어놓았지만, 미카엘루는 터무니없는 말이라며 아예 믿지 않았다.
얼마 전 김정은이 후계를 이어 북한을 통치할 것이라는 소식이 전해졌을

　　　　　　　　　　　　　　　　　　　　　　　　북한이라는 수수께끼

때 미카엘루의 엄마는 놀란 표정으로 불가사의한 일이라고 말했다. "내 아들이 중학교에 다닐 때 박은과 책상을 같이 쓰면서부터 두 사람은 좋은 친구였지요. 박은이 우리 집에 놀러오면 포르투갈 전통식 닭고기 요리를 간식으로 자주 해주곤 했어요. 그러면 박은은 '정말 맛있어요'라며 맛나게 먹었습니다. 어느 날 우리 집에서 바비큐파티를 열어 그 아이를 초대했어요. 그때 함께 찍은 기념사진을 어디서 잃어버렸는지 모르겠네요. 미카엘루와 박은은 늘 함께 농구도 하고 공부도 했어요. 저와 아들은 박은이 북한 최고 지도자의 아들일 거라고는 꿈에도 생각하지 못했어요."

미카엘루는 지금 오스트리아 비엔나의 한 대학에서 공부하고 있다. 그는 현지 『베른신문』과의 인터뷰에서 이렇게 말했다. "박은이 제게 '나는 북한 최고 지도자의 아들이다'라고 말한 적이 있어요. 나는 아예 믿지 않았죠. 당시 박은은 김정일과 함께 찍은 사진을 꺼내서 보여주면서 아버지라고 말했어요. 그것을 보고도 나는 여전히 믿지 않았죠. 하지만 나중에 TV에서 김정일의 모습을 보고 나서야 사진 속의 사람이란 것을 알게 됐어요." 그는 회상하며 말했다. "박은과 함께 성룡의 영화를 보고는 했어요." 박은과 학급 친구들은 그런대로 잘 어울려 지냈다. 반 친구들이 말하는 박은은 내성적이었지만 스키와 농구 같은 운동을 잘했다. 경호원을 대동하진 않았지만 매일 학교가 파하면 차 한 대가 대기하다 그를 집에 데려가고는 했다.

김정은이 3년 동안 거주했던 베른의 3층짜리 연립주택은 2006년까지 주 베른 북한 대사관에서 관리했는데, 시 외곽의 쾨니츠 키르히슈트라세 10번지의 언덕에 자리하고 있다. 마을사람들은 외벽이 주황색 타일로 된 이 아파트는 중산층이 사는 아파트지만, 10년 전에는 이 지역에서 꽤 고급 주택이었다고 말해줬다. 일본의 한 방송사 기자는 예전에 이 아파트를 몰래 촬영하다가 북한 대사관의 신고로 경찰에 억류된 적이 있다. 이때부터 김정은이 후계자로 부각되면서 외국의 언론들도 잇달아 이곳을 찾았다. 베른국제학교는 언론의 집중조명을 받으면서 기자회견을 열었다. 학교장과 슈투더 구청장이 회견장에 나왔다. "확실히 북한 국적의 학생이 있었습니다. 1998년 8월부터 2000년 가을까지 본교에서 공부했습니다. 하지만 그는 당시 북한 대사관 외교관 자녀의 신분으로 입학했습니다. 그래서 우리는 그가 김정일의 아들인지 알 방법이 없었습니다." 당시 수학을 담당했던 교사이자 현재 교장인 부리는 김정은이 학교생활에 잘 적응했고 학업에도 충실했다고 회고했다.

김정은은 스위스를 떠나 평양에 돌아간 뒤 김일성종합군사대학에 들어갔다. 2004년 고영희가 사망하자 김정은은 실의에 젖어 술에 의지했고 몸무게가 90킬로그램까지 불었다.

김정일과 고영희 사이의 딸인 김여정은 '정순'이라는 이름으로, 스위스 베른에 있는 이 학교에서 공부했다. 김여정은 1987년생으로, 1996년 4월에 입학해 5학년 과정을 마친 2000년 7월에 5학년 과정을 마쳤다. 하지만 학교를 떠난 날짜는 기록되어 있지 않다. 풍문으로는 2000년, 그러니까 초등학교 6학년 때 베른을 떠나 북한으로 돌아갔다고 한다. 담당 교사에 따르면 김여정은 북한 외교관의 딸로 알려져 있었으며, 등하교할 때면 여러 여성이 교대로 그녀를 수행했다고 한다.

북한은 5년 전부터 김정은의 정권 승계를 위한 준비를 해왔다. 당국은 먼저 군대를 중심으로 김정은의 모친인 고영희 우상화를 전개하면서 국모의 지위를 확립했다. 북한은 고영희를 찬양하는 숱한 문건을 하달했는데, 그 가운데 1부는 군 내부의 강연 원고였다. 오래전 한국 언론에 의해 공개되기도 했던 이 원고의 제목은 '존경하는 어머니는 경애하는 최고사령관 동지의 충신 중의 충신'이었다.

북한이라는 수수께끼

2010년 9월 초, 국제사회가 초미의 관심을 보였던 노동당 대표자회의가 예정대로 열리지 않자 김정일의 건강이 더 악화된 것은 아닌가, 북한 당국이 김정일 후계자 문제를 두고 아직 공통된 인식에 도달하지 못한 것은 아닌가 하는 갖가지 추측이 난무했다. 그러자 북한 당국은 큰 수해를 입어 회기를 어쩔 수 없이 늦출 수밖에 없었다며, 노동당 대표자회의를 9월 28일에 개최한다고 공식 발표했다. 9월 28일 일주일 전부터 평양의 거리 곳곳이 새롭게 꾸며졌고 당기와 국기가 보이는 곳마다 나부꼈다. 선전 차량들이 오가면서 격앙된 구호와 음악을 내보냈다. 주민들은 모두 경축일에 입는 화려한 차림을 한 채 흥을 돋우었다. 오전 9시, 평양 4·25 문화회관 앞의 광장에는 50여 대의 고급 버스가 멈춰섰다.

그날 이른 아침, 조선중앙통신사는 주요 뉴스를 내보냈다. 북한 인민무장역량 제2대 최고 통수권자이자 국방위원회 위원장, 조선인민군 최고사령관인 김정일은 27일 0051호 명령을 하달하고 김경애, 김정은 등의 6인을 대장으로, 유경을 상장으로, 노흥세 등 6인을 중장으로, 조경준 등 27인을 소장으로 임명했다. 이밖에 리영호 인민군 총참모장은 차수 칭호를 받았다. 이 명령의 하달되기 전 북한 인민군 수뇌부에는 원수 2인, 차수 13인, 대장 16인, 상장 41인, 중장 181인, 소장 790인이 있었다.

잠시 북한군의 계급체계를 살펴보면, 6등급 23개 계급으로 나뉜다. 그중 원수에는 대원수, 원수와 차수가 있다. 사망한 김일성만이 대원수로 불린다. 김정일의 군 계급은 원수다. 다른 원수 한 사람은 리을설이다. 북한에는 네 명의 역대 원수가 있는데, 이미 두 명이 병사했다. 1995년 10월 원수 칭호를 받은 리을설은 1921년 함경북도 무산군 출신의 동북항일연군 노전사로 인민군 통수권자, 노동당중앙위원, 중앙군사위원회 위원, 국방위원회 위원, 공화국 최고인민회의 의원, 노동당중앙호위사령부 사령관이다. 리을설은 김일성, 김정일 부자와 오랜 기간 특수한 관계를 맺고 있었는데 충성심이 대단해서 김씨 부자의 흔들림 없는 신임을 받고 있다.

차수 다음으로는 대장, 상장, 중장, 소장의 네 령장급(장성급)이 있다. 그 아래로 대좌, 상좌, 중좌, 소좌의 좌급군관(영관급)과 대위, 상위, 중위, 소위의 위급군관(위관급)이 이어진다. 사관(부사관)의 경우 특무상사, 상사, 중사, 하사와 병사(병)의 경우, 상급병사, 중급병사, 초급병사, 전사로 구분된다.

김정은이 대장으로서는 처음으로 북한 언론에 출현한 것이었다. 9월 29일, 북한 매체는 "이번 당대표자회의는 큰 성과를 거뒀다. 역사적인 회의로 조선 역사상 새로운 이정표가 될 것이다. 회의에서는 선거로 당의 최고 영도기구를 뽑고, 새로운 정치국 상임위, 위원, 후보위원과 당중앙서기국 서기 등의 적임자를 선출했다"고 발표했다. 김정일은 다시 한 번 노동당 총서기, 당중앙군사위원회 위원장에 재추대되었다. 새로 당선된 조선노동당 중앙정치국 상임위원회는 김정일, 최영림, 조명록, 리영호로 구성된다. 이밖에 김정은이 노동당중앙위원, 중앙군사위원회 부위원장에 피선되었다. 김정일의 후계자에 대한 논란은 오래된 일인데, 마침내 노동당 대표자회의에서 수면위로 떠오른 것이다.

한국과 일본의 언론이 김정은을 '황태자'라고 부르는 것은 '민주주의인민공화국'인 북한의 3대 세습을 풍자하는 데 그 목적이 있다. 실제로 김일성 가계는 정권을 장악한 '김씨 왕조'다. 김정은은 2010년 9월 27일과 28일에 각각 대장 및 조선노동당 중앙군사위원회 부위원장에 임명됐다. 중앙군사위원회 부위원장의 권위는 아버지를 포함한 다섯 명의 중앙정치국 상임위원에 버금가는 것이다. 이번 사례는 북한 정권 승계의 첫걸음으로 여겨졌다.

북한이라는 수수께끼

북한의 신헌법에 따르면 국방위원회는 국가 최고영도권, 즉 '선군정치'를 행사한다. 김정은은 대표자회의 전에 국제 언론에 알려진 바가 없다. 국방위원회 부위원장으로 승진했다고 그의 승계가 확실히 굳어진 것은 아니며 노동당 최고위층에도 들어선 것도 아니다. 하지만 그의 등장으로 국제사회는 북한 지도자의 승계 절차가 본격적으로 가동된 것으로 여겼다.

김정은은 노동당 최고위층에 진입하지는 못했지만 군에서는 최고위층에 올라섰다. 그의 후계 경로는 먼저 군권을 확보한 다음 노동당 고위층에 들어가는 방식으로 보인다. 노동당 중앙군사위원회에는 원래 부위원장이란 직함이 없었는데, 이번에 김정은을 위해 신설했다.

김정일은 아들의 승계를 위해 많은 공을 들였다. 대표자회의의 인선에서부터 일련의 포석이 보인다. 군·당·정 모두 전담자가 보좌하는 짜임새다. 그중 핵심인물은 김정일의 여동생 김경희, 매제 장성택 그리고 이번에 김정은과 같이 중앙군사위원회 부위원장에 선임된 리영호다. 원래 경공업을 책임지던 김경희는 인민군 대장이 되었을 뿐만 아니라 정치국 위원으로도 승진했다. 장성택은 최근 몇 년간 김정일이 계속 등용하고 중용한 인물이다. 2010년 6월, 64세의 장성택이 북한 국방위원회 부위원장으로 진급하면서 실세로 부상했다. 그는 이전에 국방위원회 위원에 임명된 바 있다. 현재 국방위원회 부위원장으로는 오극렬, 장성택, 이용무, 김영춘의 네 사람이고, 국방위원은 여섯 사람이다. 북한 국방위원회 제1부위원장인 조명록이 2010년 사망한 뒤 국방위원회 제1부위원장의 자리는 계속 비어 있었다. 장성택과 김정일이 구축한 관계는 매우 긴밀하다. 장성택과 아내 김경희는 김정일 자녀들의 공동후견인이다. 장성택의 두 형제는 군 내부에서 고위직을 맡고 있다. 그로 인해 장성택은 군권에 상당한 영향력을 발휘하고 있다.

리영호는 이번에 차수로 올라섰을 뿐만 아니라 또 정치국 상임위원회의 요직을 겸하면서 인민군을 장악한 주요 인물이다. 이로써 후계자 안배 과정에 있어 이후 북한의 새로운 영도 역량은 김정은을 중심으로 군대에서는 리영호, 행정안전에서는 장성택, 노동당에서는 김경희가 통제하고 관리하는 형국이 되었다.

김정은은 이미 북한 정치무대에 나섰지만, 이 청년 장군은 아직까지는 신비한 인물이다. 해외언론에 고작 두 장의 김정은 사진이 게재된 적이 있다. 한 장은 어린 시절의 사진이고 한 장은 학창시절의 사진이다. 이번 노동당 대표자회의는 그에게 중요한 임무를 부여했지만 아직 개인사진조차 공개하지 않은 상황이다. 그가 몇 년생인지조차 오리무중이다. 1982년생에서 1985년생까지 설이 다양하다. 당국에 따르면, 1982년인데, 이것도 확실치 않다.

9월 30일 『노동신문』 제1면에는 '위대한 령도자 김정일 동지와 조선노동당 중앙지도기구 구성원, 당대표자회의 참가자들의 단체기념사진'이란 제목으로 기사가 게재됐다. 김정일과 회의 대표들이 금수산기념궁 광장 앞에서의 단체사진이 함께 올라왔는데 그중에 김정은이 있었다. 김정은은 아버지를 닮았지만 할아버지 김일성을 더 닮았다. 구태여 찾을 필요 없이 한눈에 알아볼 수 있을 정도다. 가장 앞줄에 앉은 김정일과 한 칸 떨어진 사람이 바로 김정은이다. 사람이 너무 많아 김정은의 그림자 윤곽만을 볼 수 있다.

이날 오후 5시에 조선중앙TV는 김정은의 영상을 방송했는데, 김정은이 회의장에서 박수치는 동작을 자세히 보면 상당히 흥미로운 점을 볼 수 있다. 다른 회의 참석자들은 단정하게 앉아서 양손을 높이 들고 박수를 치는데 김정은은 한쪽 팔을 팔걸이에 얹고 상반신을 비스듬히 기울인 채 아래에 있는 손은 움직이지 않고 오로지 위에 있는 손을 움직여 박수를 친

북한이라는 수수께끼

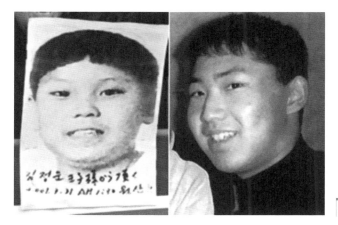

소년 김정은.

김정은의 군부대 시찰.

권력 핵심에 진입한 김정은.

김정은의 군권 장악.

김정은의 시찰 모습.

다. 김일성과 김정일이 박수치는 모습과 판박이다. 김정은은 헤어스타일을 지난 1950년대 김일성이 한 머리 모양으로 바꾸었다. 그 헤어스타일은 현재 북한에서 야망을 상징하는 헤어스타일로 불린다.

10월 5일, 북한 TV보도에 따르면 북한 인민군 제851부대가 실시한 연합훈련 현장을 김정일이 참관했는데, 김정은을 비롯한 기타 당과 군의 고위인사들이 훈련을 참관했다. 이는 북한 매체에서 김정은이 아버지를 수행해 활동하기 시작한 것을 처음으로 보도한 것이다.

3일 뒤 북한당국은 또 다른 뉴스를 터뜨렸다. 노동당 중앙정치국위원 및 최고인민회의 상임부위원장 등을 맡고 있는 양형섭이 AP통신의 방문을 받았을 때 김정은이 김정일의 아들이고, 그가 후계를 이어 북한의 세 번째 지도자가 될 것임을 처음으로 외부 세계에 공개한 것이다. 양형섭은 말했다. "위대한 김일성 주석님과 위대한 김정일 장군님의 영도를 받은 우리 인민은 대단히 영광스럽습니다. 지금도 김정은 대장 동지의 영도를 받을 수 있게 되어 대단히 영광스럽습니다."

10월 10일, 김정은은 군측 고위관료의 신분으로 김정일과 함께 노동당 창당 65주년을 경축하는 열병식에 나타났다.

9개월 뒤에는 중국 외교부 공식 홈페이지에 김정은의 사진이 처음으로 공개됐다. 이는 베이징이 김정은의 후계 지위를 인정했다는 걸 뜻한다. 2011년 7월, 중국 외교부 홈페이지에는 김정일 국방위원장이 중국의 장더장張德江 국무원 부총리를 접견하는 사진이 게재되었다. 장더장은 북중우호협력상호원조조약 체결 50주년을 기념하기 위해 북한을 방문했다. 김정은 조선노동당 중앙군사위원회 부위원장, 강석주 내각부총리, 장성택 국방위원회 부주석, 김계관 외무성 제1부상 및 장더장 국무원 부총리와 류훙劉洪 주 북한 중국대사 등이 배석한 자리에 김정일이 장더장의 선물을 세심하게 보고 있는 사진이었다.

북한 국내에서도 김정은에 대한 선전에 박차를 가했는데, 최종적으로 자리를 물려주기 위한 포석이었다. 이런 선전에서부터 이미 신격화가 나타났다. 한 자료에는 이렇게 쓰여 있다. "김정은 대장 동지는 3살 때 총 쏘는 법을 배웠고, 9살 때 이동하는 목표를 명중시켰다. 3살 때 운전을 배우기 시작해서 만 8세가 되기 전에 차를 몰고 대형 화물차가 빈번히 통행하는 굽고 경사진 토사도로 약 120킬로미터를 달려 무사하게 목적지에 도착했다. 김정은 대장 동지는 못 하는 운동이 없는데, 특히 농구는 프로선수를 이긴 적이 있다. 6살 때 승마를 배우기 시작해서 승마 기술이 기수보다 더 훌륭하다." 이 자료에서는 또 이렇게 밝히고 있다. "한 외국의 저명한 예언가가 김정은 대장 동지를 보고 이렇게 말했다. '지금까지 나는 이런 사람을 처음 봤다. 대장의 기품을 봤을 때 한 국가, 심지어 전 세계를 통솔할 수 있는 큰 인물이 될 것이다.' 또 대장 동지는 16살 때 한국전쟁 당시 김일성 수령님이 보여준 탁월한 리더십을 평가하는 논문을 썼다. 원산농업대학 등 대장 동지가 실지 조사한 곳에는 기념비와 간판을 세웠다."

북한의 김정은 선전은 2009년 5월부터 전체 인민을 대상으로 전개됐다. 마침 모내기철을 맞아 선전 문건 하나가 전국의 모든 학교에 하달됐다. 문건에서는 "청년대장(김정은을 지칭)이 지금 제일선에서 곤경에 처한 경제를 살리기 위한 지휘를 하고 있으니 전체 인민은 증산운동을 전개하자"는 문구를 담고 있었다. 문건은 '당의 지시'로 하달되었고, 각지의 교사와 학생은 열심히 배운 다음 회의록을 남겨 보고할 것을 요청했다. 동시에 김정은을 찬양하는 노래인 '발걸음'이 북한에서 불리기 시작했다.

2011년 4월 7일 북한 최고인민회의가 평양에서 개최됐다. 의외인 것은 김정은이 국방위원회 부위원장을 맡지 않았다는 것이다. 국외에서는 김정은이 이번 회의에서 국방위원회 제1부위원장에 임명되어 부친의 뒤를 잇는 두 번째 인물이 되면서 순조롭게 후계를 잇는 사전정지작업이 이루어질 것이라고 관망했기 때문이다.

김일성은 64세 때 32세의 장남 김정일을 그의 계승자로 확정했다. 그런 다음 20년의 세월 동안 권력 이양의 기초를 다졌다. 김정일은 한 걸음씩 영도 핵심의 가장 높은 위치에 다가섰다. 김정일이 여전히 권력을 장악하고 있고 건강 상태도 호전되어서 경험이 부족한 김정은을 그렇게 서둘러 제1부위원장의 자리에 올릴 필요가 없었던 것이다.

한동안 김정일의 건강이 회복되었다는 보도가 있었다. 2009년, 내가 서울에 취재 갔을 때 청와대의 고위관료가 이렇게 말했다. "제가 알기로는 올해 6월 3일 제임스 스타인버그 미국 국무부 장관이 우리 측 안보 분야의 관료를 만났을 때 김정일이 최소 5년은 더 살 것이라고 말했습니다. 듣기로는 이것은 김정일이 4시간 동안 활동하는 영상을 입수하여 의사를 비롯한 전문가들이 분석해서 나온 결론이라고 합니다." 미국의 한 의사는 또 다른 판단을 내렸다. 2009년 클린턴 전 대통령이 북한에 가서 두 명의 기자를 데리고 미국에 돌아온 적이 있었다. 미국은 이 기회를 놓치지 않고 의사 한 명을 클린턴과 함께 북한에 보내 김정일의 신체 상태를 체크하게 했다. 정부 측 사진을 보면 이 의사와 김정일 사이의 거리는 1미터밖에 되지 않았다. 이 의사는 김정일의 수명이 어쩌면 3년을 넘기지 못할 수도 있다는 진단을 내렸다.

조선중앙통신사는 2009년 6월 30일 김정일이 함경남도의 반도체 재료공장과 국가과학원 함흥분원을 시찰했다고 보도했다. 이는 2009년 조선중앙통신의 77번째 김정일 관련 보도였는데, 2006년의 67건을 초과한다. 이때만 해도 김정일의 건강이 크게 염려할 만한 상태는 아닌 듯 보였다. 구체적으로 보면 2008년 보도 총량의 51퍼센트는 군사 관련 시찰보도였는데, 올해는 고작 29퍼센트(22건)뿐이다. 김정일이 각지를 시찰하고 경제업무 등의 활동을 지도한 것과 관련된 보도는 모두 53건으로, 비율이 작년의 40퍼센트에서 70퍼센트로 늘어났다. 외교와 관련된 보도는 단지 2건이다. 1월에 왕자루이王家瑞 중국 중앙대외연락부장을 만난 것과 러시아 모이세예프 국립아카데미 민속무용단의 공연을 관람한 것이 전부였다.

실제로 2009년 8월 중순 김정일이 현정은 현대그룹 회장과 회담을 가지면서 만찬까지 4시간 10분을 같이 있었다. 방금 언급했던 청와대 관료는 말했다. "우리가 나중에 입수한 정보에 의하면 김정일은 당시 분홍색의 샴페인을 마셨고 말보로 담배를 피웠습니다. 뇌일혈에 걸린 사람에게 담배와 술은 독약이나 마찬가지입니다. 그가 담배와 술을 입에 댄 상황을 봤을 때 건강 상태는 이미 크게 호전됐습니다."

북한에서 태양은 김씨 부자를 상징하는 단어이다. 북한 사람들은 이 두 사람을 '인류의 태양' '영원한 태양' '최고의 태양' '혁명의 태양' '인생의 태양' '희망의 태양' 등으로 부른다.

제21장

병든 김정일,
1년간 세 차례의 중국방문

　　　　　　　　　　　국제 언론에게 익숙한 그 특별열차는
눈에 띄진 않지만 설비가 완비된 기차다. 김정일이 2011년 5월 27일 오전
6시 반 이 특별열차를 타고 단둥, 압록강대교를 거쳐 북한 신의주로 돌아가
면서 7일 기한 6000여 킬로미터에 걸친 방중여정을 끝마쳤다. 이틀 뒤 중
국 공연을 마치고 돌아온 북한군의 문예공연단이 경축공연을 마련했다.
김정일, 김정은 부자는 이 공연을 함께 관람했다. 2000년부터 김정일은 모
두 일곱 차례 중국을 방문했는데, 외국 방문을 마치고 돌아와 경축공연을
거행한 것은 처음이었다. 주 평양 중국 대사관의 한 외교관은 내게 말했다.
"이 일에서 북한 당국이 김정일의 이번 방문을 매우 중시하고 있음을 알 수
있습니다."
　　5월 20일 새벽, 김정일 조선노동당 총서기이자 국방위원회 위원장이
탑승한 특별열차가 투먼시로 진입하자 한국과 일본의 정보부서 사람들은
깜짝 놀랐다. 얼마 지나지 않아 한국의 국정원이 입수한 정보로는 김정은

　　　　　　　　　　　　　　　　　　　　　북한이라는 수수께끼

조선노동당 중앙군사위원회 부위원장의 중국 방문이 있을 것이라고 했다. 확실히 이번 김정일의 중국행은 그들의 예상을 벗어나는 일이었다.

김정일은 5월 20일부터 비공식 방문을 시작했다. 2010년 5월 이후 1년 간 세 번째 중국 방문이었다. 이전과 마찬가지로 김정일의 모든 일정은 철 통 보안에 싸여 한국·일본·미국의 기자들은 여기저기 그의 모습을 찾기 위해 분주했다. 그리고 중국과 북한은 관례에 따라 김정일의 중국 방문 소 식을 확인해주지 않다가 원자바오가 일본에 갈 때서야 방문이 사실임을 공표했다.

김정일 일행은 헤이룽장성 무단강牧丹江에서 지린성 창춘長春을 거쳐 장쑤江蘇성 양저우楊州, 난징南京으로 남하한 뒤 다시 북상하여 베이징에 도 착했다. 양저우에 들렀던 것은 넷째 날이었다. 양저우시위원회의 외사업무 담당 관료는 김정일의 몸이 그리 건강해 보이지 않는다고 내게 알려줬다. 그에 따르면 김정일이 양저우 화룬쑤궈華潤蘇果 마트를 시찰할 때 60~70명 의 사람이 앞뒤로 따라붙었다. 2층 식품매장에서 김정일의 걸음은 매우 느 렸고 절뚝거렸다. 왕옌원王燕文 양저우시위원회 서기가 그를 부축했고 마트 에서 머문 지 20분이 채 안 돼 자리를 떴다. 양저우 영빈관에서 열린 만찬 에 참석한 한 중국 측 인사는 김정일의 걸음걸이가 확실히 느릿느릿했지만 전체적인 인상은 여전히 활기차 보였다고 말했다.

이 현장에 있던 다른 관계자의 설명에 따르면 김정일이 이끌고 온 방문 단의 규모는 100명이 넘었다고 한다. 연식이 된 고위관료가 대다수를 차지 했고, 김정일의 경호를 책임지는 것으로 추측되는 젊은 사람들이 몇 있었 다. 방문단 가운데 여성 몇 사람이 있었는데 김정일을 돌보는 간호사였다. 병에 걸린 김정일은 1년 동안 세 차례나 중국에 방문했고, 반복해서 중국 경제발전의 경험을 배울 것임을 강조했다. 현재 북한은 경제건설 전환기에 처해 있어 김정일의 이번 행보는 '경제고찰의 여정'이라고 여겨졌다. 중국 방문은 그가 국제환경 변화를 감지하는 창문이기도 하다. 그가 중국의 경제 발전을 살펴보고 중국과의 경제 협력을 모색하는 것은 이번 여정의 가장 중대한 사안이었다.

김정일이 이처럼 빈번히 중국을 방문하는 것은 예사로운 일이 아니기 때문에 국제 여론의 관심이 쏟아졌다. 서구와 일본, 한국의 일부 매체는 김정일이 중국의 경제 원조를 받아 국내의 경제적 어려움을 탈피하려는 것이라고 논평했다. 하지만 내가 봤을 때 북한은 국제사회에 알려진 것처럼 심한 경제적 어려움을 겪고 있는 것 같지 않다. 2012년은 북한이 강성대국을 여는 해이고, 김일성 탄신 100주년이기도 하다. 그렇기 때문에 경제를 발전시키고 인민의 생활 수준을 높이는 것이 현재 북한에게 가장 절박한 임무다. 상대적으로 고립된 환경에서 벗어나는 가장 현실적인 방식은 중국과의 경제무역협력을 확대하는 것이다. 최근 6개월간 북한은 외국 기업의 투자유치 홍보를 강화해왔다. 조선중앙통신사는 여러 차례 북한의 유관인사들과의 인터뷰를 통해 북한 나진선봉경제구역의 외국 기업 투자유치 정책과 관세 우대 정책, 투자권익 보장 등을 소개했다.

북한이 경제개혁에 특단의 조치를 취할 것인지 여부는 시종일관 외국의 관심사였다. 현재의 북한이 시장경제를 시행할 가능성은 크지 않다. 북한은 계획경제체제를 실행하고 이것을 선군정치와 결합하는 형태로 접점을 찾으려 할 것이다. 현행체제를 안정시키면서 한편으로 어느 정도의 개혁을 시험해볼 것이다. 나진선봉경제지구 건설은 바로 일종의 실험이다.

나는 '나선자유경제무역지대 외국투자기업과 외국인의 세수규정과 규칙'이라는 문건을 손에 넣은 적이 있다. 기초시설을 우선적으로 투자하는 외국기업에 대해 나선자유무역지대는 기업이윤이 발생하는 연도부터 5년간의 면세와 3년간 절반의 감세 우대를 제공하기로 했다. 이밖에 3000만 유로 이상을 투자하는 기업은 4년간의 소득세 납부를 면제받고, 3년간 절반으로 감해주는 우대를 받는다. 나선자유무역지대의 기업소득세는 40퍼센트로 중국경제특구의 15퍼센트, 홍콩의 18퍼센트, 싱가포르의 26퍼센트보다 높다.

2011년은 북중우호협력원조조약 체결 50주년이다. 중국에 주재하는 한국인 외교관은 북한과 중국이 최근 북한의 남포시에 위치한 서한만 유전을 공동개발하기로 협의·결정했다고 내게 알려줬다. 앞으로 30년간 중국이 소모할 석유는 서한만 유전 매장량의 3분의 1에 상당한다.

김정일은 이번 중국 여정에 베이징의 선저우神州 디지털제어유한공사를 시찰하면서 기업창의센터의 전시 구역과 R&D센터를 방문했다. 난징에서 그는 중국 슝마오雄猫그룹을 참관하면서 기업의 최신 액정 전자제품을 둘러봤다. 양저우에서는 즈구智谷전자책, 즈닝知能전력망 등의 하이테크 제품의 연구개발과 생산을 시찰했다. 창춘에서는 이치一汽자동차와 제팡解放자동차의 생산을 참관하고 무단강에서는 하이린海林농장을 시찰했다. 그가 중점적으로 본 것은 바로 중국의 하이테크 기술이었다.

신의주에서 단둥으로 돌아온 저우징周晶은 장기간 북중 변경무역에 종사했다. 그녀는 북한이 올해 안에 국내 휴대폰을 모두 2G에서 3G로 바꿀 계획이라고 말했다. 이미 북한의 이동전화 가입자 수는 100만 명에 달한다. 조선이동통신 운영업체가 6개월 전 발표한 자료와 비교했을 때 사용자 수는 약 70퍼센트 증가했다. 북한은 이미 자체적으로 사무용과 교육용 컴퓨터를 생산하고 있다. 이 컴퓨터는 전부 북한이 자체적으로 연구개발한 것으로, 원가가 높지 않지만 컴퓨터 기능을 무리 없이 수행할 수 있다. 김정일은 경제 분야 고위관료들을 대동하고 중국에 다시 방문한 것은 UN 차원의 제재를 극복하고 민생경제의 발전을 꾀하기 위해서다.

이번 방문은 김정일의 마지막 중국 방문으로 그가 집권한 이후로는 일곱 번째 비공식 방문이다. 그간 그의 방중은 아래와 같이 이뤄졌다.

1차 방문: 2000년 5월 29~31일

2차 방문: 2001년 1월 15~20일

3차 방문: 2004년 4월 19~21일

4차 방문: 2006년 1월 10~18일

5차 방문: 2010년 5월 3~7일

6차 방문: 2010년 8월 26~30일

3개월의 간격을 두고 68세의 김정일은 또다시 중국을 방문했다. 그가 집권한 뒤 여섯 번째 비공식 방문이다. 김정일은 중국의 지린과 헤이룽장성을 방문했다. 지린성이 주도하고 헤이룽장성이 참여하는 두만강 구역 협력개발의 핵심 지역 '창지투개발개방선도구長吉圖開發開放先導區'및 동북아를 향해 개방한 둥베이삼성東北三省 변경 근해 구역 건설은 이미 중국의 12·5계획(제12차 5개년 계획, 2011~1015)에 포함되어 있다. 이 계획의 제안은 1개월 후 10월에 거행된 중국공산당 17기 5중전회에서 심의했다. 44년 만에 개최된 조선노동당 대표자회의 역시 9월 초 평양에서 개최되고, 새로운 경제정책이 세상에 나오게 되었다. 따라서 김정일이 노동당 대표자회의 전에 중국에 방문한 것은 그의 새로운 정책을 정교하게 세우기 위한 포석이었다.

내가 알기로는 중국 후정웨胡正躍 외교부 부장조리를 단장으로 한 외교부 대표단이 7월 26일 평양에 방문했는데, 김정일의 중국 방문 일정을 준

북한이라는 수수께끼

비하고 평양 당국과 협의하기 위해서였다. 김정일은 2010년 5월 랴오닝을 방문한 뒤 이번에 지린, 헤이룽장, 둥베이 삼성을 모두 방문했다. 5월 방문 때 김정일의 특별열차의 객실은 17개였고, 이번에는 9개 더 많은 26개였는데, 이는 북한 국방위원회, 당중앙서기부장, 외무성 등의 관료 외에도 황해 북도, 평안북도, 자강도 등 지역의 관료들에게도 지린, 헤이룽장의 발전 경험을 보여주기 위해서였다.

북한과 중국의 국제철도에는 신의주에서 단둥, 남양에서 투먼, 만포에서 지안集安의 세 노선이 있다. 그중 만포-지안철도는 주로 화물운송에 사용한다. 외국 방문에 비행기를 타지 않는 김정일은 여태까지 이 노선으로 간 적이 없고, 이전에 다섯 차례의 중국 방문 모두 신의주-단둥 노선을 선택했다. 이번에 만포에서 지안으로의 출국과 다시 옌볜 자치주에서의 귀국을 택한 것은 바로 창지투 개발의 현지조사와 관련이 있다. 북한 외교관이 창춘에서 중국 측 외교관과 이야기를 나눌 때 다행스러워하며 이렇게 말했다. "당초 신의주-단둥 노선을 선택하지 않았습니다. 8월 하순 평양북도 신의주 지역에 홍수가 범람하여 심각한 피해를 입었지요. 8000호의 주택이 파괴되고, 7000무畝의 농경지가 수몰되었으며 대량의 전력설비와 철도 노반이 파손되었습니다. 이 사실은 신의주-단둥 노선 선택에 반드시 영향을 줬을 겁니다."

8월 27일, 지린 창춘에서 후진타오 중국공산당 중앙총서기와 김정일 국방위원장이 회담을 가졌다. 김정일은 되도록 빨리 6자회담을 재개하는 것에 동의하는 한편 진정한 의미에서의 중국 개혁개방의 성취를 처음으로 평가하고 중국의 경험을 배워야 한다는 것을 명확히 했다. 물론 주체사상과 선군정치의 전제하에서다.

김정일은 말했다. "개혁개방 이후 중국은 신속히 발전했고, 왕성한 영향력을 도처에 발산했습니다. 나는 이 역사적인 진전의 증인입니다. 중국의 당과 정부가 제안한 둥베이 지역을 진흥하는 구 공업기지 전략은 충분히 증명되었고, 지역협력 발전을 실현하는 방침은 매우 옳습니다. 당의 지도 아래 중국 인민은 반드시 11·5계획을 성공적으로 완수하고 순조롭게 12·5계획을 시작하게 될 것입니다. 북한은 현재 경제 발전과 민생 개선에 힘쓰고 있습니다. 중국 측과의 교류협력을 강화하기를 희망합니다. 지린은 내가 예전에 생활했던 곳이기도 합니다. 이번에 이곳에 다시 와서 거대한 변화를 목격하면서 많은 충격을 받았고 느끼는 바도 많았습니다. 둥베이 지역과 북한은 인접해 있고 산천의 모습이 비슷하고 공업 구조도 유사합니다. 북한은 중국 둥베이 지역과의 교류협력을 강화해서 중국의 경험을 열심히 연구할 것입니다."

중국과 북한은 '정부 주도, 기업 위주, 시장 운영, 상호 이익'이라는 원칙을 정했다고 한다. 김정일이 이번에 중점적으로 시찰한 곳은 지린성이다. 창지투개발개방선도구의 주요 범위는 두만강 지역의 핵심 지역, 즉 지린성 안의 창춘·지린 시 일부 지역과 옌볜주다.

리룽시李龍熙 옌볜주 주장은 말했다. "중국두만강지역협력개발계획강요'는 북한의 관심을 불러일으켰습니다. 북한이 연초에 옌볜주 맞은편의 나선시를 직할시로 비준하여 일련의 우대정책과 행정 권력을 부여한 것은 중국의 '계획' 실시와 더불어 그들에게 기회를 가져왔습니다. 옌볜과 북한은 인접해 있어 해상운송은 북한, 러시아의 항구를 빌려 동해로 나가는 항로가 개통됐습니다. 훈춘琿春 시는 중국 유일의 현급시 세관 소재지로서 주변 200킬로미터 반경 안에 북한, 러시아의 10여 개 항구가 자리 잡고 있습니다. 훈춘은 도로 혹은 철도로 이 항구들과 서로 연결하여 '항구를 빌려 바다로 나가는 것'을 실현할 수 있습니다."

북한이라는 수수께끼

국제도로 건설은 창지투 유역의 세관 경제 발전을 위해 기초를 닦는 일이다. 중국의 투먼, 북한의 두만강, 러시아 하싼을 거치는 철도는 북·중·러 삼국 간 연계운송을 실현할 수 있다. 나진, 청진항을 통하면 중국 동부 연해지역 및 한국, 일본, 러시아에 파급된다. 중국 투먼에서 북한 나진, 청진항까지 철로 길이는 167킬로미터에 불과해 나진항, 청진항을 거쳐 한국의 속초, 부산까지 해상 운송로가 개통된다. 투먼시의 국내 무역과 물자의 국제운송업무 노선은 투먼, 나진항, 청진항, 상하이, 광저우, 저장浙江 지역이다. 여기에서 북한이 이 계획 성공의 열쇠 가운데 하나를 장악하고 있음을 알 수 있다. 창지투는 나진항 혹은 청진항을 통해 동해로 들어가는 노선을 확보하지 못한다면 동북아 물류 핵심기지가 되기 어렵다.

중국은 북한의 협력이 절실하게 필요하다. 김정일은 이번 중국 방문 중에 현재 사용하는 나진항 1호 부두의 10년 사용권 연장을 포함한 나진, 청진항의 협력 개방에 확실히 동의했다. 김정일은 마치 자신이 살 시간이 얼마 남지 않았다는 것을 느낀 것 같았다. 자신이 국면을 조절할 수 있을 때 개방의 첫걸음을 내딛었다. 그는 9월에 개최된 당대표자회의에서 긴급 개방조치를 내놓았다. 두만강 유역의 중국기업 시찰은 일종의 검증을 위한 단계이었던 것이다.

김정일이 지린에 머물던 8월 28일, 제6기 중국 옌지, 두만강 지역 국제투자무역상담회가 지린성 옌지 시에서 시작됐다. 미국, 일본, 한국, 러시아, 북한, 캐나다, 멕시코, 인도네시아, 말레이시아 등 26개 국가와 지역에서 온 경제무역단체가 참가했다. 북한은 이런 상담회에 처음 참가했고, 북한의 리복일 김책시 인민위원회 부위원장은 북한이 내년에 이런 유사한 무역상담회를 개최하려고 하는데, 그때 이번 상담회에 참여한 모든 국가를 초청할 계획이라고 밝혔다.

1991년 소련이 해체되자 김일성은 근심이 가득했다. 10월에 재차 중국을 방문하여 전략을 조율하면서 장쩌민, 양상쿤楊尚昆, 사적인 친구로서의 신분으로 참가한 덩샤오핑과 회담을 가졌다. 김일성은 당시 나이 때문에 집권 일선에서 천천히 물러나 아들 김정일에게 정권을 넘길 것이란 계획을 중국에 통보하고 장쩌민, 양상쿤에게 김정일에 대한 관심과 배려를 부탁했다. 오늘날 병에 걸린 김정일 역시 권력 승계가 한시도 지체할 수 없는 일이기에 아버지가 과거에 했던 것처럼 중국에 양해를 구하려고 했던 것이다. 27일 밤, 후진타오는 김정일을 위한 환영 만찬을 열었다. 김정일은 말했다. "대대손손 북중 우호관계를 강화하고 발전시키는 것은 동북아 평화를 수호하고 안정시키는 중요한 문제입니다. 순식간에 변화하는 국제정세 속에서 북중 우의의 바통을 순조롭게 다음 세대에 넘기는 것은 우리의 역사적 사명입니다."

김정일은 이어서 말했다. "중국 둥베이 지역은 북중 우의의 발원지이고 또한 김일성 동지가 1930년대에 활동하던 지역입니다. 이번에 아들과 함께 방문한 것은 아버지의 발자취를 함께 찾을 수 있기 때문입니다." 26일 김정일은 북한 만포에서 북중 국경을 넘었다. 김정일은 지린시에서 일제강점기 시절 김일성이 공부했던 위원毓文중학과 항일유적지인 베이산공원北山公園을 구경했다. 이 두 곳은 북한 당국에게 혁명 전통을 계승하는 성지로 여겨지는 지역이다. 김정일은 27일과 28일에 창춘국제농업식품박람회와 지린농업대학을 시찰했다. 28일 저녁 9시에는 지린시를 떠나 자정에 헤이룽장성 하얼빈시에 도착했다. 그는 하얼빈공업대학, 하얼빈항공기공업그룹, 농업기계박람회, 개발구, 쑹화강타이양다오공원松花江太陽島公園을 참관했다. 30일에는 하얼빈을 떠나 무단강으로 가 베이산공원에서 동북항일연군전적기념탑에 참배했다. 오후 6시 반에는 두만강에 도착했는데 20분 후에 바

북한이라는 수수께끼

로 국경을 넘어 북한 남양으로 돌아갔다.

러시아 역시 북한의 인접 국가다. 북러관계는 20년 가까이 많은 변화가 있었다. 베이징 시간 2011년 8월 20일 오후 1시, 68세의 북한 앵커 리춘희가 뉴스를 보도하면서 김정일의 러시아 방문을 알렸다. 김정일의 방러는 다시 한 번 세계적 관심을 불러일으켰다. 김정일의 외국 방문은 보통 방문이 끝나고 나서야 공표되는데, 이번은 뜻밖이었다. 8월 20일, 김정일 일행이 탑승한 특별열차는 오전에 북러 국경지대를 넘어 10시경 러시아의 변경도시 하싼에 도착했다. 이곳은 김정일의 이번 방러의 첫 번째 방문지였다.

북한에게 2012년은 강성대국의 문을 여는 해다. 그러나 경제 성과를 제대로 거두지 못하고 있다. 북한 당국은 외교정세에 돌파구가 필요할 때 그저 중국의 패턴에 의지할 수밖에 없는 현실을 잘 알고 있다. 김정일이 러시아로 향하는 특별열차에 오른 것은 경제협력과 인도적 원조의 실질적 성과를 얻기 위함이다. 특히 러시아 극동 시베리아에서 생산되는 천연가스를 북한의 가스 운송 파이프라인을 통해 한국에 공급하는 프로젝트는 일찍부터 러시아가 갈망하던 일로, 프로젝트 추진은 예전부터 이미 착수되었다. 랴오닝 단둥에서 일하는 북한 경제 관료의 말에 의하면, 만약 파이프라인 건설에 동의할 경우 1년에 1억 달러를 벌어들일 수 있다는 것을 강조해 러시아가 북한을 설득했다고 한다. 강성대국의 문을 열어야 하는 김정일에게 이 프로젝트는 상당히 매력적인 것이다.

한국의 기업은행경제연구소의 보고서에 따르면 러시아는 북한에게 시베리아 대륙횡단철도와 한반도를 관통하는 철로를 건설하는 프로젝트를 제안할 것이라고 한다. 러시아는 당초 북한과 한국에 이 가스 운송 파이프를 제의할 때 부레야 수력발전소를 전력 공급원으로 하는 송전선 건설 프로젝트도 동시에 제안했다. 천연가스 파이프 이외에도 삼국은 또 북한의 송전선을 통해 러시아의 잉여전력을 한국으로 공급하는 방안과 시베리아 횡단철도와 한반도 남북간 철도 건설 프로젝트를 논의하기로 했다고 한다.

북한은 7월말 폭우로 수해를 입었다. 8월에는 일부 지역이 태풍 무이파의 영향으로 많은 사람들이 재난을 당했다. 6750여 채의 민가가 훼손되면서 1만5000명이 넘는 사람들이 집을 잃었다. 홍수로 5만 헥타르의 농경지가 수몰되면서 곡물 생산량에 큰 피해를 입었다. 김정일의 방러 하루 전 러시아 외교부는 북한의 심각한 홍작을 감안하여 9월 말까지 북한에 5만 톤의 식량을 원조한다고 밝혔다. 이 원조 규모는 한국의 원조를 훨씬 뛰어넘는 것이다. 8월 말까지 한국은 북한에 2500톤의 밀가루를 제공했는데, 러시아가 공급하기로 한 수량은 한국의 20배였다. 러시아 시장 가격에 따르면 5만 톤의 밀가루 가치는 약 1770만 달러다. 8월 19일 미국 정부도 홍수 피해를 입은 북한에게 긴급 구호물자를 제공하기로 결정했는데, 제공된 물자는 90만 달러에 불과했다.

북한의 외무성 부상은 얼마 전 개최된 아세안지역안보포럼 기간에 러시아 외무장관에게 북한의 김정일 국방위원장이 5만 톤의 밀가루를 원조해주기를 바란다고 전했다. 러시아로서는 이번 원조는 전례가 없던 일로 종전에 가장 컸던 원조 규모는 밀가루 1만 톤이었다. 메드베데프 당시 러시아 대통령이 북한에 식량 원조 제공을 결정한 것은 6자회담에서 러시아의 위상을 제고하기 위해서였다.

당시 김정일의 방문은 2002년 이후 처음이자 세 번째 방러에 해당한다. 2001년 7월 26일부터 8월 18일까지, 2002년 8월 20일부터 23일까지 김정일은 러시아를 방문한 바 있다. 당시 방문은 마침 첫 번째 방러 10주년 전후로 이루어진 것이다.

김정일의 러시아행에는 그의 여동생 김경희가 중요한 역할을 했다.

북한이라는 수수께끼

김경희 조선노동당 경공업부 부장은 허리 질환으로 여러 해 고생하다가 2011년 봄과 여름에 모스크바에서 치료를 받았다. 김경희는 군 경험이 없지만 2010년 김정은과 함께 대장 칭호를 수여받았고, 당대표자대회에서 정치국 위원에 당선됐다. 그녀는 김정일의 유력한 후견인으로서 막대한 영향력을 발휘하고 있으며, 모스크바에 있는 동안 김정일의 방러를 위해 러시아 측과 많은 교류를 했다. 김정일이 러시아를 방문한 다음 날, 북한 정부 당국은 북한대표단의 명단을 공표했다. 사람들이 주시하던 김정일의 아들, 김정은 노동당 중앙군사위원회 부위원장은 명단에 없었다.

제22장

김정일 시대에서
김정은 시대로

특수한 구조로 된 야전열차가 갑자기
철로 위에 정차했다. 북한 주체 100년, 즉 2011년 12월 17일 8시 30분, 69세
의 북한 최고 지도자 김정일은 천천히 달리던 전용열차에서 급성심근경색
으로 심각한 심장쇼크를 일으켜 응급처치에도 불구하고 사망했다. 북한 조
선중앙TV에서는 김정일이 '이민위천以民爲天(백성을 생각하기를 하늘같이 여
긴다는 뜻)'을 좌우명으로 평생 인민을 향한 열차에 탑승했다고 칭송했다.

하지만 그는 스스로 입안한 2012년 강성대국의 문을 여는 원대한 희망
이 실현되는 것을 보지 못했다. 오히려 수많은 내정과 외교적 난제를 그의
계승자 김정은에게 남겼다. 세계 최후의 스탈린식 집권국가의 최고 통수권
자도 결국 운명의 신이 짜놓은 덫에서 벗어나지 못했다. 이후 포스트 김정
일 시대는 어디로 갈 것인가에 세계적 관심이 집중됐다.

김정일은 그가 좋아하던 야전열차에서 숨을 거뒀다. 이 신비한 기차
는 이동하는 장갑사무실, 바퀴 달린 완벽한 요새로 불렸다. 그가 탑승한 특

북한이라는 수수께끼

별열차는 통상 17개의 차량으로 증감차가 가능했고, 전용열차는 모두 6개 세트 90여 량이 있었다. 차량 벽의 두께는 80센티미터에 달하고, 바닥에는 방탄 강판이 깔려 있어 철갑탄으로도 쉽게 뚫을 수 없다. 차량에는 스텔스 기능을 갖춘 특수그물망이 있고, 레이더와 적외선 감응장치와 소리 탐지 등의 방어가 가능하다.

그간 미국과 한국의 정보부는 장기간 정찰위성, U-2정찰기 등 각종 장비를 운용하여 김정일의 행적을 쫓았다. 북한 당국이 가장 두려워한 것은 무인폭격기가 열차와 김정일을 찾아내 폭격하는 것이었다. 미군의 스마트 더스트Smart Dust는 이라크에서 목표 인물을 추적할 때 상당히 효과를 본 적이 있어, 공중에서 땅을 파고드는 폭탄으로 김정일을 제거할 수 있다. 하지만 스마트 더스트는 결코 만능은 아니라서 움직이는 목표를 제때 포착할 방법은 없다. 그렇기 때문에 김정일은 열차 위에서 지내는 것에 익숙했다. 시찰을 나갈 때는 방탄열차에 타고, 내려서 산보를 하려면 갑자기 정차해야 했다. 그때마다 다른 열차들이 늘 특별열차에 길을 양보해야 해서 연착이 잦았다.

이 장갑전용열차는 차의 앞부분에 대형사무실 전용객차가 붙어 있어 각종 회의를 열 수 있다. 앞뒤로는 침대, 통신, 마지막은 경호·수행요원 칸이다. 특수 개조된 객차에는 김정일의 벤츠 방탄차를 실어 기차 위에서 지면으로 바로 운전할 수 있게 만들었다. 모든 객차에는 선진적인 통신설비를 갖춰 위성지도 및 인터넷 첨단 통신설비에 실시간 접근할 수 있다. 열차가 앞으로 나아갈 때 통신은 절대 고장이 나지 않는다. 연회를 열 수 있는 객차와 영화를 상영하는 객차도 갖추고 있다.

김정일은 매년 적어도 100차례의 시찰을 나갔는데 그때마다 대부분 전용열차를 탔다. 그가 비행기를 타는 것을 좋아하지 않는 이유로 고소공

포증이나 사고 위험에 대한 두려움 등이 서방 언론에 회자되기도 했다. 그는 방문취재 때 이렇게 말했다. "서방 언론은 허튼소리를 하는 겁니다. 만약 비행기를 타고 간다면 내가 무엇을 알 수 있겠습니까? 기차로 이동하면 언제라도 두 눈으로 창밖을 관찰할 수 있습니다. 비행기를 타면 관료밖에 보지 못하지만, 기차를 타면 인민을 만날 수 있어요." 강석주 북한 내각 부총리는 한 책에서 이렇게 썼다. "김정일 위원장이 기차를 타는 것은 인민 대중의 생활에 더 가까이 가기 위함입니다." 김정일이 비행기를 아예 타본 적 없는 것은 아니다. 1965년 4월 부친 김일성과 비행기를 타고 인도네시아에 방문한 바 있다. 1966년 봄에는 새로 사들인 김일성 전용기 시험비행에 탑승한 적도 있다.

그의 전용열차는 1976년에 세워진 조선호위총국이 운행과 보수를 책임진다. 그 전신은 광복 이후 세워진 김일성의 안전을 전적으로 책임지는 경호중대로, 아래에는 정치부, 참모부, 보위부와 후방총국이 설치되었다. 김정일 전용열차가 운행하면 동안 공중에서는 전투기가 엄호하고 땅에서는 경호원, 친위대, 보위부, 군대, 인민보안성 등이 세운 5~6도 경호망이 펼쳐진다. 북한에는 특별열차가 정차하는 1호역이라 불리는 19개의 전용역사가 있다. 이런 역사는 현지에 있는 그의 별장에서 30킬로미터 내에 위치한다.

김정일은 북한 각지의 경제 제1선을 시찰하곤 했다. 12월 초부터 16일까지 그는 생산현장을 지도하고 문화예술 공연을 아홉 번 관람했는데, 이틀에 한 차례 꼴로 공개적인 활동을 한 것이다. 그가 시찰한 장소는 대부분 현재 시공 중이거나 준공된 지 얼마 안 된 공장시설로, 인민의 생활과 밀접하게 관련된 생산기업이다. 15일에는 개업 예정인 광복지구 쇼핑센터와 하나음악정보센터를 시찰했다. 10일에는 함흥시의 행정 업무를 점검했고, 9일에는 인민군 제324대연합부대예술선전대의 공연을 관람했다. 6일에는

북한이라는 수수께끼

인민군 제35기 군인예술절에 입선한 인민군 소속 중대 군인의 공연을 봤고, 4일에는 피겨스케이팅 공연을 참관했으며, 현대적인 아름다움을 살려 건축한 개선청년놀이공원을 시찰했다.

김정일 국방위원장은 후계자인 김정은을 데리고 북한 군대를 자주 시찰했다. 인민군 제966대연합부대의 화력타격 훈련을 지도하고, 조선 공군 378부대의 비행훈련을 참관했으며, 연평도 포격 사건에 참가한 바 있는 233연합부대, 공군 1016부대 등을 시찰하기도 했다. 이전에 김정일은 또 630연합부대의 종합전술훈련을 지도했다. 그가 군을 시찰하는 것은 군의 사기를 북돋고 강성대국 원년을 위한 분위기 조성에 있었다.

김정일의 시신은 금수산기념궁에 안치된다. 김정일은 심장과 뇌혈관 질병으로 장기간 치료를 받았다. 사인은 아버지 김일성의 사인과 유사하다. 17년 전 김일성이 사망했을 때, 북한 당국은 수령이 심장혈관동맥경화와 장기간의 과로로 인한 심근경색과 심장쇠약으로 사망했다고 공표한 바 있다.

2008년 9월 뇌출혈로 인해 김정일은 여러 후유증을 앓게 되었다. 총여정 6000킬로미터의 2011년 5월 중국 방문과 수만 킬로미터에 달하는 8월 러시아 방문 등으로 김정일은 과로했을 것이다. 얼마 전 러시아 방문기간에 러시아가 공개한 사진 한 장에서 김정일은 왼팔을 다른 사람이 부축하도록 맡긴 채 담배를 피우고 있었다.

그가 가까운 시일 내에 사망할 것이라는 소식을 종종 전해들은 적이 있다. 2011년 2월 미국의 커트 캠벨 국무부 동아시아태평양 담당 차관보가 한국을 방문하여 비공개 석상에서 김정일의 수명을 언급했는데, 믿을 만한 데이터 분석에 의하면 뇌출혈로 쓰러졌던 김정일이 3년을 넘기지 못할 것이라 말했다. 미국 CIA는 김정일이 5년 안에 사망할 가능성이 71퍼센트라고 분석했다. 김일성이 사망했다는 소식은 사망 다음 날 발표됐다. 김정일이 세상을 떴다는 소식은 이틀 뒤에 공표되었다. 김정일의 갑작스런 사망으로 야기될 사회적 동요를 막고, 북한 권력 핵심층이 부고를 내지 않는 방식으로 이틀을 늦춰서야 대외에 발표했다. 북한 당국은 이 돌발사건으로 발생한 국면에 대처할 충분한 준비가 필요했을 것이다.

18일 새벽 1시 북한 국경경비대는 국경지역을 봉쇄하라는 당국의 특별경비 지령을 받았다. 그리고 퇴근한 모든 장교들도 서둘러 부대에 복귀했다. 당시 지휘관들은 무슨 일이 발생했는지도 몰랐고, 그저 국경지역을 완전히 봉쇄하라는 지령에 따라 평소 2인 1조의 그룹을 4인 1조로 확대했다. 그들은 TV의 특별보도를 보고 나서야 최고 지도자의 사망 소식을 알게 됐다. 단둥에서 일하고 생활하는 북한 사람들은 김정일 사망이라는 충격적인 소식을 접하고는 거의 모든 사람이 소리내 크게 울었고 계속 '민족의 아버지'를 고함쳐 불렀다. 그들은 무리를 지어 기차표와 버스표를 구매해 평양과 신의주 등지로 돌아갔다. 2011년 10월 조선피바다가극단의 양축 제작진은 중국 문화부의 초청을 받아 200명에 가까운 배우와 스텝들이 86일간 중국에 방문해 공연을 했다. 12월 19일, 당일 저녁 충칭重慶에서 북한판 '양산박과 축영대' 가극이 상연되기로 했지만 김정일 사망소식이 전해진 직후 공연은 취소되었다. 베이징, 상하이, 선양瀋陽, 칭다오青島에서 북한 사람이 경영하는 식당, 술집에는 모두 임시 영업중단이라는 팻말이 붙었다.

김정일이 사망한 당일, 북한의 국가통신사인 조선중앙통신사는 가장 중요한 순간에 1983년 출생의 청년 김정은을 처음으로 위대한 계승자라고 불렀다.

김일성, 김정일 부자에게는 1200여 개의 직함이 있었던 것으로 기억된다. 2011년 11월 조선중앙TV의 한 보도는 이와 같이 말했다. 그 두 사람의

북한이라는 수수께끼

선전 포스터.

단둥 포루. 압록강 단교 다리 어귀에 있다.

평양 천리마 조각상.

평양 강변 풍경.

호칭으로는 위대한 지도자, 하늘이 내린 대장군, 세계에서 가장 유명한 문학가, 우리별의 방패, 세계 모든 출중한 장군 가운데 가장 빼어난 원수, 신중의 신, 21세기의 북극성, 백발백중의 대포동 명사수, 세계의 위대한 가극의 창조자, 세계 극작 대가, 아름다운 골프 고수, 백과사전처럼 풍부한 지식을 가진 철학거인, 문학 및 예술과 건축 대가, 충성스러운 공화국 전사, 인류에서 가장 위대한 음악천재, 인류지혜의 화신 등 어지러울 정도로 그 종류가 많다.

북한에서 발생하는 경미한 사건은 국제사회를 혼란에 빠뜨린다. 북한 정국의 변화를 면밀히 주시하고 있는 미국, 일본, 한국, 영국 등의 국가는 김정은이 매우 젊기 때문에 아직 검증 단계를 거치지 않아 북한 내부가 혼란에 빠져 큰 충격에 휩싸일 수도 있다고 생각한다. 북한은 19일 단거리 미사일을 시험 발사했는데, 이는 외국의 북한 내정 간섭에 대해 김정은이 보내는 일종의 강력한 경고다. 북한의 김씨 정권은 일사분란하게 정돈되었는데, 오히려 여러 국가가 모종의 기회를 엿보고 있는 것 같다. 한국은 긴급상황을 선포했고, 일본은 위기대응 그룹을 가동했다. 일본과 한국은 자신이 희생양이 될까 걱정하고, 미국은 북한의 핵확산을 우려한다. 미국, 일본, 한국 모두 김정일 정권이 붕괴되기를 바랐지만, 비상 국면으로 전환되자 유달리 불안해하는 것처럼 보였다.

김정일 사망 이후 북한 당 중앙위는 즉시 전 인민에게 공고를 발표해 전체 당원, 인민군 장교와 병사 및 인민에게 김정은이 머지않아 북한 최고 지도자에 오를 것이므로 '존경하는 김정은 동지의 영도에 충성을 다할 것'을 요구했다. 12월 22일 노동당 기관지인 『노동신문』의 사설에서는 처음으로 '김정은은 조선 주체혁명의 위대한 계승자'라는 김정일의 유훈을 공표했다. 이로써 김정은은 역사상 가장 젊은 사회주의 국가 지도자이자 세계대전 이후 가장 젊은 집정자가 되었다.

후계자 문제가 대외적으로 알려지고 난 뒤 김정일이 중국 방문을 할 때면 김정일의 셋째 아들이 과연 수행할 것인가 여부에 세계 각국의 언론이 촉각을 곤두세웠다. 베이징의 대외연락부의 답변은 "김정은은 중국 측 초청명단에 있지 않다"였다. 그러나 하얼빈 공안국에서 경호를 책임지는 한 고위인사는 김정은이 아들로서 부친을 따라왔지만 당시 고위직에 있지 않았기 때문에 북한 대표단의 정식명단 안에는 없었다고 내게 털어놓았다.

27일 저녁, 후진타오는 창춘에서 김정일을 위한 환영만찬을 열어 김정은을 만났다. 당시 김정일은 축사에서 의미심장한 말을 남겼다. "순식간에 변화하는 국제정세 속에서 북중 우의의 바통을 순조롭게 다음 세대에 넘기는 것은 우리의 역사적 사명입니다." 1개월이 채 지나지 않아 김정은의 이름은 북한의 새로운 영도그룹 명단에 올랐다. 2010년 10월에는 저우융캉周永康 중국공산당 중앙정치국 상무위원이, 2011년 10월에는 리커창李克强 부총리가 북한에 방문해 김정은을 만났다.

김정일이 김일성의 뒤를 이었을 때와 비교하면 김정은의 경우는 산 너머 산을 넘어가야 하는 난국이다. 김정일은 후계를 위해 20년을 준비했고 실제로 17년간 통치했다. 하지만 김정은의 준비기간은 2년이 채 되지 않는다. 2010년 9월, 김정은이 후계자로 등장하기 시작했을 때 김정은이 북한 내에서 권력의 기반을 공고히 다질 수 있을 것인가, 안정적으로 국가를 영도하고 사회를 관리할 수 있는가는 김정일이 얼마나 더 살 수 있는가에 달린 문제였다. 김정일이 뒤에 버티고 있는 한 김정은에게 직접적으로 대항할 수 있는 사람은 없기 때문이다. 그러나 김정일과 김정은이 함께 통치하면서 권력 이동의 시간을 많이 확보하지 못함으로써 김정은으로의 후계구도가 안정적으로 정착할 확률이 낮아졌다. 김정은이 군 내부, 노동당 내의 권력 기반을 견고하게 다질 여유가 없어진 것이다.

하지만 전반적으로 국제정세는 낙관적으로 보인다. 김정일은 살아 있을 때 친족과 측근들을 권력 핵심으로 불러들여 김씨 일가의 권력 기반을 공고히 했다. 장성택 부부는 가장 중요한 인물들로 김정은의 집권을 지원하는 배후다. 북한의 최대 동맹국인 중국은 김정일이 사망한 뒤 김정은의 새로운 영도그룹을 지지하고 중국은 북한의 붕괴를 바라지 않는다고 공개적으로 천명했다. 이때가 2011년 말로, 이듬해에 전개될 국제 정치에는 먹구름이 잔뜩 낀 상황이었다. 김정은의 지위가 확립된 것은 후계체제를 확실히 한 2010년 당대표자회의 이후 고작 1년 정도다. 하지만 그의 승계는 무난히 진행될 것이고 북중 관계 역시 더 많은 장애물을 만나진 않을 것이다.

김정은 조선노동당 중앙군사위원회 부위원장은 김정일 사망의 소식을 발표하기 전에 전군에 '김정은 대장 명령 1호'를 하달하면서 전군의 훈련 중단과 부대 복귀를 명했다. 김정일장례위원회 명단을 보면 상석의 김정은에게만 유일하게 동지라는 호칭을 붙이고 다른 인물들은 이름만 나열했다. 1994년 김일성의 장례 때 김정일이 장례위원장을 맡아 일을 처리했던 것과 흡사하다.

2012년 4월 11일 조선노동당 제4차 당대표자회의에서 김정은은 노동당 중앙정치국 위원, 상임위원과 노동당 제1서기 및 당중앙군사위원회 위원장에 피선되었다. 김정일은 그의 아버지 김일성을 '영원한 당 주석'으로 추대했고, 김정은 또한 아버지 김정일을 '영원한 당 총서기'로 추대했다. 그리고 김정은 자신은 제1서기가 되었다. 이어서 13일 소집된 제12기 최고인민회의 제5차 회의에서는 최고인민회의법령인 '헌법수정안 비준'을 만장일치로 통과시켰다. 이 안에서는 국방위원회 제1위원장이라는 직위를 만들

북한이라는 수수께끼

어 공화국의 최고 영도자로 규정했다. 동시에 김정일을 '영원한 국방위원장'에 추인했다. 김정은은 당 총서기나 국방위원장을 맡지 않았고, 이 두 직위를 아버지 김정일에게 영구적으로 부여했다.

김정일의 유훈에 따라 김정은이 2011년 12월 30일 인민군 최고사령관에 추대되어 군권을 장악했다. 이 무렵 김정은은 당, 정, 군의 실권을 가지고 있어서 의심할 여지없는 절대적 지도자가 되었다.

북한 당국은 결정적인 순간에 당대표자회의를 개최한다. '조선노동당 장정'에 근거하면 당중앙위원회는 두 번의 당대회 사이에 당대표자회의를 개최할 수 있으며, 당의 노선, 정책 및 인사 등 중요사항을 토론하고 결정한다. 1980년, 조선노동당은 제6차 당대회를 개최했고 그 이후에 당대회가 거행된 적은 아직 없다. 북한의 노동당 역사에서 당대표자회의는 1958년, 1966년에 개최된 뒤 44년 만인 2010년에 세 번째로 열렸다. 그리고 1년 반 뒤 제4차 당대표자회의를 개최했다.

조선노동당 제3차 당대표자회의는 2010년 9월 28일에 열렸다. 회의에서는 당시 아직 생존해 있던 김정일을 조선노동당 총서기로 재추대하고, 그의 아들 김정은은 노동당 중앙위원, 노동당 중앙군사위원회 부위원장과 대장에 임명했다. 마침내 김정은 승계 문제가 당대표자회의에서 수면 위로 부상한 것이다. 2012년 4월 11일 제4차 당대표자회의에서 김정일은 '당의 영원한 총비서'로 추천되었다.

한편 2012년 4월 13일 북한은 광명성3호 발사에 실패했다. 북한은 당시 이례적으로 사전에 위성발사장을 공개했으며, 각국 매체의 기자들을 서해 위성발사장에 초청했다. 국제 여론은 북한이 발사한 위성의 실패에 시선이 집중되었고 북한에서 발생한 다른 중대한 사건, 즉 북한이 공식적으로 김정은 시대에 들어갔다는 사실에는 상대적으로 눈길을 덜 주었다.

위성발사 실패가 김정은의 집정에 먹구름을 가져오진 않았다. 발사 실패 당일 예정대로 수십만 민중의 환호성 속에 만수대에서 김일성, 김정일을 위한 동상이 제막되었다. 그는 예정대로 명령을 내려 두 명에게 인민군 차수 계급을 수여하고, 한 명을 중장으로, 70명으로 소장으로 진급시켰다. 1년 반의 경험을 거친 김정은은 공식적으로 새 지도자가 되어 4월 15일 태양절 경축행사와 성대한 열병식에 참석했다. 이날 김정은은 '상대할 수 없는 뛰어난 사령관'이라는 직함을 얻었다.

북한의 3대 세습이 마무리되고 있다. 젊은 김정은의 집권은 이후 북한의 내정과 외교 등 다양한 영역에서 어떤 변화를 초래할 것인가? 남북관계가 이완되고 6자회담이 재개되는 것은 현재로서는 요원한 길이 될 것이다.

제23장

가극 「홍루몽」과 「양축」

　　　　　　　　김정일은 생전에 영화와 드라마 CD를 좋아해 최소한 1만5000편을 소장했다. 중국 영화자료관의 영화 보유량이 현재 고작 3만 건에 그친다는 사실을 참고하면 김정일이 얼마나 영화광인지를 알 수 있다. 그 영화 수집고에는 더빙, 번역, 자막, 녹음에 종사하는 사람이 모두 250명에 달한다. 그 규모는 다른 나라의 영화자료관을 훨씬 뛰어넘는다.

　　『영화예술론』*이라는 책은 김정일이 저술한 것이다. 330쪽 분량의 이 책은 1973년 4월에 초판이 출간되었다. 이밖에도『음악예술론』같은 여러 예술전문서적을 집필한 바 있다. 이들 책에서 김정일은 연출, 배우, 촬영, 미

●　　주체사상에 기초하여 김정일이 집필한 영화이론서이다. 이 책은 북한에서 영화창작의 이론과 창작의 교과서로 절대적인 권위를 가진 지침서이다. 이 책의 내용은 영화문학으로부터 연출, 연기, 창작지도에 이르기까지 모두 8장으로 구성된다. 생활과 문학, 영화와 연출, 성격과 배우, 영상과 촬영, 화면과 예술, 장면과 음악, 예술과 창작, 창작과 지도 등이다.

　　　　　　　　　　　　　　　　　　　　　　　　북한이라는 수수께끼

술, 음악 등 여러 예술 영역을 다루며 영화와 문학, 영화와 정치의 관계에 대해 상세히 논술했다. 북한의 영화 관계자라면 위의 책에 대해 이렇게 평가할 것이다. "장군님이 집필한 이 이론연구서는 북한 영화 연출의 지도책자입니다." 여하튼 부인하기 어려운 것은 김정일은 확실히 손꼽히는 영화광이라는 사실이다. 그는 수집광일 뿐 아니라 연출자이기도 하다. 북한판 가극 「홍루몽」 「피바다」는 그가 각색한 것이다. 2010년 5월 북한판 가극 「홍루몽」이 해외에서는 첫 번째로 베이징TV대극장에서 선보였다. 「홍루몽」은 북한 피바다가극단이 50년 동안 연구해 창작한 가극으로, 198명이나 되는 배우들이 출연한다. 근래 중국에서 공연한 외국 공연단체 가운데 가장 많은 인원이 참여한 공연이다. 베이징 공연이 끝난 뒤 이 가극은 후허하오터呼和浩特, 창사, 우한, 푸저우, 선전, 충칭 등의 도시를 순회 공연했다.

수수께끼 같은 나라에서 온 극단이 이미 내용을 알고 있는 이야기를 다룬 터라, 공연에 대한 세인의 관심은 그들이 기차를 타고 평양을 떠날 때부터 시작되었다. 중국의 관영 신화통신은 북한 출연진과 스태프가 탄 특별열차가 단둥에 들어서는 사진을 홈페이지에 올리기도 했다. "이 공연이 정치적으로 오해받기를 원치 않습니다." 이번 공연을 성사시킨 북중 문화교류 사절 리춘일이 이렇게 말했다. "우리의 목적은 북한의 고전적인 영화 배경음악을 통해 중국인에게 추억의 감정을 불러일으키는 것입니다."

관례에 따라 주최 측은 공연단 주요 배우 및 스태프와의 기자회견을 열었다. 현장에서 살펴보니, 기자들의 폭발적인 관심에 비해 북한 예술가들은 준비가 부족했고 일부 언론이 규정을 지키지 않아 기자회견이 중단되었다. 예술가들은 바쁘게 자리를 떠났고 회견은 이렇게 영문도 모른 채 끝나 버렸다.

피바다가극단은 언론과 접촉할 때 대단히 조심스러워 했다. 그들은 일본과 한국 기자들의 인터뷰는 거절했다. 인터뷰 전에 질문지를 요청했고, 정치적으로 민감한 문제에는 답하지 않겠다는 점을 강조했다. 사진 촬영에는 더 엄격했다. 기자들이 자유롭게 무대 뒤로 들어오거나 리허설 현장을 촬영하는 것은 허락하지 않았다. 왜곡보도를 우려한 단원들은 인터뷰를 거의 하지 않았다. 당국은 만일 예술가들이 말을 실수해서 정치적 사건으로 비화되는 것을 우려했다. 그들은 대부분의 언론이 자리를 뜬 뒤 중국 기자들에 한해서 제한적으로 인터뷰를 허용했고 베이징TV 등 중앙 매체의 취재만 받아들였다.

이 공연의 레퍼토리는 6장 10막으로 구성되어 있고, 가보옥과 임대옥의 사랑을 주된 테마로 한다. 공연은 스토리 전개나 인물의 감정 묘사는 대체로 원작에 충실했다. 극중 노래는 전부 북한 민요창법으로 불렀고, 자막은 대체로 『홍루몽』의 원문을 인용했다. 극중에서 북한 배우들의 의상과 분장, 동작과 걸음걸이는 중국의 1987년판 TV드라마 「홍루몽」과 비슷했다.

출연진은 전부 1980년대 이후 출생한 이들로, 대다수가 북한 최고 음악학부인 평양김원균음악대학을 졸업해 현재 북한에서 가장 뛰어난 청년예술가들이다. 「홍루몽」에 등장하는 '금릉십이차金陵十二釵'는 북한 전역에서 실시한 문예경연대회의 심사를 거쳐 본선에 오른 참가자들을 관람객의 최종 투표를 거쳐 선발했다.

극중에서 설보채로 분한 최금주는 평양김원균음악대학 4학년생이다. 임대옥으로 분한 리정란은 상당히 인기를 끄는 여배우이며, 가보옥을 연기한 김일황은 이번 공연에서 가장 유명한 배우다. 그는 북한에서 가장 권위 있는 민요대회에서 금상을 차지한 바 있다. 흥미로운 점은 김일황의 할아버지 김정화는 50년 전의 「홍루몽」에서 가보옥 역을 연기한 적이 있는데, 중국 국무원 총리를 역임했던 저우언라이의 접견을 받았었다는 사실이다.

북한이라는 수수께끼

할아버지와 손자가 가보옥과 맺은 인연은 북한에서 미담으로 전해진다.

다른 가극의 반주가 서양 악기를 많이 사용하는 것과 달리 「홍루몽」의 배경음악은 북한의 독특한 협동관현악단이 연주한다. 즉 북한의 민족 악기를 위주로 짠 다음 서양 악기를 배치함으로써 가극에 민족적인 색채가 더 가미되는 것이다.

「홍루몽」 속의 무릉도원인 대관원의 격조 높은 아름다움을 표현하기 위해, 장장 세 시간에 걸친 공연은 무대 배경을 1분에 한 번 꼴로 바꾼 탓에 극 진행 중 무대 배경이 가장 많이 바뀌는 공연으로 기록되었다. 이처럼 잦은 배경 교체 작업이 기계가 아니라 순수한 인력으로만 감당했다는 사실이 놀랍다. 무대에서 퇴장한 배우들이 곧바로 배경 교체를 돕는다. 공연 경비를 절약하기 위해 이 작업을 배우들이 스스로 완성하는 것인데, 심지어 주연배우들까지 이 작업에 동원된다.

전해듣기로 북한판 「홍루몽」의 평양 공연 기간 동안 수천 개의 도구가 극장 무대 뒤를 차지하고 있었다. 10여 개의 스크린 배경은 층차가 분명하게 매달려 있었고, 120개의 요오드 전구가 만들어내는 입체 효과는 몽환적인 느낌을 연출했다. 하지만 현재 중국에서는 장비가 모두 기계화되어 이 요오드 전구는 자취를 감춘 지 오래다. 그런데 피바다가극단이 베이징 공연 때 사용할 수 있는 요오드전구는 120개가 채 되지 않았다. 다른 등으로 바꾸게 되면 전체 공연의 무대미술 효과는 반감되기 때문에 북한판 「홍루몽」의 베이징 공연계획이 무산될 뻔했지만, 결국 중국 주최측이 요오드 전구 120개를 특별제작하면서 공연이 성사되었다.

오늘날 북한 예술의 최고 수준을 보여주는 이 가극은 50년간 김일성과 김정일 부자와 중국 명저의 인연이 응집되어 있을 뿐만 아니라 김정일이 직접 지도하여 완성한 것이다. 문화혁명 시절 마오쩌둥의 부인 장칭江青과 8대혁명 모범극˚을 연상하면 김정일이 가극 한 편을 연출한 일이 이해되지 않을 바도 아니다.

가극 「홍루몽」은 북한에서 이미 반세기에 가까운 역사를 가지고 있다. 김일성·김정일 부자의 두터운 '홍루몽 정서'에서부터 이야기를 시작해야 한다. 일찍이 1961년 김일성이 중국에 방문했을 때 상하이월극단上海越劇團이 공연한 「홍루몽」을 관람했다. 그해 가을 상하이월극단은 북한에 초청되어 북한 인민을 위해 이 유명한 극이 상연했다. 50년 전, 김일성의 제안으로 더욱 많은 사람이 감상할 수 있도록 「홍루몽」이 민속가극 형식으로 개작되었다. 1962년 북한판 「홍루몽」이 무대에 올라 관중의 호평을 받았다. 이후 1987년판 중국 TV드라마 「홍루몽」이 북한에 방영되면서 사람들 사이에 '홍루몽 신드롬'이 다시 한 번 일어났다.

김정일 또한 「홍루몽」에 각별한 애정을 품고 있었다. 2008년 4월 북중 수교 60주년을 맞이하여 김정일은 「홍루몽」을 다시 편집할 것을 제안했고, 피바다가극단이 이 임무를 수행했다. 김정일은 가극 「홍루몽」을 중국 인민들에게 주는 선물로 '북중 우호의 해'에 공연하고자 한 것이었다. 김정일은 여러 번 리허설 현장을 방문해 현장지도했다. 김정일의 「홍루몽」은 원작에 충실하면서도, 1960년대 공연의 기반 위에 새로운 시대의 미학적 요구 역시 반영했다. 그는 노래, 배우, 곡조, 악기, 춤을 일일이 지도했다.

북한판 가극 「홍루몽」의 본연의 맛을 더 살리기 위해 북한 당국은 중

●　문화혁명 기간 동안 사인방에 의해 모범극으로 선정된 팔대 현대극을 가리킨다. 즉 경극 「지취위
　호산智取威虎山」 「해항海港」 「홍등기紅燈記」 「사가빈沙家濱」 「기습백호단奇襲白虎團」 「용강송龍江頌」
　과 발레극 「홍색낭자군紅色娘子軍」 「백모녀白毛女」다. 이 작품들은 모두 사회주의 영웅의 형상을
　긍정적으로 그려내고, 주제를 먼저 결정한 다음 작품의 등장인물과 줄거리를 구상한다는 사인방
　나름의 문예이론에 입각해서 만들었다. 이 때문에 예술작품을 정치 선전의 도구로 전락되어버리
　는 부작용이 초래되기도 했다.

　　　　　　　　　　　　　　　북한이라는 수수께끼

국의 전문가들을 평양으로 초청해 의상, 음악, 무용 등 창작에 대한 지도를 부탁했고, 중국측은 주요 배역의 연출복과 연출도구를 선물했다. 이렇게 새롭게 꾸며진 「홍루몽」은 북중 협력의 결정체가 되었고, 2010년 10월 북한에 방문한 원자바오 총리가 북한판 「홍루몽」을 관람했다.

2010년 6월 피바다가극단의 중국 순회공연 도중, 귀국 이후에는 가극 「양축梁祝」(양산백과 축영대의 줄임말로 중국판 「로미오와 줄리엣」)의 창작과 연출에 전념하라는 긴급명령이 내려졌다. 이에 따라 「홍루몽」의 채명석 총연출은 방중 일정을 중단하고 바삐 북한으로 돌아갔다. 북한 당국은 중국 인민해방군의 한국전쟁 참전 60주년을 기념하기 위해 북한 민간에 전해져 내려온 중국의 양축 이야기를 무대 위에 올릴 요량이었던 것이다. 창작 및 연출에 주어진 시간은 4개월뿐이었다. 김정일은 「양축」을 되도록 빨리 북한에서 공연하고 2011년에는 중국에서도 공연되기를 원했다. 피바다가극단은 중국에서 「홍루몽」의 순회공연을 마치고 북한에 돌아와 연습에 몰두했다. 북한의 법정근로시간은 8시간이지만 그들은 매일 14시간씩 연습했다.

2010년 10월 24일, 가극 「양축」이 평양에서 처음으로 무대에 올려졌다. 공연 1주 전인 18일에 김정일이 공연을 점검했다. 첫 공연에서 지금까지, 1년 반이 넘는 기간 동안 이 가극은 230회 상연되었다. 2011년 10월 26일, 가극 「양축」은 중국 순회공연의 막을 올렸다. 182명의 제작진과 배우는 둥베이 삼성에서 상하이, 장시, 저장을 거쳐 후베이, 후난, 광둥, 충칭을 돌았다. 당초 그들은 간쑤, 베이징을 거쳐 마지막으로 칭다오와 다롄에서 3개월에 걸친 공연을 마칠 계획이었는데, 충칭에서 중단될 뻔했다. 12월 19일, 피바다가극단의 연기자와 스태프는 주 중국 북한 대사관으로부터 김정일의 사망 소식을 듣고는 깊은 슬픔에 빠져들었다. 피바다가극단은 긴급회의를 열어 공연을 취소하고 급히 북한으로 돌아가기로 결정했다. 하지만 이틀 뒤 사정이 급변했다.

12월 21일, 극단에게 뜻하지 않은 김정은의 지령이 전달되었다. "슬픔을 역량으로 전환해서 당초 계획대로 공연을 진행하고 매 공연마다 최고의 수준을 유지하도록 하라." 김정일은 김일성이 사망했을 때 삼년상을 치렀다. 김정일이 사망하자 김정은은 전국은 모든 문화오락 행사를 중단했지만, 피바다가극단만은 중국에서 계속 공연하도록 했다. 유럽에서 공부한 적이 있는 김정은이 아버지와 좀 다른 성향을 띤다는 사실이 드러나는 대목이다. 다음 공연지로 정해진 곳은 란저우蘭州였다.

'슬픔을 역량으로 전환'한다거나 '어떤 유지를 계승한다'는 표현은 50세 이상의 중국인에게는 아주 익숙한 표현으로, 1960~1970년대 중국에서도 성행했던 표현이다. 물론 가극의 출연진은 순회공연에서 엄격한 규제와 관리를 받았다. 단독으로 외출해서도 안 되고 중국 사람들과 단독으로 접촉하는 것도 허락되지 않았다. 특히 김정일의 사망 이후 가극 출연진에 대한 통제는 더 엄격해졌다. 한번은 베이징 창안대극장長安大戲院에서 중국 월극판越劇版*「양축」을 관람했다. 공연을 마치고 북한의 주요 배우 여섯 명이 무대에 올라 중국의 월극 배우와 함께 사진을 촬영했다. 촬영이 끝나고 중국 배우들이 아직 말을 건네지도 못했는데, 북한 배우들이 종적도 없이 사라지면서 어리둥절하게 한 적이 있다.

북한 피바다가극단이 만든 양산백과 축영대의 이야기는 6막 12장의 구성이다. 개작에 있어 원작을 충실히 따랐지만 중국의 영화, 드라마와는

●   중국 저장, 상하이, 장쑤 지역의 전통연극을 말하며 소흥희紹興戲라고도 불린다. 기본 표현 수단은 노래이며, 필요한 대목에서는 대사도 사용한다.

북한이라는 수수께끼

평양 여성.

평양 소년궁에서
손풍금을 켜는
여자아이.

수를 놓는 여공.

뉴욕필하모닉 평양 공연. 2008년 2월.

「꽃 파는 처녀」의 주연인 홍영희가
원자바오 총리에게 꽃을 전하는 모습.

다르게 해학적인 요소로 가득 차 있다. 피바다가극단의 주영일 행정과장은 이렇게 말했다. "중국 공연에서 자주 관중들의 격려를 받는데, 그때마다 김정일 장군님의 가르침이 생각납니다. 김정일 위원장 동지의 천부적인 예술적 자질은 다른 사람이 따라갈 수가 없어요. 김정일 장군님이 이 레퍼토리를 정했고 원작의 내용, 가사, 음악, 의상 모든 세부적인 항목까지 원작에 충실하면서도 중국적 요소도 반영했습니다. 이야기에서부터 사소한 부분까지 장군님이 참여했지요. 전체 줄거리가 너무 길어지게 되면 난잡해지기 때문에 사랑이야기를 중심으로 춤을 넣었지요. 그리고 중국의 전통악기인 얼후二胡를 사용하는 한편, 양산백과 축영대 두 사람의 사랑은 백코러스를 통해 함축적으로 표현했습니다."

중국은 북한판 가극 「양축」의 공연을 전력을 다해 도왔다. 중국의 일부 부문과 단위는 완전히 정치적 임무를 이행하는 것으로 보였다. 예컨대 극중의 무대의상은 북한에서 디자인해 샤오바이화小百花 월극단의 전문가인 란링藍玲의 작업실로 보내져 심혈을 기울여 제작한 것이다. 무대미술 소품은 중국 국가 화극단話劇團의 무대미술·조명 전문가인 왕야오王堯가 이끄는 그룹이 배경을 바꾸는 손수레에서부터 중국의 예술적 요소를 구현하는 세트까지 모든 기술 지원을 제공했다. 최근에는 얼후 12개를 기증하기도 했다. 전체 극에는 양축의 주선율인 바이올린 협주곡이 시종일관 울려퍼졌다. 배우는 벨칸토 창법으로 연기했고, 곡조로는 북한의 전통음악이 사용되면서 중국에서 수백 년 동안 내려온 이야기는 더 특별해졌다. 공연마다 마지막 1막인 '나비로 변하다' 부분에서 축영대가 양산백의 무덤 앞에서 북받쳐 노래 부르는 장면이 나오면 몇몇 여성 관객은 감동해 눈물을 흘리고는 했다.

제 24 장

판문점, 살아 있는 냉전박물관

　　　　　　　　판문점은 한반도 중부 지방 북위 38도
선 이남 5킬로미터, 개성의 동남쪽 8킬로미터의 군사분계선에 위치하고 있
다. 1953년 7월 한국전쟁의 정전협정이 이곳에서 서명된 뒤 한반도 지도에
표기되면서 세상에 알려졌다. 현재 분계선을 경계로 남북 양측의 초소가
대치중인, 한반도와 동북아 지역의 화약고다.

　　판문점은 개성과 서울 사이에 자리잡은 작은 마을로, 평양에서 180킬
로미터 떨어져 있다. 판문점으로 가는 도중에 보이는 민가에는 북한의 색
채가 짙게 드리워 있다. 오래전 이곳에는 목판으로 세운 작은 점포가 있었
는데, 행인들에게 잡화를 팔았다. 판문점의 이름은 여기에서 유래한다. 이
렇게 무명의 작은 마을이 1950년에서 1953년까지의 한국전쟁 시기에 교전
양측이 정전 담판을 짓는 곳으로 결정되면서 세인들이 주목하는 지역이
되었다. 이후 쌍방은 줄곧 대치하면서 판문점, 바로 공동경비구역에서 군
사·정치·경제와 관련된 문제를 두고 회담을 개최했다.

비무장지대는 남과 북 양측으로 쪼개져 있다. 1989년 독일의 베를린장벽이 무너진 이후 비무장지대는 냉전의 최후 유산이 되었다. 국제법상 한반도는 아직 전쟁상태이기 때문에 오늘날까지 이곳의 경계는 삼엄하다. 길이 246킬로미터의 군사분계선으로부터 남과 북으로 각각 2킬로미터의 지대가 비무장지대로, 122개의 마을과 8개의 군이 남북 두 곳으로 분할되어 있다. 514개의 마을은 없어져 평지가 되었고, 남북을 연결하는 3개의 큰 도로와 24개의 작은 도로, 197개의 소달구지가 지날 수 있는 흙길은 모두 끊겼다. 평양에서 서울로 가는 철로는 군사분계선에 의해 가로막혀 있다. 북한에 처음 갔던 1996년, 이 끊어진 철길을 참관했다. 레일은 녹이 슬었고 침목은 부식했으며 잡초는 무성해 황량한 분위기였다. 노반에는 네댓 사람 높이의 아카시아 나무가 자라 있었다. 한민족의 아픔이 오롯이 새겨져 있는 듯한 이 나무의 나이테는 해마다 늘어나고 있다.

휴전선은 남북 양측이 대치하고 있는 최전방 지역이다. 어느 해에는 중국의 국방부장을 역임한 친지웨이秦基偉 상장이 북한에 방문해 상감령에 가보고 싶다는 의사를 표했다. 상감령은 휴전선에 위치하고 있기 때문에 인민해방군이 돌아간 이후 여태까지 외부인이 밟아본 적이 없는 땅이었다. 북한의 최광 원수가 김일성에게 이를 보고하자, 김일성은 다른 사람은 몰라도 친지웨이가 상감령에 가는 것은 막을 수 없다고 말했다. 한국전쟁 당시 친지웨이가 UN군의 북진을 저지한 곳이 바로 상감령이었기 때문이다. 친지웨이는 예전의 격전지를 둘러보게 되었고, 상감령 갱도에 설치한 인민군 제5군단 사령부도 참관했다.

남북한 군사분계선은 하나의 민족을 인위적으로 두 개의 국가와 제도로 나눈, 보기 힘든 사례다. 나는 북한을 통해 두 번, 한국을 통해 한 번 판문점에 들렀는데, 그때마다 남북 군인들이 휴전선을 사이에 두고 서로 대치하고 있는 장면을 목격했다. 판문점 근처에는 토치카와 철조망 곁에 순찰하는 사병이 보이는가 하면, 농민들이 경작지에서 풀을 베는 모습도 보인다. 한 인민군 군관은 내게 말했다. "이 246킬로미터의 분계선 때문에 5000년간 같은 혈통, 같은 언어를 가졌던 우리 한민족은 분단의 아픔을 겪고 있습니다. 하지만 머지 않은 미래에 우리는 반드시 국가와 민족의 통일을 실현하게 될 겁니다."

남북 관계는 여전히 긴장 완화를 필요로 한다. 정치적 긴장 완화는 쉽지 않다. 한국의 한 학자가 내게 말했다. "수십 년간 바깥세상과 격리된 채 군사들이 서로 대치하고 있는 곳이 군사분계선입니다. 외부 사람은 이곳에 오기가 매우 어렵습니다. 아무도 들어갈 수 없는 녹지는 야생동물, 희귀동물의 천국이기도 합니다. 백침학白枕鶴은 겨울을 이곳에서 보냅니다. 전 세계에 2500마리의 두루미가 아직 존재하는데, 그 가운데 3분의 1이 이곳에서 보호를 받고 있습니다. 또 200여 종의 기타 조류와 고라니, 아무르 영양을 포함한 52종의 포유동물이 이곳에서 서식합니다."

한반도의 생태계를 이곳에서 한눈에 일별할 수 있다. 습지, 삼림, 산맥, 하천, 해안선이 모두 존재한다. 기온 분포는 영상 20도에서 영하 20도다.

남북 양측은 줄곧 체제 전쟁을 벌여왔다. 남은 자본주의와 민주제도의 우월성을 과시하고 북은 반제애국 선전을 전개한다. 판문점 남북 인근에는 민간인이 거주한다. 북한 쪽에는 평화의 마을이 있는데 남쪽에서는 '선전마을'이라고 부른다. 이 마을에는 260개의 농가가 참여하는 판문점 합작농장이 있다. 한국 측에는 또 자유의 마을이라 부르는 작은 마을이 있다.

판문점에서 인상적인 광경은 남북 양측이 각각 세운 국기대다. 한국 쪽의 국기대는 높이 100미터로 거대한 태극기가 휘날린다. 북한의 국기대는 높이 160미터이며, 깃발은 길이가 30미터, 무게는 270킬로그램에 달해

북한이라는 수수께끼

판문점. 한국 쪽에서 본 모습으로 거대한 조각품이 북한을 향해 있다.

판문점. 한국 쪽에서 본 모습으로 수많은 팔랑개비가 북쪽을 바라보고 있다.

판문점 풍경.

세계 제일이라고 알려져 있다. 깃발이 매우 무겁기 때문에 강한 바람이 아니면 휘날리지 않는다. 상대보다 강하게 보이려는 약소국의 심리상태가 여기에서도 나타난다 하겠다.

북에서 남으로 판문점 군사 지역에 들어가면 통일각 앞에 천연화강암으로 제작한 김일성 친필 비석이 세워져 있다. 비석 아래에는 82개의 목란 부조가 있는데, 김일성 주석의 82년 생애를 의미한다. 김일성은 1994년 7월 7일 저녁 10시에 남북통일에 관련된 문건 1부를 수정하고, 다음 날 사망했다. 이는 그가 생전 마지막으로 지시하고 서명한 문건이다. 북한 당국은 김일성 주석 생전 최후의 친필 서명을 이 비석에 새겨 기념했다.

정전협정에 서명한 회담장소에서 남쪽으로 1킬로미터 지점에는 3층짜리 판문각이 있는데, 판문점 남북 경비구역에서 북한측에 위치한다. 판문각에는 휴게실이 있고 2층 발코니에서는 남북 양쪽 공동경비구역과 판문점 회의장 구역을 내려다볼 수 있다.

회의장 구역에는 일곱 개의 건물이 있는데, 그중 네 개의 흰색 건물은 북측이 지은 것이고, 세 개의 푸른색 건물은 남측이 지은 것이다. 북한 쪽에 서서 보면 좌측으로 세 번째 건물이 바로 군사정전위원회 회의가 개최되는 장소다. 이곳에서 459차례의 군사정전위원회 회의가 열렸고, 509차례의 비서장 회의가 소집되었다. 1991년 3월, 미국은 한국군 고위 장교를 수석위원으로 임명했는데, 북한은 한국이 조약체결 당사국이 아니라고 여겼기에 군사정전위원회의 활동을 중단해 이때부터 판문점에서 군사위원회 회의가 다시 소집되지 않았다. 군사정전위원회의 회의홀은 중립국 감찰위원회의 근무장소이기도 하다. 이곳은 1995년 2월 폐쇄되었다.

이 일곱 개의 건물 중간 바닥에는 약간 솟아오른 지표가 설치되어 있는데, 폭 40센티미터에 높이 7센티미터의 선이 남북을 분할하는 군사분계선이다. 이 경계선으로 넘으면 국경을 넘는 것이 된다.

북한을 통해 판문점에 들어가는 편이 한국을 통해 들어가는 것보다 상대적으로 더 수월해 보였다. 한국 측의 병력 배치가 더 삼엄한 탓인지 모르겠으나 한국을 통해 들어갈 때면 더 긴장된 분위기가 조성되었던 것이다. 한국에서 판문점으로 들어가면 관광버스에서 관광가이드가 외국 여행객들에게 판문점을 관람하는 데 필요한 주의사항을 알려준다. 아울러 한국인 관광가이드는 관광객들에게 공동경비구역 안에서 발생했던 도끼만행사건에 대해 이야기해 주의를 환기시킨다.

1976년 8월 18일, 판문점에서 도끼만행사건이 벌어졌다. 공동경비구역에서 미루나무 가지치기 작업을 감독하던 미군 두 명을 북한군이 도끼로 살해한 사건이었는데, 이로 인해 일촉즉발의 상황이 초래된 바 있다. 그리고 1984년 11월에는 한 소련인이 북한에 여행 왔다가 갑자기 남쪽으로 귀순하면서 총격전이 벌어졌다. 이 사건으로 한국군 1명, 미군 1명, 북한군 3명이 사망했다. 이제 이와 같은 무력충돌은 한국 관광가이드가 여행객들에게 들려주는 역사 속 이야기가 되었다.

미국 부시 대통령이 김정일을 폭군이라고 비하하면서 북한의 성미를 건드리자 판문점에 주둔하는 한국군 위병들이 모두 방탄조끼를 입었던 일화도 있다. 한반도를 둘러싼 국가들 사이에 무슨 일이 발생하면 판문점에서 즉각 반응이 나타날 것이다. 그렇기 때문에 가이드는 관광객들에게 각별히 조심할 것을 당부했다.

판문점에서 3킬로미터 떨어진 곳에서 관광객들은 우선 하차하여 한국군이나 미군이 운전하는 전용버스로 갈아탄다. 가슴에 UN의 '게스트'라는 명찰을 차고 판문점으로 출발한다. 가이드는 외국인 관광객들에게 언행을 조심할 것을 재차 환기시켰다. 한국 쪽에서 오는 관광객 중에는 일본 사

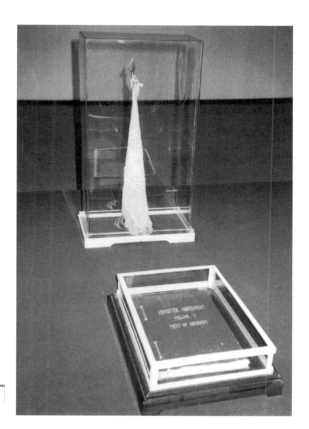

판문점.
정전협정에 서명했던 곳.

판문점.
지면에 보이는 것이 38선으로
두 명의 북한 병사가
북한 측에 서 있다.

람이 가장 많았고 영어를 쓰는 관광객들도 있는데, 요즘은 중국인 관광객이 대다수를 차지한다.

판문점 한국 측 관리지역에 도착해 1998년에 지어진 건물 앞에서 내렸다. 건물에 들어가니 한국 정부의 연락관이 마중 나와 있었다. 건물 중앙의 널찍한 계단의 끝은 출구였다. 길을 건너면 바로 휴전선 위의 그 일곱 건물이 나타난다. 이 건물은 비탈에 지어졌는데, 계단을 오르면 바로 건물 밖의 분계선과 그 너머의 북한 땅을 볼 수 있다. 현재는 가장 중간의 작은집만 참관을 허용한다. 가건물처럼 지어진 이 단층 건물은 다른 건물과 마찬가지로 단출하며 남북 군사분계선에 걸쳐 있다. 한국인 연락관의 인솔 아래 중간의 파란색 단층집에 들어갔다.

단층집의 남북 양측 끝에는 문이 있다. 북한 관광객은 북문으로 들어가고 한국측 관광객은 남문으로 들어간다. 한국에서 온 관광객들이 줄을 지어 안으로 들어갈 때 북한 쪽의 문은 사실 잠겨 있다. 모든 단층집은 한국군이 방어한다. 북한측 관광객과 한국측 관광객은 동시에 방에 들어가 참관할 수 없다. 그렇기 때문에 이쪽의 관광객이 참관을 마친 뒤 반대쪽의 관광객이 참관하기 때문에 양측의 관광객이 뒤섞이는 상황은 일어나지 않는다. 또한 이 단층집 안에서만 남북 양국의 관광객이 자유롭게 분계선을 넘어갈 수 있다.

북한 쪽을 바라보면 북한 병사가 국경 건물 정문 앞에 서 있는 것이 보인다. 내가 그를 촬영하는 것을 확인하자 곧바로 망원경을 꺼내 이쪽을 관찰한다. 이런 접경지역의 분위기는 여전히 냉전의 색채가 강하다.

1953년 한국전쟁이 끝나고 북위 38도의 분계선이 확정되고 나서도 북한은 한국에 침투하려고 별의별 궁리를 다했다. 그들은 네 개의 지하땅굴을 팠는데, 1978년 북한이 굴착한 제3땅굴은 서울에서부터 50킬로미터 떨어진 거리에 불과한 지점에서 발견되기도 했다.

　판문점은 남과 북의 대화와 협상이 이루어지는 장소다. 적십자사의 북한 원조도 이곳에서 논의되었다. 김대중 정권 때 실시한 햇볕정책으로 한국은 수많은 인도적 지원을 북한에 제공했는데, 그와 관련한 협의도 이곳에서 진행했다. 김대중이 북에 선물한 1000마리의 소도 판문점을 통해 건너갔다.

　군사정전위원회의 회의실은 회담 당시의 모습을 보존하고 있다. 벽에는 16개 참전국의 국기가 있다. 하지만 유독 중국 국기만 찾아볼 수 없다. 이에 대해 북한 인민군 군관은 당시 중국이 국가의 이름으로 참전한 것이 아니라 중국 인민지원군의 이름으로 참전했기 때문이라고 설명했다. 로비 중간에는 긴 테이블이 하나 놓여 있는데, 군사분계선 위에 위치해 있다. 테이블 위에는 또 하나의 분계선이 있는데, 양쪽으로 각 5개의 의자가 있다. 회담 대표 쌍방은 각각 마주보고 착석한다. 반세기가 넘는 동안 담판회의실의 테이블과 의자가 모두 원형 그대로의 모습을 유지하고 있다는 사실이 한반도의 분단 상태를 여실히 증명한다.

　북한 인민은 이렇게 고립된 채 살면서도 붕괴되지 않고 생존하고 있는 것은 스스로의 역량으로 사상적인 자주, 경제적인 자립, 군사적인 자위를 해냈기 때문이라고 생각한다. "만일 미제국주의자와 그 주구들이 새로운 전쟁의 불을 댕기면 우리의 군대와 인민은 그들 전체에게 치명적인 타격을 가할 것이다." 그들의 눈에 이 세계는 북한에 대한 적의가 절정에 달했기 때문에 미국과의 충돌은 마치 발등에 떨어진 불과 같다.

　평양시 김종태 전기기관차 종합기업소의 원성관 공농적위대 대장은 만일 이라크전과 같은 전쟁이 북한에서도 성공할 것이라 여긴다면, 어리석은 망상이라고 말했다. 미국은 스스로 군사장비가 선진적이라고 생각하지만, 전쟁의 승패를 결정하는 핵심적인 요소는 무기가 아니라 사람의 신념이라는 것이다.

무기에 대해 논할 때, 북한의 미사일 전력을 빼놓을 수 없다. 2009년 7월 2일 북한은 사정거리 100킬로미터의 미사일 네 발을 발사했다. 한국의 정보부서가 입수한 군사정보에 따르면 북한이 이번에 발사한 미사일은 최대 사정거리 120~160킬로미터에 달하는 KN-01지대함미사일이다. 길이 5.8미터, 직경 76센티미터로 사정거리 83~95킬로미터에 이르는 실크웜 미사일CSS-C-2의 개량형으로, 회로를 개량하여 발사 준비시간을 단축했다고 한다. 만약 함정에 이 미사일을 실으면 그 사거리가 더 길어지기 때문에 한국 해군에 위협이 된다.

한국이 가장 두려워하는 것은 북한의 단거리 미사일이다. 왜냐하면 사거리가 100~120킬로미터인 지대함미사일은 서해 북방한계선을 타격할 수 있기 때문이다. 북한은 현재 600여 발의 단거리 미사일을 보유하고 있다. 이외에도 북한이 미사일 실험에 성공해 더 큰 위협으로 발전하는 것을 우려한다. 북한은 이미 핵실험에 성공했고, 만약 장거리 미사일 기술이 더 발전하면 미국과 일본 양국은 북한의 핵 타격 사정권 아래 들어가게 된다.

한 미국학자는 북한은 핵탄두를 탑재할 수 있는 장거리 미사일 기술을 이미 보유했다고 생각했다. 북한이 2009년 4월 발사한 장거리 로켓은 곧 탄도미사일이라고 볼 수 있다. 이론적으로 사거리가 1만 킬로미터에 달해 미국 영토의 절반이 타격 대상에 들어간다. 한국측에서는 북한이 2009년 4월에 위성을 탑재한 로켓을 발사했다고 발표했다. 그런데 미국에서는 지구 궤도에 진입한 어떤 물체도 발견하지 못했다. 이 은하2호라고 불리는 탑재로켓은 사실 사거리 6700킬로미터에 달하는 탄도미사일의 모조품이었다.

판문점.

1980년대부터 북한은 핵무기와 미사일 기술에 박차를 가했다. 지금까지 열 가지가 넘는 유형의 미사일을 보유하고 있으며, 그 사거리는 120~2000킬로미터다. 가장 성능이 뛰어난 미사일은 1300킬로미터 이하의 중단거리 미사일이다.

대포동1호와 2호는 북한이 1980년대 후반에서 1990년대 초반에 연구 개발한 미사일이다. 전자는 다단식 탄도미사일로 사거리는 1500킬로미터에 달한다. 1998년 8월에 시행한 시험 발사에서 일부는 일본을 지나 태평양에 떨어졌다. 대포동2호는 북한이 새로 개발한 2단식 대륙간탄도미사일이다. 일본방위백서에 따르면 대포동2호는 신형 추진장치를 1단계, 중거리탄도미사일인 '노동'을 2단계로 이용하고 있으며, 사정거리가 3500~6000킬로미터로 미국의 알래스카 일부가 사정권리에 들어간다. 만약 3단식으로 개량하면 사정거리는 1만5000킬로미터에 달하고, 미국 본토가 사정권에 들어간다.

북한의 전자폭탄 또한 한국의 고민거리다. 2009년 6월 26일 한국 국방연구원의 국회청문회에서 북한의 또 다른 군사 위협에 대한 의혹이 제기되었다. 즉 핵폭발이 생산하는 거대한 전기장과 자기장으로 정보화 지휘통제 시스템을 파괴함으로써 비대칭 우위를 거둘 수 있다는 것이다. 북한은 줄곧 소형 핵탄두 개발을 시도해왔고, 이런 기반 위에서 전자기펄스탄EMP을 발전시킬 것이다. 인명 살상을 목적으로 하는 일반 핵무기와 비교하면 이런 무기는 주로 전자설비를 겨냥한다. 만약 북한이 동해 40~60킬로미터 상공에 핵무기를 터뜨리면 사상자는 발생하지 않지만, 한반도 남부의 전자설비 대다수는 마비될 것이다. 이는 고도로 정보화된 한국군에게는 치명적인 위협이다.

미국 정보기관의 예측에 따르면 북한의 GDP는 매년 200억 달러인데,

북한이라는 수수께끼

대외로 수출하는 미사일이 그중 15억 달러가량이다. 1980년대 이후 북한은 이란, 파키스탄, 이집트, 리비아, 시리아와 예멘에 개량형 스커드미사일과 북한의 '노동미사일'을 포함한 미사일 시스템을 판매했다. 북한은 이렇게 얻은 외화로 해외물품을 구입해 엘리트 통치계급에게 배분한다. 이밖에 무기 제조 및 핵 계획에 필요한 원자재를 구매하는 데도 사용된다.

판문점은 살아 있는 냉전박물관이다. 그래서 그곳으로의 여행은 마음을 무겁게 만든다. 잔혹한 전쟁의 역사와 냉혹한 정치적 현실, 가혹한 남북한 분단의 아픔이 상업적인 관광의 테마로 활용되는 모순적인 곳이 바로 판문점이다. 하지만 외국인에게 남북한 정세를 이해하는 훌륭한 장소이기도 하다.

과거를 기억해야 과거를 되풀이하지 않는다.

동북아 안의 한반도, 세계 밖의 한반도

이 책의 저자 장선江迅은 홍콩인이지만, 여섯 차례에 걸친 북한 탐방과 취재 등에서 전형적인 중국인의 시각으로 북한을 바라본다. 이것이 시사하는 바는 예사롭지 않다. 왜냐하면, 변하면서도 불변하는 북중 관계를 살펴볼 수 있는 하나의 단서가 될 수 있기 때문이다.

2013년 2월, 북한의 3차 핵실험이 단행되면서 중국의 대북정책이 근본적으로 변화하기 시작했다는 소식이 연이어 전해졌다. 이런 분위기는 특히 중국공산당 중앙당교 기관지 『학습시보學習時報』의 덩위원鄧聿文 부편집인이 2월 28일자 『파이낸셜타임스』에 기고한 기고문에서 중국은 북한을 포기하고 한반도 통일을 위해 노력해야 한다고 주장하면서 더욱 확산됐다. 하지만 이런 예측은 이후 중국의 움직임 속에서 과도한 해석이었음이 밝혀졌다. 북한에 대한 중국의 정책에는 전통적인 순망치한脣亡齒寒의 관계에 기댄 지정학적 논리가 여전히 강력한 힘을 발휘하고 있다. 그러나 중국 대중의 시각에는 일정한 변화가 있던 것이 사실이다. 몇 년 전부터 세상에서 유일무이한 3대 세습의 북한 정권은 인터넷상에서 희화화되고 있다. 북한에는 세 명의 '김뚱보金胖子'가 있을 뿐이다. 큰 뚱보大胖는 김일성을, 둘째 뚱보二胖는 김정일을, 셋째 뚱보三胖는 김정은을 지칭한다. 이들에 대한 중국 사회 내의 패러디는 부단히 진화하고 있는데, 북한에 대한 경멸과 차가운 시선은 향후 대북정책의 변화에 일정한 영향을 끼칠 것이라 여겨진다.

서문에서 저자는 북한을 수수께끼가 가득한 곳으로 묘사했지만, 여행과 취재를 통한 경험담과 산재하던 북한 관련 자료를 부지런히 모아 본문에 함께 녹여내 북한이 더 이상 수수께끼의 나라가 아님을 밝히고 있다. 아울러 북중 국경지대, 북한의 모기장식 개혁, 세습정권, 북한 인민 그리고 각양각색의 북한 사회를 스케치해 소개한다. 이 책은 북한 관련 정보의 홍수 속에서도 여전히 북한에 대해 잘 알지 못하는 우리의 주의를 환기시킨다. 당초 이 책을 번역하면서 나는 형편없이 이해가 부족했던 북한에 대한 공부를 할 수 있다는 데 어느 정도 의미를 두었다. 번역이 끝나고 난 지금, 머릿속은 의문으로 가득하다. 그 동안 여러 경로를 통해 보고 들어온 북한의 모습이 온갖 편견의 결정체는 아닐까? 생각이 여기에 이르자 꽤 오랜 시간을 두고 바라본 중국에 대한 자신감도 슬그머니 자취를 감추었다.

북한은 우리에게 있어 지난 68년간 풀 수 없었던 거대한 문제였고 감히 풀려고 도전하지도 못한 숙명이었다. 이 말은 그만큼 우리가 북한이란 존재에만 갇혀 있었다는 것을 반증한다. 현재 동북아 지역을 둘러싼 국제정세를 우리는 미국의 아시아 회귀전략Pivot to Asia과 중국의 신형대국관계新型大國關係의 틀을 통해 바라본다. 조금 더 나아가봐야 중일 간의 댜오위다오釣魚島 분쟁이나 일본의 집단적 자위권 추진 문제 정도가 될 것이다. 다시 말해 한반도를 둘러싼 열강들의 각축, 동북아 지역에서의 미중 관계나 미일 관계, 중일 관계가 우리의 인식틀인 것이다. 모두 68년 전의 분단에서 시작된 것이다. 우리의 눈에는 동북아가 전부였지 '동아시아'가 없었고, '아시아'도 없었다. 세계화globalization만 섬길 뿐 '세계'에 대한 인식은 부재했다. 혹자는 이 남루한 변명의 화살을 북한에 돌리려고 할지 모르겠다. 그러나 이 모든 책임을 북한에만 돌리는 것은 궁색하다. 이런 표현을 하고 나니 요즘 유행하는 종북從北의 딱지가 내게 붙을지도 모르겠다는 생각이 스친다.

가혹하고 냉엄한 국제무대에서 우리에게 주어진 무기는 오로지 '남북관계의 개선'뿐이다. 이 진전 없이 국제무대에서 우리가 설 수 있는 공간은 앞으로 점점 줄어들 것이다. 대북정책은 정권이 교체될 때마다 '햇볕정책' '비핵·개방·3000' '한반도 신뢰 프로세스' 등으로 새 옷을 갈아입었지만 어떤 옷으로 갈아입느냐가 중요한 것이 아니다. 통일의 전제에 합의하고 접촉면을 넓혀가는 등 기본적인 것이라도 실행에 옮기는 것이 중요할 뿐이다. 나도 마찬가지지만 이 시대 많은 평범한 사람이 힘든 일상으로 인해 은결들어간다. 좀 더 멀리 보면서 서로 연대할 시점이다.

공부라는 것을 직업으로 하면서 주변의 도움을 많이 받았다. 우선 한밭대 남기완, 오영식, 김혜경, 김진곤, 김난미 선생님과 지금은 경성대로 자리를 옮긴 이종민 선생님, 한국외대 최관장, 오승렬, 강준영 선생님께 감사드린다. 중국을 공부하는 데 있어 이분들의 도움은 지대했다. 이홍규, 박홍서 형과 박사졸업을 준비 중인 하남석, 연광석, 박민호에게도 깊은 고마움을 표하고 싶다. 이들은 공부에 대한 고민과 생각을 다듬고 삶의 벼리를 엮어나가는 데 매우 큰 힘이 되어 준 사람들이다. 또한, 책을 기획하고 출판하는 데 애를 많이 쓴 글항아리 강성민 대표님과 노승현 기획위원님에게 감사드린다. 그리고 지면 관계상 일일이 이름을 거론하지는 못했지만, 3년 동안의 중국 유학시절 푸단대에서 알게 된 친구들을 비롯해 이 책을 읽게 될

북한이라는 수수께끼

여러 벗에게도 진심으로 고마움을 전한다. 그네들은 어려운 시기 나에게 도움을 주고 위로를 건네준 지기들이다. 하고 싶은 일을 한답시고 집에서 나는 항상 불효자였다. 평생 갚지 못할 사랑을 주신 부모님과 형제들에게 고개 숙여 인사드리고 싶다.

2014년 12월 어느 날 자정
눈꽃이 반짝이는 한밭대에서
구성철

북한이라는 수수께끼

1판 1쇄	2015년 1월 7일
1판 2쇄	2015년 4월 17일

지은이	장쉰
옮긴이	구성철
펴낸이	강성민
기획	노승현
편집	이은혜 박민수 이두루 곽우정
편집보조	이정미 차소영
마케팅	정민호 이연실 정현민 지문희 김주원
홍보	김희숙 김상만 한수진 이천희

펴낸곳	(주)글항아리	출판등록 2009년 1월 19일 제406-2009-000002호
주소	413-120 경기도 파주시 회동길 210
전자우편	bookpot@hanmail.net
전화번호	031-955-1903(편집부) 031-955-8891(마케팅)
팩스	031-955-2557

ISBN	978-89-6735-174-8 03300

에쎄는 (주)글항아리의 브랜드입니다.

이 도서의 국립중앙도서관 출판시도서목록(CIP)은 e-CIP홈페이지(http://www.nl.go.kr/ecip)와
국가자료공동목록시스템(http://www.nl.go.kr/kolisnet)에서 이용하실 수 있습니다.
(CIP제어번호 : CIP2014037652)